岩 波 文 庫

33-693-3

ヘーゲルからニーチェへ

——十九世紀思想における革命的断絶——

（下）

レーヴィット著
三 島 憲 一 訳

JN147553

岩 波 書 店

エドムント・フッサールの思い出に

VON HEGEL ZU NIETZSCHE
Der revolutionäre Bruch im Denken des neunzehnten Jahrhunderts

by Karl Löwith

Copyright © 1995 by Felix Meiner Verlag GmbH

First published 1941.

This Japanese edition published 2016
by Iwanami Shoten, Publishers, Tokyo
by arrangement with Felix Meiner Verlag GmbH, Hamburg.

Anhang
in Sämtliche Schriften, Band 4: Von Hegel zu Nietzsche. S. 539-559

Copyright © 1988
by J. B. Metzlersche Verlagsbuchhandlung
und Carl Ernst Poeschel Verlag GmbH, Stuttgart.

All rights reserved.

凡　例

本訳書の底本は、Karl Löwith, *Von Hegel zu Nietzsche. Der revolutionäre Bruch im Denken des neunzehnten Jahrhunderts*, Hamburg (Felix Meiner Verlag), 1995 である。Philosophische Bibliothek シリーズの Bd. 480 に収められている。

当初は *Von Hegel bis Nietzsche* というタイトルで――副題はなかった――一九四一年、チューリヒおよびニューヨークのヨーロッパ出版社で出版された。一九五〇年の第二版は、『ヘーゲルからニーチェへ――十九世紀思想における革命的断絶　マルクスとキルケゴール』と副題をつけて、チューリヒおよびニューヨークのヨーロッパ出版社およびシュトゥットガルトのコールハマー社から出された。ただし、本書の底本である第九刷(一九八六年)では副題の末尾「マルクスとキルケゴール」は削除されている。

第二版の序文――「ニューヨーク　一九四九年」と記されている――でレーヴィットは、第一版に多少の変化を加えたことを指摘している。それらは、主として簡略化と削除から成っていた。これは時代が変わったために、例えばナチスへの言及の部分などが不要になったためもある。いずれにしても、当時ドイツ国内にいた多くの著作家とちがって、亡命していたレーヴィットは戦後に具合が悪くなって削除した文章などはない。全集版第四巻(Karl Löwith, *Sämtliche Schriften,* Bd. 4, Stuttgart 1988)には、その異同が詳しく記されている。本書ではドイツ語の細かい修正や形式的な部分の訂正は省略して、内容的な、特に政治状況の変化に由来する部分などを選択して訳した(下巻「付録　初版との異同」参照)。

その後はすべて第二版にしたがって増刷された。第五刷まではシュトゥットガルトのコールハマー社、第六刷はフランクフルト・アム・マインのフィッシャー社、第七刷から第八刷はハンブルクのフェリックス・マイナー社で出ている。

以下に訳文作成におけるいくつかの記号その他を記しておく。

1　著者による原注は、通し番号になっているが、編集の都合上、章ごとに1から番号をはじめ、各巻末に記した。

2　簡単な訳注は〔……〕で本文に記した。ただし、原注部分にも〔……〕と訳注をつけた箇所がある。

3　それ以外の訳注は本文中に〔1〕のように記し、各巻末にまとめた。

4　用語にドイツ語を補う時には括弧なしで記した。例――聖変化 Transsubstantiation

5　人名についての簡単な解説は各巻末にアイウエオ順に記し、初出箇所に＊を付した。ただ、あまりに自明の人名（プラトン、アリストテレス、ゲーテ、ヘーゲル、マルクス、キルケゴール、ニーチェなど）については記さなかった。本文の章タイトルを成す人名は、著者の記述で十分に説明されているからである。

6　原書中のイタリック文字の箇所は、原則として傍点をつけた。ただ、例えばフランス語であるがゆえにイタリックになっているような用語には、それは適用しなかった。また、人名がイタリックになっている場合も、傍点は附さなかった。

7　本文中の引用文は原則「……」とした。ただし、引用文中の引用文は〈……〉とした。

8　著者が強調するために用語につけている引用記号はそのまま「……」で再現した場合もあれば、〈……〉で再現した場合もある。引用度が強い場合は前者であり、強調度が強い場合は後者である（例――〈絶対知〉）。しかし、両者の区分は難しく、揺れ動いている場合もあろう。レイアウト上「……」の頻出を避けたためもある。同じく、著者が特になにもつけていない語でも、テクニカルターム的なニュアンスの強い場合には、テクストにアクセントを付けるために〈……〉とした場合もある。

9　段落はできるだけ原書にしたがったが、それでもあまりにも長大と思われる場合には、最近の習慣に合わせて適宜分けたところもある。

10　レーヴィットの文章は比較的明快であるが、それでも当時のドイツの教授に固有の長い文章も多い。そうしたものは、日本語の文体に合うようにいくつかに分けた。

目　次

《上巻目次》

第二部　市民的＝キリスト教的世界の歴史

第一章　市民社会の問題

「おなじひとりの人間は自分と家族の心配をしなければならない。そして同時に彼は全体〔共同体、国家〕のためにも働かねばならない。……前者の側面では彼はブルジョアであり、後者の側面では市民なのだ。俗物小市民であるとともに帝国市民というわけだ。どちらも同じく形式的に俗物小市民であり、形式的に帝国市民なのだ」ヘーゲル

ルソーの著作には、市民社会における人間の問題の最初の、そしてきわめて明快な性格描写がある。つまり、市民社会の人間は、統一的にまとまった、まったき存在ではないということである。この市民社会の人間は、一方では私人であり、他方では国家公民 *Staatsbürger* にわかれている。なぜならば、市民社会と国家との関係には問

題があるからである。社会と国家のあいだのこの不都合な関係こそは、ルソー以来、近代のいっさいの国家理論および社会理論の根本問題となった。そして現代における全体主義国家は、ルソーの問いに答えようとする試みなのだ。その問いとは、本性からして、それ自身まったき一個の存在であるはずの人間を、どのようにしたら、「政治社会 société politique」というまったく違った全体的存在と調和させることができるだろうか、という問いである。ルソーから見ると、両者のあいだの真の調和は不可能に思える。それゆえに教育にあたって、〈人間 homme〉を作るべきか、〈市民 citoyen〉すなわち〈国家公民〉を作るべきか、決定しなければならない、というのだ。「市民的秩序のうちにも、自然の感情の優位を保とうとする人々は、自分たちがなにを望んでいるのかを知らないのだ。自分自身とたえず矛盾していて、自分の好みと義務とのあいだでたえず揺れ動いており、人間と市民のどちらにも成り得ないのだ。自分にとっても、他人にとっても役立つ存在ではないのだ。われわれの時代の人間は、フランス人であったり、イギリス人であったり、ブルジョアであったりするだけで、なにものにもなれないのだ[(1)]」。つまり、「われわれの時代」の問題は、現代のブルジョアが古典古代のポリスの意味での国家公民でもなければ、まったき人間でもないことにある。現代の人間は人格としてふたつに分裂している。彼は一方では自分自身に属しているのだが、他方では、〈市民的秩序〉にも属している。ところがこの相違は実はキリスト教に起源を持っており、そのことは、堕落していない〈自然〉を取り戻すようにとのルソーの訴えが、楽園と堕罪というキリスト教の考え方のなかで動いていることに示されている。『エミール』は、いっさいの事物が創造主の手から生まれた時にそうであった人間と、この原初の秩序を出て、社会の中にはいったときに前とは変わってしまった人間とを区別することからはじまっている。

第一節　ルソー——ブルジョアと市民

「愛国主義と人間性とはかみあわない二つの別の徳なのだ……」（『山からの手紙』）

ルソーは『社会契約論』のなかで「結合している成員すべてがそのいっさいの権利を共同体に譲渡」することを求めている。つまり、政治的共同体への個人の完全な献身を求めている。ここで共同体の模範とされているのは、もとより古典古代のポリスであった。しかしこのおなじルソーが『告白』においては、アウグスティヌスを模範にして、まったく自分一人への信仰を告白しているのだ。〔個人を重視するという〕キリスト教の伝統と、〔共同体全体を優位に置く〕古典古代の伝統というこの対立はヨーロッパ文化全体の特徴をなしている。この対立はルソーにあっては、〈人間性 humanité〉と古典古代の〈愛国心 patriotisme〉の対立となって、また、〈人間 homme〉と〈市民 citoyen〉という近代ブルジョアに特徴的な対立となって現れている。

一七五〇年の『科学および芸術をめぐる論』〔『学問芸術論』〕および一七五四年の『人間不平等起源論』[2]はともに近代文明への批判には違いないが、積極的に提示されている目標に関しては、まったく相反したものとなっている。前者は、スパルタおよびローマの愛国主義を模範にした完全なる市民体制のイメージを描き、後者は、キリスト教の楽園神話に似せた黄金時代のイメージを描いている。前者は、真の市民citoyenを賛美し、後者は、原初の人間 homme を讃えている。ともに、非ブルジョア的な人間のあり方の根源的イメージである。この二律背反《アンチノミー》を解決する最初の試みは、『政治経済論』〔一七五五年〕に含まれている。だがここでも、人間の諸権利は、市民の諸義務と同一のものにはまだなっていない。この両者の一致の可能性こそが『社会契約論』と『エミール』〔一七六二年〕で扱われている問題である。一致を生み出すためには、個別的な一人一人からなる万人の意志 volonté de tous が、全体の一般意志 volonté générale と同一のものとならねばならない。しかも、この一般意志なるものは、単なる多数派の意志とは異なるはずのものなのだ。同時にまたこの一般意志なるものも、〈神的意識 conscience divine〉つまり、一人一人の宗教的良心と同一のものとならねばならない。政治的共同体〔国家〕とキリスト教との統一、および愛国心と人間性との統一は、最終的には〈市民宗教 religion civile〉によって保証されなければならない、というのだ(3)。

ルソーはこの問題を最初から厳しい二律背反として見ていたがゆえに、最後には、問題が生まれてきたその源に解決を求めざるを得なかった。つまり、国家と宗教との関係に解決を求めざるを得なかった。『社会契約論』で彼は次のように論じている(4)。太古においては、いっさいの政治的支配は宗教によって根拠づけられていた。そして個々の特定の宗教は、その宗教の儀礼が行われている国家の境界内に限られていた。国家の運命とその国家の根拠である神々の運命は不即不離の関係にあった。宗教と国家が一致するこの関係は、古典古代の世界にキリスト教が登場することによって変わってしまった。キリスト教は政治から宗教を切り離し、地上のいかなる支配も越えたところに、天上の王国の存在を告げたのである。そしてキリスト教がローマ・カトリック教会という形態を取って、自ら政治的な存在となって以来、ヨーロッパは国家と教会、帝権と教権の分裂のうちに生きることになった。キリスト教会に属している人間は、まったき完全な市民となることはありえなくなった。なぜなら、彼の宗教的良心は、市民としての良心に反するからである。このように論じるルソーは、宗教を二種類に分けている。ひとつは〈人間〉の宗教である。つまり、民族的な境界をいっさい知らず、特別な儀礼ももたない宗教、つまりは、エミールの信仰告白に見合った宗教である。そしてもうひとつは、民族ごとの、多神教的な国家宗教である。ルソーは、カトリック教会をこの二つの種類の宗教の妥協の産物と見ており、それに対して、人間の宗教とは、真のプロテスタンティズムのことであるとしている。宗教に対する国家の関係は、当該宗教の有用性によって決まるが、宗教に対する人間の関係は逆で、真理によって決まる、とされる。結論的には、人間のための普遍的宗教は真理であるが、役に立たないものとされ、それに対して、〔古典古代の〕異教世界における局地的なさまざまな国家宗教は有用だが、真理ではない、ということになる。この矛盾をルソーは市民宗教によって解決しようと試みている。この市民宗教とは、ドグマ的な意味でのキリスト教的な啓示宗教でもなければ、〔古代の〕異教世界の国家宗教でもない。そうしたものではなく、人間的な市民の、あるいは市民的な人間の宗教なのである。とはいえ、両者の結合にルソーはみかけだけ成功しているにすぎない。あるところでは彼は、いっさいの民族的特性を越えた人類の宗教なるものを支持しているが、別のところでは、極度に排他的な特定の民族教育と民族宗教に賛意を表している。両者のいいところを結びつけるとされる市民宗教は、ただのプログラムに終わっている。妥協の産物でしかない。そして、キリスト教に対する態度のゆえに攻撃され、『山からの手紙』で自分の立場を弁護しなければならなくなると、挫折せざるを得なかった。「愛国主義と人間性とは、そのエネルギーにおいて、国民全体に関してはどこでも相互に共通項のないふたつの別々の徳なのだ」。両者をともに得ようとするならば、どちらも得られないことになる、と彼は論じている。それゆえ彼は最後には、〈一般意志〉と公権力とが「同形」となる可能性については絶望していた。この問題は解決不能と考え、「国制の枠の中での政治の深淵」と形容している。

ところが同じルソーは、コルシカとポーランドの憲法草案のなかでまたしても、古典古代の完全なる市民という理念を支持している。ポリスこそがすべてであって、ひとりひとりは無だというのだ。コルシカとポーランドという、ふたつのこの若い民族にルソーが勧めるのは、社会契約でも市民宗教でもなく、古典古代の市民感覚なのだ。だがルソーは、ヨーロッパの昔ながらの大国家を論じるときには、あきらめの雰囲気になり、「近代ブルジョアをどうしたらもういちど公正でまったき存在にできるのだろうか」というエミールの最初の問いは、未解決のままとなる。ポーランド憲法草案では、無傷の人類への憧れを述べているのに、自らは私的な生活の深みに沈潜し、最後には『孤独な散歩者の夢想』の絶望で終わることになる。

ルソー自身の死のたった十一年後に、彼は他のどんな物書きにも負けない支持者を得た。つまりフランス革命においてである。彼はこの革命を予見してはいたが、みずからは革命が起きるように勧めることはしなかった。というのも、彼の書いたものは他の人々に勇気を与えたが、それによって惹き起こされるであろうことに対しては、彼自身危惧を抱いていたからである。自らの書いた真理は彼には、恐るべきものと思えた。なぜなら人間の心はもうどうしようもなく堕落している以上、悪の源を絶ち、この人間を原初の平等に引き戻そうというのは、空しい試みだから、と考えていたのだ。彼はポーランド王に宛てて次のように書いている。「大転覆以外にもう治療手段はありません。でも、その大転覆も、それが正す悪と同じくらいにわれわれは恐れるべきでしょう。この大転覆を望むことは、罰されていいでしょう」。そして『エミール』にはこうある。「お前たちは目下の社会の秩序を信頼しているようだが、この秩序は必ずや革命に晒されるであろうということを考えていないのだろうか。……われわれは危機的状況に近づいている。革命の世紀に近づいている。ヨーロッパの大国の君主制が長く続くことはあり得ないと私は思う」。だがルソーのこうした恐れにもかかわらず、『エミール』に描かれている市民的人間性の宗教を国民宗教にすると宣言したあの大演説の準備を、ロベスピエール*はルソーがかつて住んでいた家でしたのだ。同じくマラー*は、すでに一七八八年にパリの公園で「社会契約」なるものを宣言し、この本が国民公会の聖書となることになった。そして「これはルソーのあやまちだ」とナポレオンはフランス革命を形容し、この革命の深淵を閉じようとした[5]。

　革命の直前に出たのが、「第三身分とはなにか」(一七八九年)という挑発的な標題を持ったシェイエス*の論争的文書である。「第三身分」というこの表現自身が、この身分に発する〔市民〕社会の問題性をすでに示唆している。つまり、〈第三〉というこの数字による呼び方のうちには、貴族や聖職者という他の二つの身分に比べて、いかなる独自の内容性も備わっていないのだ。第三身分とはまずは、封建制の中での特権的身分の否定というだけである。それゆえにシェイエスの同時代者の批判的なある人は、第三身分のことを「国民から貴族と聖職者を引いた」残りの人々と定義している。これまでの伝統全体を否定することでめざされている積極的な目標とは、平等の権利を持った市民たちの共通の、そして主権者としての意志にもとづいた憲法を制定することであった。しかしルソーと異なってシェイエスは、絶対的民主主義を求めはしなかった。シェイエスが望んだのは、多数決原則にもとづく代表制民主主義である。そして国民の代表者が集まる立法議会はただひとつとされていた。〈一般意志〉はシェイエスにあっては共通の意志 volonté commune となった。これによって、シェイエス自身も属している中層大衆にいっさいの政治的権力が委ねられることになった。

シェイエスの文書は三つの問いから始まる。そしてこの三つの問いにシェイエスは三つの手短な答えを用意している。第一の問いは、「第三身分とはなにか?」であり、答えは「すべて」である。第二の問いは、「これまで第三身分とはなんであったか?」であり、答えは「無」である。第三の問いは、「第三身分はなにを望むのか?」であり、答えは「なにものかになること」であった。引き続いて、この「無」が「すべて」に変貌するために講じられねばならない革命的手段について論じられる。第三身分にはこの手段をとる権利がある。なぜならば、この身分こそがいっさいの「有用な仕事」をしてきたからである。それに対して、聖職者と貴族は、第三身分がしてきた仕事の成果を楽しむだけでなんの役にも立たない者たちだからである。第三身分は、農民の畑仕事、職人による原料素材の加工、使用と消費を媒介する商人たちの仕事、そして中高等教育を受けた人々〈教員、官吏、弁護士など〉の仕事を含むとされる。つまり第三身分とはすでにそれだけで〈完全な国民〉なのだ。ここでシェイエスは、〈国民 la nation〉という言葉で、ルソーの言う〈人民 le peuple〉と同じものを考えていた。

第三身分としてまとめられている人間たちの共通性は、彼らの〈利害〉の共通性にもとづいている。そしてこの〈利害〉の共通性こそがまた平等な政治的権利の根拠となっている。それはまた市民社会の経済的性格も指すものであった。これ以後、シュタイン、ヘーゲル、そしてマルクスにおいて、そして現在に至るまで市民社会という概念を規定するのは、この経済的性格となる。

シェイエスの文書とおなじ年に「人間と市民の権利の宣言」〔いわゆる「人権宣言」〕が発された。これは今日でも、すべての民主主義国家の基盤となるものである。目を引くのは、ここでもすでにタイトルにおいて〈人間〉と〈市民〉の区別がなされていることである。この区別が意味するところは、人間が、その国家公民としての義務と区別されて考えられていることであり、さらには、国家公民としての義務よりも、国家に対抗する人間としての権利が重要ということである。人間のいっさいの権利を政治的共同体〔国家〕に完全に譲渡することを要求していた『社会契約論』に較べて、人権宣言の方がずっとリベラルである。人権を自由と平等として確定するときに模範となっているのは——*イエリネックが明らかにしたように[6]——いっさいの人間は神の被造物として平等に生まれ、神の似姿である以上は誰も、自分とおなじ他の人々に対して特権を有しないというキリスト教の理念である。フランス革命は、宗教改革のはるかな帰結、信仰の自由を求める宗教改革の闘争のはるかな帰結なのだ。地上における〈神の国 Civitas Dei〉は、社会契約に変じ、キリスト教は人間性の宗教へと変わり、そしてキリスト教で言う被造物は自然人に、すべてのキリスト者の自由は、国家における市民の自由に、宗教的良心は「思想と見解の自由な伝達」へと変じた。こうしたキリスト教に発する背景のゆえに、「人間と市民の権利の宣言」の第一条(「人は、自由かつ権利において平等な者として生まれ、かつ生存する」)にしてからが、「自然の本性からして」自由人と奴隷が存在するとする古代の異教的な国家論とはまったくそぐわないものだった。だが他方で全体化した国家は、今や人間を作るという自己の要求を貫徹するためには、人権に対抗し、それによってキリスト教と闘わざるを得なくなる。なぜなら、人間 homme と市民 citoyen をひとつのものにするためには、キリスト教は邪魔になるからである。事実問題としては、すでにナポレオンの独裁によって、自由と平等への権利といっても、そこから残ったものは、法的平等だけでしかなくなった。そして市民社会はたちまちのうちに、第三身分と第四身分〔無産労働者階級〕との新たな不平等を熟成させることになった。

第二節　ヘーゲル――市民社会と絶対的国家

「近代国家は、主観性の原則を完成させて、個人の特殊性が自立という極限に至るようにすると同時に、この主観性の原則を実体的な統一性のうちへと引き戻すことで、国家自身においてこの主観性を維持する。近代国家はこの点で、強烈な強靭さと深さをもっている」（『法哲学』二六〇節）

ヘーゲルは三つの大きな政治的事件を体験している。青春時代にフランス革命を、成熟した男性としてナポレオンの世界支配を、そして最後にはプロイセンの（反ナポレオンの）解放戦争を体験している。この三つの事件はまた、ヘーゲル自身の政治的思想の変化ももたらしている。その変化とは、現存する社会秩序のラディカルな批判に始まり、ナポレオンを認めることを経て、プロイセンの官僚国家の正当化に至る変化のことである。一八二一年のヘーゲルの『法哲学』は、市民社会の理論（ブルジョアとしての人間 homme）と国家論（国家公民としての市民 citoyen）の両者を含んでいるが、それはルソーの『社会契約論』と同じに、古典古代のポリスおよびプロテスタント的キリスト教の自由の理念というふたつの伝統に依拠している。プラトンの『国家』とルソーの社会契約の思想（ヘーゲルはこの社会契約の考えに人権の理念だけを認め、市民の義務という理念には注目を払わなかった）こそは、ヘーゲルがプロイセン国家の現実を哲学的な存在にまで高めるにあたってのふたつの前提だった。この両者の統一をヘーゲルが果たすための手段は、弁証法的媒介なるものだった。つまり、市民社会という個人主義的原則と、国家という全体の原則、すなわち一人一人が別々の存在であるとする固有の特殊性と、政治的普遍性との弁証法的媒介である。

ヘーゲルから見れば、フランス革命の原則とは、世界を自分の世界として建設しようという、理性的意志の自由である。『歴史哲学』においてヘーゲルは、フランス革命の理念が帯びる革命的な力をパセティックな文章で次のように形容している。「天空の太陽といえども、あるいは、その太陽の周囲を回っている惑星といえども、人間が逆立ちして頭で立つのは、つまり、思想に依拠して立ち上がり、現実をこの思想に即して建設するのは、これまで見たこともなかった。アナクサゴラス*は大昔に、ヌース〔理性〕が世界を支配していると言ったが、今や、思想こそが精神の世界を支配すべきであると人間が言うに至った。このことはまさにすばらしい日の出である。崇高な感情があの時代を覆っていた。精神の感動が世界を揺り動かした。神的なものが世界とようやく本当に和解したかに思われた(7)」。そしてプロイセン国家の御用哲学者になってからもヘーゲルは、毎年、このフランス革命の日を祝っていた。『法哲学』においてヘーゲルはこのフランス革命における和解の限界を分析している。彼に言わせれば、理性的意志を国家の原則にしたのは、ルソーの大変な功績であるが、その彼といえども、国家と社会の真の関係を見誤っている。ルソーは、「万人の意志 volonté de tous」と「一般意志 volonté générale」との矛盾を止揚することができなかった、というのだ。なぜならルソーは共通意志なるものを一人一人の市民の共同の意志とのみ理解し、真に普遍的な意志というようには考えなかったからだ、というのである。(8) それゆえ、国家の統合は単なる社会契約となってしまった。この社会契約の基盤は、一人一人の勝手な同意でしかないというわけだ。一人一人が勝手では、即自的かつ対自的に理性的な国家という自立した全体性にとっては、破壊的なことにならざるを得ない。それであるから、フランス革命はたしかに、自由の意識にそぐわない国家を打ち砕いたにはちがいないし、それは正しいことだが、国家の新たな基盤を作ることはできなかった。この革命は、たしかにものすごい転覆を惹き起こしたが、逆に、原則が欠けていたために、新しい政治的共同体を組織することはできなかった。私有財産と個人の安全を守ることだけをその使命とするものと国家を規定したことで、フランス革命は、国家と市民社会を混同してしまったのだ。フランス革命において国家の最終目的は、その一人一人の構成員の特殊な利害となってしまい、国家そのものの真に普遍的な利害は顧慮されなくなった。国家の一員となるかならないかは、ブルジョアの好み次第ということになる、とヘーゲルは論じる。

それゆえ、ヘーゲルの市民社会批判は、国家は目的のための手段にすぎないとするリベラルな国家観に対する批判である。ドイツでこのリベラルな国家観を古典的なかたちで唱えたのは、ヴィルヘルム・フォン・フンボルトである。市民社会とは相互の連関、あるいは言い方を変えれば「もろもろの欲望の体系」であり、その原則は個人主義である。こうした市民社会では、一人一人の市民はまずはなんといっても自分自身が目的となる。それ以外のいっさいは、彼自身の目的のための手段とならないかぎり、彼にとっては無である。誰もが自由でありながら、また同時に他のすべての人々に依存している。なぜならひとりひとりの生活が快適であるかつらいかは、それ以外のすべての人々の生活と深く絡み合っているからだ。一人一人の生活は、こうした経済的な連関においてのみ保証されているのだ。市民社会にとって国家は、ただの〈必要国家〉〈計算国家〉でしかない。つまり、国家はそれ自身としていかなる独自の実体性も持っていない。それは、ただの「形式的な」統一体にすぎず、一人一人の個別利害の上に浮かぶだけの普遍性にしかすぎない。

にもかかわらず、市民社会のあり方のうちにも国家の本質はその影を落としている。なぜなら、市民社会はその利害が個別的であるというだけでも、国家という普遍的な全体とのつながりに依存せざるを得ないからである[9]。市民社会の個人は自分でもそれと知らないままに、あるいはそれを特に望まないままに、彼の個人的な利害が普遍的なものとなるように、自ら気がつかないうちに、教養を通じて高みへと形成されて行くのだ。市民社会は、（例えば貧困層と富裕層という）極端へと分解してしまいがちだが、そうした市民社会が自らの意志に反して高まっていく先は、絶対的な政治的共同体としての真の国家なのだ。そして、この国家はすでにそれ自身として実体的な存在、客観的な内実を備えた存在、倫理・文明を体現した存在なのだから、個人も、彼が〈普遍的な生〉に、つまり〈政治的生活〉に参与しているかぎりは、実体となり、客観性となり、そして倫理的文明的な存在となるのだ[10]。

　とはいえ、ヘーゲルによる市民社会の分析の批判的基準となっているこうした国家理念は、近代社会の弁証法的発展の結果とされているが、それは見かけにすぎない[11]。実際にはこの国家理念は、まったく別の起源をもっている。模範となっている別の起源とは、古典古代のポリスである。現実にポリスにあっては公共の政治的共同体は、個人の人生や運命を支える実体でもあった。古典古代のポリスの理念をこのように近代社会のあり方のうちに組み込むことでヘーゲルは、市民社会の原則を単に否認するのでなく、それ以上に、この原則の〈止揚〉を達成したのだ。古典古代のこの国家理念は、こうして市民社会批判の基準として使われたが、逆に、市民社会の個人主義的原則は、古代の政治共同体がただの実体性しかもっていないことを指摘する基準ともなっている。ヘーゲルは自由のこのふたつの契機を原理的に統一しようとしたのだ。つまり、無規定な「私は欲する」と、こうした無規定の意欲を限定し、規定された「なにか」特定のものを欲することの両者を統一しようとしたのだ[12]。前者の恣意性と後者の実体性を結びつけようとした。それゆえルソーの社会契約に対するヘーゲルの批判に相応して、逆にプラトンの国家に対する批判もなされていることになる。古典古代の国家は近代社会と比べると、実体的な普遍性という長所を持っているには違いないが、「単に」実体的なだけの国家にすぎない。つまり、こうした国家においては、一人一人の人格はまだ「切り離されて」いないし、「自由へと解き放たれて」いない。ようするに解放されていない[13]。プラトンの国家の理念は〈人格〉に対しては不当である。つまりこの理念は人格にいかなる自由も許さないのだ[14]。なぜならプラトンは、古俗を維持するために、国家から離れた私的な特別性は、いかなるものといえども排除したからである。

だがプラトンの国家といえども、自己より高い存在として認めざるを得なかった新たな原理、古典古代の国家が負けることになる新たな原理が登場する。それは、キリスト教に由来する原理である。それはすべての人間一人一人それ自体の「無限に自由な人格」という原則である。この原則こそがキリスト教に世界史的なはたらきをなさしめたのだ。つまり、どんな人間もおなじように神との関係に立たせることを通じてである。[15]ヘーゲルによれば、フランス革命の自由の理念がもつ「抵抗し難い強さ」もこのキリスト教の原則にもとづいている。「〈自由〉の理念ほど普遍的で、……そのゆえに最大の誤解の可能性のあるもの、そして実際に誤解されたものはない。この理念以外のどんな理念もこれほど意識されずに流布しているものはない。〈自由な精神〉は〈現実の〉精神なのであり、それゆえに、この〈自由な精神〉についての誤解も強烈な実際上の帰結をもつことになる。……すべての大陸、アフリカやオリエントもこの自由の理念をもったことはないし、いまだにもっていない。ギリシア人もローマ人も、プラトンもアリストテレスも、そしてストア派といえども、この理念をもったことはないのだ。彼らは逆に、人間は、生まれによって……、あるいは性格の強さによって、また教養や哲学を通じて……真に自由な存在であると考えていた。この自由の理念はキリスト教を通じてこの世にやってきたのだ。キリスト教にしたがえば、個人は神の愛の対象であり、目的であり、それゆえ、精神としての神に対して、この精神を自己のうちに住まわせているという絶対的な関係を持つべく定められている。それによって、個人はそれ自体として無限の価値をもつことになる」(16)。

この原則の政治的帰結は、近代ヨーロッパの国家である。この国家の課題は、ポリスの原則を、キリスト教の原則と宥和させることにある。つまり、〔ポリスにおける〕実体的普遍性なるものを〔市民社会における〕主観的単一性なるものと宥和させることにある。相互に対立しあうこのふたつの力を弁証法的に統一させたことは、ヘーゲルから見れば、近代国家独特の弱さであるどころか、むしろその強さなのだ！ ポリスの普遍性は、一人一人の特殊な意欲と知識がなければなにものでもなく、逆に個人は、みずからが普遍的なものを意欲するのでなければなにものでもない。近代国家こそは、主観性がみずからの特殊性の極端な自立にいたるまで発展することを可能とするのだ。なぜなら、この近代国家は他方で、この主観性を国家の実体的な統一性へと引き戻し組み入れることができるからだ(二六〇節)。ヘーゲルは、こうした総合が可能であると考えただけではない。それどころか、当時のプロイセン国家においてこの総合が実現したと見ていた。市民としての生活と政治的分野との対立、およびブルジョアであることと市民 citoyen であることの対立は、〈普遍的〉身分〔官僚階層〕において、全体性に包括された中での相違にすぎないとされ、止揚されたのである。

所有、財産、家族、結婚は今なお市民社会の枠内で保証されているとヘーゲルは考えていた。とはいえ、『法哲学』のほんの片隅においてであるが、市民社会の未来の発展の条件となる問題がすでに登場しつつある。つまり、富によって生まれた貧困をどのように制御したらいいのかという問題である(二四四節以降)。分業の進行(一九八節)、下から上がってくる大衆を組織化する必要性(二九〇節および三〇一節以降)、そしてフランスにおける復活した君主制という「十五年間の茶番ののちの」「リベラリズム」との衝突、「多数の人々の」、つまり多数派の意志の要求が高まっている事態としての「リベラリズム」との衝突、そしてその経験的普遍性が自ら政権につこうという要求との衝突などが、問題とされている。

ヘーゲルの弟子たち、そして後継者たちは、彼がこのように実に巧みに統一したものをふたたび切り離した。彼の媒介に対抗してふたつを切り離す決断を迫ったのだ。ヘーゲルはいたるところで中庸を求めたが、それに対して青年ヘーゲル派は、ラディカルになり、そして極端を志向した。ヘーゲルの欲望の体系においては、市民社会における〔貧富の〕極度の分化は、今なお全体の部分として低い位置を指定されていたが、今やそれが独立し、そこから動き出した弁証法の進展は、もはやヘーゲルの体系の中にとどまり得なくなっていた。こうしてマルクスは市民社会によって動く国家に対抗する決断を下し、共産主義的な政治共同体をめざすことになる。キルケゴールは現存の教会と国家の関係に対抗する決断を下し、原始キリスト教の再建をめざすことになる。プルードンは目の前の国家に対抗する決断を下し、新たな民主的秩序をめざすことになる。ドノソ・コルテスは、無神論的な民主政治に対抗する決断を下し、キリスト教に依拠した独裁国家をめざすことになる。シュティルナーは、人類のこれまでの歴史全体に対抗する決断を下し、エゴイスト「連盟」をめざすことになる。

ヘーゲルとマルクスのあいだにいるのが、ローレンツ・フォン・シュタインである。彼の市民社会の理論は、歴史的分析であるが、市民社会の古典古代以来の歴史的起源への視線はない。その国家概念はまだまったくヘーゲルに依拠していながら、社会概念はすでに産業労働者大衆の到来によって影響されている。フォン・シュタインによれば、フランス革命によって国家は、その正当なる権威を喪失してしまった。それ以後というもの、国家は、その目的、権力、そして自由を得るためには、金儲けに依拠した社会的目的を援助しなければならなくなった。それによって国家は、社会運動のなかに引き込まれ、結果として、国家公民の資格を労働者階級にまで広げざるをえなくなった。なるほど、国家の本来の目的とは、すべての市民が自由で平等な人格へと発展することである。だが、国家行政への参加の度合いは財産と教養によって決まってくるので、国家自身は、支配的な社会秩序の出現する場となる。そしてこの支配的な社会秩序こそが、「いっさいの自由と不自由の源泉」なのだ。国家はたしかになおも政治的統一体にはちがいない。だが、この国家を満たす市民社会を越えた存在では国家はもはやなく、この市民社会の内部にある存在となる。国家の使命は、社会の諸勢力と国家の諸勢力のあいだの矛盾がたえず進み発展して行くなかにあって両者を止揚することにある。この弁証法のとりあえずは最後の現代的段階とは、ローレンツ・フォン・シュタインによれば、復古期における〈国家公民的社会〉の段階を経たのちの一八四〇年以来の〈産業社会〉となる。シュタインは一方では、歴史とは自由への進歩であるとするヘーゲルの理念に依拠しているが、他方では、不平等な階級に分裂した現代社会の原則とは、相互依存であることを認めてもいた。それゆえに、彼は、そもそも自由とは国家および社会と矛盾するものではないのか、という問いで終わることになる。(17)

第三節　マルクス——ブルジョアとプロレタリアート

「国家の抽象化は近代以降になってはじめて生じたものだ。なぜなら私生活の抽象化も近代以降になってはじめて生じたものだからだ」（I, 1, 437）

マルクスもヘーゲルも市民社会を欲望の体系として分析した。この体系のなかで倫理的な関係 Sittlichkeit は極限にまで失われ、原則はエゴイズムであるとされる。彼らの批判的な分析には相違がある。それは、ヘーゲルが、特殊な利害と普遍的な利害のあいだの差異を止揚しつつも、それぞれ異なるものとして維持していたのに対して、マルクスは、差異の消去という意味での差異の止揚をめざした、つまり、共同経済と共同所有を伴う絶対的な政治共同体の創設を目的としたところにある。それゆえにヘーゲルの『法哲学』に対するマルクスの批判は、なによりも国家と社会の関係に向けられた。市民としての存在と政治に関わる存在とが切り離されている事態を矛盾と感じた点では、マルクスから見るとヘーゲルは正しいのだ。しかし、ヘーゲルが正しくないのは、この矛盾を現実に止揚した、つまり消去したと思い込んだ点である。ヘーゲルによる媒介は、ブルジョアにおける私的＝エゴイズムと国家における公的生活との現実の矛盾を隠蔽しているにすぎない。近代の国家公民は、ブルジョアとしてはいかなる意味でも〈政治的動物 zoon politikon〉ではない。そして国家公民としての彼は、私的人格としての自分を無視することになる。こうしてマルクスは、ヘーゲルの『法哲学』のいたるところにこの矛盾があることを示し、そこに含まれている問題を先鋭化して表現した。そうすることで彼は、一方ではヘーゲルを越えたその先を示しているが、また他方で、ルソーによる（人間 homme と市民 citoyen の）区別に立ち戻っている。ヘーゲルのもとで学んだルソーの後継者としての彼から見れば、普遍的階層 allgemeiner Stand はもはや小市民（ルソー）でもなければ、官吏としての国家公民（ヘーゲル）でもなく、プロレタリアートなのだ。(18)

フランス革命以降の社会的変化を見てマルクスは、（人権宣言で言われる）〈人間の権利 droits de l'homme〉は決して人間の普遍的な権利などではなく、市民の特権でしかないことを発見した。「〈人間の権利 droits de l'homme〉、つまり人権なるものは、それ自身として、〈市民の権利 droits de citoyen〉、つまり国家公民の権利とは違うものとされている。つまり市民と区別された人間とはだれのことなのか？　市民社会のメンバー以外のなにものでもないではないか？　市民社会のメンバーがなにゆえに人間、いや人間一般となるのか？　なぜそうしたメンバーの権利が人権と呼ばれるのか？　この事実をわれわれはどうやって説明したらいいのか？　それは、政治的国家と市民社会の関係から、つまりは、政治的（なだけにとどまっている）解放の本質から説明するよりほかにないのだ[19]」。人権宣言は、市民社会の私的人間であるブルジョアこそ本来的な真の人間 homme であるという前提に立っている。なぜなら、この人権宣言は今なお封建的秩序に対する闘争を続けているからである。「この人権の枠内では、人間をその類的存在 Gattungswesen〔自然に対する共同の労働を通じて協力かつ連帯をしている人類のあり方〕として捉えるところにはまったく達していない。むしろ、類の生活、つまり社会は、個人にとっては疎遠で外的な枠組みとして、個人の根源的な自立性に対する制限として現われる。個人同士をまとめている唯一のきずなは、……欲望と私的利害である[20]……」。それゆえ、フランス革命による「政治的」解放は、まだこれから「人間的」解放によって完成されなければならない、とマルクスは論じる。この人間的解放を通じて、個人としての人間が、そのまま社会的な類的存在とならねばならないのだ。そうすれば人間を無視する抽象的でしかない国家が消滅し、それとともに国家を無視する市民社会的な私的人格なるものも消滅する。そして、「最高の自由」こそが「最高の共同体」であるとするヘーゲルの命題も真となりうるのだ。

この解放の担い手は第四身分である。マルクスはシェイエスが第三身分に関して要求したのとまったくおなじことを、この第四身分について述べている。つまり第四身分とは現在のところ「無」であるが、これから「すべて」にならなければならない、というのだ。だがこの身分が現在「無」であるのは、かつてとは違って貴族階層のゆえではない。支配階層になりあがったブルジョアジーのゆえなのだ。つまり、「産業軍の指導者」たちのせいなのだ。彼らに対峙するプロレタリアート大衆こそは、まったく「普遍的な階層」なのだ。つまり、いかなる特別な利害も知らず、普遍的な利害を代弁するという意味で普遍的な階層なのだ。ヘーゲルは大多数の民を、「自らがなにを望んでいるか知らない」と形容し、「多数の人々」と呼んで、「すべての人々」(全体)とは区別していた。その多数の人々こそマルクスは、全体になることを望む、自己意識を持った存在として認めたのだ。こうしてマルクスは、プロレタリアートの立場からブルジョアを階級利害の代弁者と形容した。つまり、資本主義の企業主であり、生産手段の所有者であり、そういうものとして、賃金労働者を従属状態に置く存在ということである。同時にマルクスは、企業家のブルジョアジーが秘める激烈な変革の力を強調する。(21) このブルジョアジーこそが、わずか一世紀で、これまでのいっさいの世代すべてが成し遂げたよりも巨大かつ膨大な生産力を作り上げたのだ。自然の搾取、機械技術、鉄道、舟運、産業、物理学、化学などを利用することで、このブルジョアジーは世界の諸大陸を開発し、文明化し、人口の猛烈な増大を惹き起こした。だがマルクスは、その反面で、小市民から成る下層中産階級は必然的にプロレタリアートへと没落せざるを得ないと考えた。大資本の生産性に太刀打ちできないからである。[22] 大ブルジョアジーに対してマルクスは大変な敬意を抱いていた。それに対して小市民は、ユートピア的で反動的であるとして軽蔑していた。

第四節　シュティルナー――唯一者としての自我による市民的人間とプロレタリア的人間の差異の解消

「市民層の原理は高貴な生まれでもなければ、卑俗な労働でもない。ただの凡庸さである。つまりほんのちょっと生まれがよく、ほんのちょっと働くこと、ようするに利息を生む財産である」

（『唯一者とその所有』）

人権宣言がすでにマルクスの時代にどの程度まで無意味になっていたかは、シュティルナーの『唯一者とその所有』(一八四四年)が最もはっきり見せてくれる。シュティルナーにあっては、市民社会の人間も、プロレタリア階級の人間もともに、ゼロとされている。だがそれだけではない。人間そのものがいっさいの価値を失っているのだ。シュティルナーは、市民的人間性《フマニテート》という理念を、奪えるものはなんでも自分のものとする自我でしかないと狭く見ている。彼に言わせれば、フランス革命は、市民社会を解放したのではなく、その正反対で、保護を必要とする従順な国家公民を生み出したのだ。こうした凡庸な市民たちは、安全志向と法にしたがうことが正義であるとする考えによって生活している。市民階層のこうした〈政治的リベラリズム〉が狭隘《きょうあい》なのとおなじに、労働者階級の〈社会的リベラリズム〉にも限界がある、と彼は見る。違いは、市民階級が国家と財産に服従し、労働者階級が社会と労働に服従していることにしかない。人類なるものを信ずる最後の形態は、ブルーノ・バウアーが唱えていた「ヒューマンなリベラリズム」というものだ。バウアーは、市民階層も労働者階級も承認しない。彼はただなんらかの特殊性に固執することはどんなものでも、ひるむことなく批判している。こうした批判的意識を持った人間はボロを身にまとっているだけだが、いっさいから切り離された〔シュティルナーにおける〕自我と異なって裸ではないのだ。

シュティルナーはこの唯一者 der Einzelne としての〈自我〉によって、いかなる社会的な規定をも越えた存在となれると妄想した。プロレタリアとしての規定であれ、市民としての規定であれ、そうしたものを乗り越えられると考えた。だがマルクスは『ドイツ・イデオロギー』において、シュティルナーの言う唯一者の社会的な本当のありようは、デカダン化した市民階層でしかないと暴露している。「彼が自分の意志に反して、さらには自分ではそれと知らずに挙げた唯一の功績は、今日のドイツ小市民層をよく表したという点にある。つまり、ブルジョアになりたいとあがく小市民の気持ちをよく言い表しただけなのだ。この小市民たちの実際の行動はけちくさく、おどおどしていて、視野がせまいが、いかにそうであっても、他面で、やけに大声で人を非難し、大口たたきで、おせっかいやきなのだ。そうした小市民の哲学的代表者のなかのこの〈唯一者〉なる者が、自ら有名になって世間に出て行こうというのは、まさにぴったりなのだ。またこうした市民たちは、自分たちを声高に理屈っぽく代弁してくれる壮士の話などしたくないと言い、またこの壮士の方も彼らのことなど意に介さない、つまり、両者はまったく意見の一致を見ず、彼は、自分自身と一致したエゴイズムを説教して回る。これこそまさに状況によく見合った事態なのだ。ひょっとしてサンチョは、自分の〈協会 Verein〉が関税同盟 Zollverein とどのような臍《へそ》の緒でつながっているかに気がついたことだろう」(23)〔1〕〔『ドイツ・イデオロギー』の当該個所では、シュティルナーがドン・キホーテのサンチョ・パンサになぞらえられている」。シュティルナーは、ブルジョアのエゴイズムを、私人を、そして私的所有を、〈エゴイズム〉そのもの、〈唯一者〉そのもの、そして〈所有〉一般という〈カテゴリー〉へと絶対化している。社会学的に見れば、シュティルナーは、それ自身として「ばらばらに切り離された唯一者」から成る市民社会の、最もラディカルなイデオローグということになろう。彼は、現実の生活条件から解放されているわけではなく、ただ単に自らは看破できない意識状況から解放されているだけなのだ。市民社会の原則としての私的エゴイズムにとらわれているがゆえに、自分自身の意識状況すらそれとして看破できていないのだ。現実の彼の生活とおなじに、彼の思想も、実体の抜けてしまった冷たい世界の最下層の片隅にいるのだ。

第五節　キルケゴール——市民的＝キリスト教的自我

「これまでは皇帝も、王侯も、教皇も、イエズス会士も、将軍も、外交官も、決定的な瞬間においで世界を支配することができた。しかし、第四身分が作られてからは、殉教者だけが世界を支配しうる、ということが明らかになるだろう」

（「必要なこの一事」[2]）

キルケゴールは、マルクスの正反対の立場にいるという点では、シュティルナーと通い合うところがある。シュティルナーと同じく、社会的世界の全体を自らの〈自我〉へと切りつめてしまう点が通い合っている。だが同時にキルケゴールは、シュティルナーとまったく正反対の位置にいるとも言える。というのも、キルケゴールは、一人一人の個人を創造的な無に切りつめる代わりに、世界の創造者としての「神の前に」立たせるのだ。『共産党宣言』と同じ年に出たキルケゴールの『現代の批判』は、マルクスが〔変革の〕原則へと高めた解放された〈人類〉を叩いているが、同時に、キリストのまねびから解放されたキリスト教世界をも攻撃している。単独者 der Einzelne というキルケゴールの基本概念は、社会民主主義的な〈人類〉といった考え方に、そしてリベラルで教養のある〈キリスト教徒〉というあり方に修正を迫るものである。というのも、キルケゴールから見れば、こうした考え方において人と人を結びつける原則は、ポジティヴではなく、ネガティヴなものでしかない。なぜなら、彼から見れば、大量の人間をまとめることで、このような原則は一人一人の単独の人間を弱体化させるからだ。彼に言わせれば、人間というのは今や単独者としてのみ普遍的＝人間的なものを実現できるのであって、類的存在となる（マルクス）ことや、逆に具体的な人間のあり方をまったく無視する（シュティルナー）ことによってではないのだ。先の場合には、人間たちは皆、ひとつの工場で同じ労働者になるだろう。おなじ服装をして、同じ鍋からおなじものを食べることになるだろう。あとの場合には、人間はいっさいの具体性を失うことになる。まったくの裸へと自己暴露をすることになるのだから(24)。このどちらの生き方の場合も、人間は単独者として自ら人間の普遍的な本質を実現していないのだ。

キルケゴールは、人間の自我のこの「普遍的なもの」を自らは実現できないままに、要求として提示した。一生涯のあいだ彼は市民社会のはじっこにいる変わり者であり続けた。なぜなら、職業を持つ決断もできなければ、結婚を通じて「有限性のうちに落ち着く」決断もなしえなかったからである。著述活動を通じてのみ彼は自己の内面に社会的な存在を可能にした。つまり、「倫理的なもの」を代表する「陪席裁判官ヴィルヘルム〔3〕」という人物を通じてである。「本人自身が自分の目的なのだ。だが、それにもかかわらず、この目的は同時に違う目的でもある。なぜなら、目的である自己とは、なんらかの抽象的な自己、つまり、なんにでもあてはまり、それゆえになにものにもあてはまらない自己なのではなく、具体的な自己、この特定の規定された周囲と、この独自の生活環境と、この世界秩序と生きた関わりを持った具体的な自己なのだからだ。つまり、人格的な自己にすぎないのではなく、社会的な自己、市民としての自己なのだ」[25]。世界と結びついたこの自己は、市民社会の職業において実現し、市民社会の結婚において実現する。その実現の仕方はしかし、こうしたいっさいの外面的な諸関係が内面化されるというかたちをとる。美的な側面を重視する対話の相手はそこで、とはいえこのような内面化には、外的状況に由来する客観的な限界があり、その限界のゆえに失敗するのではないかという反論を唱える。この反論に対して、いや、どんな困難もどんな貧窮も、倫理主義者には平気なはずだ、とこの倫理主義者は答える。「小さな部屋が三つしかなくても、大丈夫だ」と。「神が助けたまうのだから」人間は(とはいえ、三部屋もあれば、それなりに依然として市民的生活の最低限の水準に)狭められた生活にあっても、外面を内面に変容させることは可能なはずだ。なぜなら、すでにルターが正しくも言っているように、これまでいかなるキリスト者も飢え死にしたことはないのだから、というのが返答である。

こうした市民的＝キリスト教的な生活の正当化は、倫理的な生真面目さと美的なイロニーのあいだを揺れ動いている。だがこうした揺れ動く正当化は、市民的世界およびキリスト教的世界が解体しているというキルケゴールの批判的な知見によって相対化されている。ヨーロッパ世界の現在（一八四八年）の状況全体に責があるのは、「いい加減な教養と学識しか備えておらず、新聞のきれいごとによって自己満足に堕落したブルジョアジー」である。「公衆」として世界を動かしていると思い込んでいるブルジョアジーである。「だがしかし、復讐《ネメシス》の女神がこれほど早く来るのを世界史は見たことがないであろう。なぜならブルジョアジーが決定的に権力を奪取したその瞬間、その鐘の音を合図に、第四身分が立ち上がってきたからである。もちろんのこと、この第四身分にこそいっさいの責があると言われるであろう。だが、それは真ではない。この第四身分はさんざん悪態をつかれ、弾圧され、罵詈讒謗《ばりざんぼう》を浴びせられる無辜《むこ》の生け贄《にえ》なのだ。そして、そうした行為は正当防衛だとされる。たしかにある意味では正当防衛だ。なぜなら国家をひっくり返しているのはブルジョアジーなのだから」(26)。昔の時代には皆が認めた権威が世界を支配していた。ところが、皆がおなじに平等であろうとするようになって以降は、世俗的手段を使って、本当の意味での支配を行使することは不可能となった。キルケゴールが政治に要求するのはそれゆえ、およそ絶対的権威による支配が行使されること、まさにこの一点なのである。世界における本当の政府の支配は、このような絶対的権威による支配の瞬間になされるのであり、世俗の省庁によるのではない。支配は殉教者によってなされるのだ。つまり真理のために打ち殺されることを通じて勝利する殉教者によってこそ支配がなされるのだ。キリスト者としての殉教者の根源的な姿、その模範となるのは、群衆によって十字架に架けられたキリスト、まさにこの真に〈単独〉の神人そのものである。彼を前にしてのみ、人間の平等の問題は解決可能となる。だがその解決はこの世においてなされるのではない。世俗の本質というのは、差異が少し多いとか少ないとかいうことにしかないのだから。

第六節　ドノソ・コルテスとプルードン——キリスト教による上からの独裁および無神論による下からの社会新秩序の創設

「プルードンは見かけとは正反対の存在である。彼は自由と平等のために運動したが、実際にはそれによって専制政治を基礎づけたのだ」

（コルテス『神の国家』）

「人間は宗教なしで生きるように運命づけられている」

（プルードン『人類社会における秩序の創造』）

大衆民主主義の水平化作用に対するキルケゴールのラディカルにプロテスタント的な反応と位置を同じくするのが、同じ時代のスペインにおけるドノソ・コルテスの、フランスの社会主義運動に対するラディカルにカトリック的な反応である。自らも古いカトリック貴族の家柄の出身で、大物政治家であったコルテスは、市民社会を形容するにあたっては、キルケゴールやマルクスとまったく同じである。彼は市民階級を決めつけて、どっちつかずの「議論に明け暮れる階級 clasa discutidora」、真理も、情熱も、そして英雄も知らない階級と呼んでいる。市民社会は、世襲身分としての貴族を廃止したが、新しい金融貴族にはなんら反抗しない。王の主権も国民主権も認めようとしない。貴族階層への憎しみから市民は左翼へと走らされるが、ラディカルな社会主義が怖くなると右に走る。議論に明け暮れてどっちつかずにいる彼ら市民社会の反対にいるのが、断固たる無神論を標榜《ひょうぼう》するプルードンの社会主義である。このプルードンに対してコルテスは、反革命の政治神学を唱えた。人間と国民こそが主権者であると宣言したフランス革命は、神の創造になる被造物の秩序への反乱であると、この政治神学には見えるのだ。だがキリスト教の王侯たちの時代は終わり、国民の意思を通じて政治支配を行う以外の勇気を持っている者は誰もいない。そうである以上、救いの手段はただひとつしかないとコルテスは述べる。それは、政府による上からの独裁である。下からの反抗を防ぐための独裁である。「自由と独裁のどちらを選ぶかというときには、いかなる意見の相違もないであろう。……だが、問題はそのことではない。現実のヨーロッパには自由など存在していないのだ。……選択肢は、反乱の独裁か政府の独裁かにあるのだ」(27)。コルテスの選択は政府の独裁である。なぜならその方が抑圧が少なく、害悪の程度も低く、純粋な天空に由来しているから、というのだ。匕首《あいくち》による独裁よりもサーベルによる独裁はより高貴であり、より好ましいからだ、とされる。革命の経験をコルテスは以下のようにまとめている。「わたしはいろいろと様子を見た結果として、市民社会は病気であり、弱っていて、人間的状況としては複雑で混乱していると見た。諸国民は憤怒の酒に酔いしれ、地上から自由が消滅していた。人民を煽《あお》る者たちが王冠をいただき、王侯たちの冠が剝奪されるのを見た。いまだかつて、これほど巨大な変革と転覆は存在しなかった。これほどの反抗と屈辱は存在しなかった。そこで私は、これほどの混乱が生じたのは、キリスト教会が大切にしてきた、そしてこの教会だけが持っている道徳と秩序の根本原則が忘却されたことによるのではないか、と自分に問うてみた。今日では教会だけが秩序ある社会の姿を提示しており、どこもかしこも惑乱状態にあるなかで、教会だけが安定を与えてくれる要因であり、教会だけが内面的に自由であり、教会においてのみ下位の者は、慈愛に溢れた正当なる権威に出会えるのであり、教会においてのみ権威も命令にあたって公平と柔和に溢れており、教会だけが、偉大なる国家公民が生まれる学校である。なぜならば、生きる術《すべ》と死ぬ術を教会だけが持っているからである。聖なるものを生み出す生と、殉教者を生み出す死を。このことがわかったとき、私の疑念は確信へと変じた(28)」。

プルードンもブルジョアジーを敵としたが、それはコルテスとは異なった理由からだった。プルードンがブルジョアジーを憎んだのは、憤怒に駆られた成り上がり者が世界を自分たちで作りたがろうとするためであった。コルテスの方は、ブルジョアジーこそいっさいの気品ある伝統の墓掘り人と見る彼自身の情熱によって彼らを軽蔑した。プルードンは、神学とキリスト教の時代は過ぎ去ったと宣言し、コルテスは、カトリック教会の外部では、いかなる社会的な、また政治的な救いもあり得ない、なぜならば、キリスト教の神のみが人間というもののあり方を普遍的に啓示し、それによって人間的な社会のあり方を基礎づけているからなのだ、と宣言した。[29]

他方で、コルテスから見れば、キリスト教的な基礎づけをもった世界だけが、ラディカルに無神論的になりうるのだ。そして、自らの力で憲法秩序を生み出し、自分たちで政治的支配を行うことができるのだ。人間がこのように思い上がったさまをコルテスは、フランス革命とその〈哲学的文明〉のうちに認めた。それに対抗して彼が勧めるのは、上からの独裁である。彼の偉大なる敵であるプルードンもまた、彼なりに別のやり方でキリスト教的な歴史の見方を認めている。一八四三年の宗教批判の最後でプルードンは[30]、キリスト教のこの「臨終のときにあたって」と言いながら、この宗教の果たした数々の恩恵と高邁な情熱を思い起こしている。こうしたキリスト教の恩恵や情熱こそが人間の社会の礎を築き、近代諸国民に統一と人格を与え、国家の法律を承認し、この十九世紀においてすら、心の広い人々の魂に真理と正義への熱意が溢れるように仕向けたのだ。そしてプルードンが一八六〇年に「社会的解体」という時代診断を下したとき、彼はヨーロッパ史におけるこの強烈な危機こそは、キリスト教という事件を終わらせる危機であると理解したのだ。「いっさいの伝統は使い果たされ、いっさいの信仰は消滅した。それに替わる新たなプログラムはまだできていない。少なくともこのプログラムが大衆の意識にまで染みとおっていないという意味ではできていないと言いたい。この状況に由来するのが、私の呼ぶ解体である。今は、社会のあり方が最も残酷な時期なのだ。正直な人間を深く苦しめるいっさいのものが糾合している。それは、意識の売春であり、凡庸の勝利であり、真と偽の混乱であり、原理の取引であり、情熱の卑劣であり、道徳の堕落であり、真理への弾圧であり、嘘への報酬である……。われわれの国において杖のひとふりで明日にも、自由が、権利の尊重が、公的な篤実さが、意見の鷹揚《おうよう》さが、新聞における誠実さが、政府の道徳性が、ブルジョアジーにおける理性が、民衆における共通の常識が、再生されるという幻想をわたしは持たないし、そんなことは期待もしていない」。「残酷な殺戮が来るだろうい、血の海に続く疲弊は、恐るべきものとなろう。われわれは新しい時代の成果を見ることはないだろう。われわれは夜の暗闇のなかで戦い続けることだろう。われわれは、それほどの悲惨なこともなくこの人生を維持するように、按配しなければならない。おたがいに助け合っていこうではないか。暗闇のなかで機会あるごとに、呼びかけ合い、正義を生み出そうではないか[31]」。

第七節　アレクシ・ド・トクヴィル――市民的デモクラシーからデモクラシーによる独裁への発展

「わたしが毎日短い時間でもいっしょにいるのは、三人の人間だけだ。それは、パスカル*、モンテスキュー、ルソーの三人だ」

トクヴィルの『アメリカのデモクラシー』は一八三〇年から四〇年にかけて、そして『旧体制と大革命』という歴史的分析は一八五六年に出たが、著者本人は、時代の動きに対して完全にバランスのとれた立場にあった。「わたしは、長い革命の最後の時期にこの世に生まれた。この革命は旧来の国家を破壊したが、恒常的なものはまだ生み出していなかった。わたしが物心ついた時には貴族階層は死滅していたが、デモクラシーはまだはじまっていなかった。したがってわたしは本能からして、このどちらかに盲目的に飛びつくことはできなかった。……わたし自身は祖国の旧来の貴族階層の出身なので、この階層を憎むことも嫉妬することもなかった。だからといって、この階層が破壊されたときに、特に愛惜することもなかった。なぜなら人間は生きているものとのみつながることを好むものだからである。わたしは貴族階層に近いので、十分にこの階層を知っていた。だが同時に、この階層から十分に遠くにあったので、いかなる情熱にも惑わされずに、この階層について判断することができた。デモクラシーについても同じことが言える」[32]。彼はバーク*やゲンツ*のようにフランス革命を断固として批判する立場に立つこともなかったし、また革命の友でもなかった。革命について判断する時の基準は、旧体制《アンシャン・レジーム》に由来するものであったために、きわめて明晰な判断を下すことができた。

　彼の論稿で論じられる大きな問題は、自由と平等のあいだの不均衡だった。彼によれば、第三身分の解放は、水平化と平等化をもたらしたが、問題は、市民的デモクラシーがはたして自由をもたらすかという点にある。トクヴィルの理解する自由とは、単なる独立のことではなく、自らに責任を負う人間の尊厳のことである。こうした責任にもとづく尊厳がなければ、真の支配も真のデモクラシーもありえないと彼は論じた。元来フランス革命は、平等を求める心情のみでなく、自由の制度化も激しく求めたのだ。だが、自由への情熱はじきに失われ、残ったのは平等への情熱のみだった、とされる。自由への情熱と平等への情熱は、当初のほんのしばらくのあいだ、どちらもおなじに本心からの強力な情熱のように見えたが、もともと古さに関してはおなじでなく、必ずしも常におなじ目標を追求してきたわけでもない。より古く、またより永続的だったのは、平等の追求だった。革命よりもずっと以前から平等化へ向けての動きに寄与していたのが、キリスト教会であり、通商と交通だった。また、貨幣経済であり、印刷術と火器の発明であった。また、アメリカの植民であり、最後には、文学による啓蒙であった。自由を通じてのみ平等にもなりうるという信念は、こうしたものに比べれば、最近のことであり、それほどずっと存在していたわけではない。ナポレオンが革命の主人公となったときに、平等が優先されて自由は退くことになった。そいっさいの法が、そして風俗や習慣が解体した国民がナポレオンの眼前にあった。それゆえに彼は、これまで可能であったよりもはるかに合理的な形態の専制政治をすることができた、とトクヴィルは論じる。「市民たち相互の、また市民と国家との何千というさまざまな関係を規則化するいっさいの法律をナポレオンは同じ平等の精神で策定し公布した。それを通じて、彼は同時にいっさいの行政権力を生み出し、こうした行政権力を自らに服せしめ、それらが一丸となって巨大かつ単純な政府機構となるように、そしてその唯一の動力が彼ナポレオンその人にほかならないような政府機構となるようにしたのだ」。一人一人がみずからの価値とその独立性を過大評価しているあいだに、実際には公共の領域は、個人の存在を奪うような「政治的汎神論」へと向かっていた。優秀な行政機関がナポレオンの国内的な権力を維持し、彼の軍事的天才が対外的な力を保つのに役立った。だが、人々は自分の運命に無関心となり、古典古代のポリスのデモクラシーの優れたところである偉大なる市民感覚からは遠いところにきてしまった。ポリスにあってはまさに政治的共同体の強制力こそが、強烈な個性を生み出したのだが。トクヴィルから見れば、古典古代のポリスや、さまざまな共同組織と法を備えた中世の身分制国家において、同じくイタリア・ルネサンスの暴君たちの下においても、現代の「専制的」なデモクラシーよりも多くの個人的かつ政治的な自由が生きていた。だがデモクラシーが、ただすべてを平等にするだけで、自由を生み出さないならば、そうしたデモクラシーはいかなる価値も失う、とされる。だがデモクラシーにおいては、自由こそが、水平化、画一化、そして中央集権化に対抗してバランスを取るための唯一の分銅となるのだ。アメリカとイギリスにおいてはデモクラシーが、本当の自由の制度をつくることができた(33)。それに対して、ヨーロッパ大陸のデモクラシーは、起源がまったく異なるために、自由をどのように用いたらいいかがわかっていない。ヨーロッパ大陸独特の起源に由来するその運命は、専制政治に向かわざるを得ない(34)。古き貴族政治は、国家公民をつなげて大きな鎖を鋳造した。その鎖のひとつひとつの輪は、農民から王にまでつながっていた。ところがデモクラシーは、個々の特別な身分や権利から成るこうした正当なる構造をばらばらにしてしまった。身分を相互に孤立させ、それぞれすべてを平等にし、ひとつの専制的な中央権力に服従しやすいように変えたのだ。「自由な市民《シトワイアン》」から「人間以下のなにものかを作り出す」ことを革命はやりとげたのだ。

市民的デモクラシーから生まれた専制政治はまた同時に、いっさいの社会的勢力を糾合することで、個人の孤立化をさらに強める反作用を惹き起こした。こうした専制政治は、行動と思考におけるいっさいの協力関係を妨げることになる。「このような社会における人間たちは、階級やカーストやギルドによって、あるいは家門によって相互に鎖のように結ばれてはいない。それゆえ彼らは、自分のことだけを考えるようになりがちだ……そして、いかなる公共的な美徳も窒息する冴えないエゴイズムへと狭隘化しがちである。専制主義は、こうした傾向に対抗して闘うにはほど遠く、むしろ、この傾向への抵抗を無力にしてしまう。なぜならば専制政治は、市民からいっさいの共通の努力、相互のつながり、共同で評定するいっさいの必要性、共同で行動するいっさいの機会を奪い去ってしまうからである。彼らはすでに相互に別々の存在になろうとしている。専制政治は彼らを孤立させ、私生活のうちに閉じ込めてしまう」(35)。だがデモクラシーにおける専制政治において最悪なのは、水平化を生み出す中央権力への服従そのものというよりは、むしろ、この服従が不誠実になされていることである。というのも人々は、フランス革命によってあまりにも自立し、啓蒙された疑い深い存在になってしまったので、絶対的だが正当性の欠如した権力が正しい法となるなどということは信じられなくなっているのである。シェイエスに理解できなかったのは、貴族と教会に対する闘争は彼らの個別的な特権を破壊するだけでなく、およそ伝統なるもののいっさいを、この「正しい法の母」を破壊することである、とトクヴィルは論じる。こうして伝統が破壊された結果は、国民の統一性をあまりにも高く評価し、一人一人の人間を低く見る「必然性というドクトリン」となるというのだ。

　生涯の最後の時期に貴族としてのトクヴィルは、「自由の崇拝者という時代遅れの存在」になってしまったという感慨を抱いていた。他方で、彼の同時代者である民主主義者たちは、一人の主人を望み、「奴隷に服する用意」こそが「美徳の根本要因」であると考えてしまった、と彼は言う。ドイツではヤーコプ・ブルクハルトがデモクラシーについてのトクヴィルの考えを同じ方向で押しすすめ、今少し明確に描き出した。それによって自分の同時代者たちが「せめても彼らの服従のさまを批判的に考え抜く」ようにさせるためであった。

　市民的なデモクラシーは本質的に安寧と裕福をめざしたものであり、いかなる人間的偉大さもない凡庸な状態を目標としていると、トクヴィルは考えていた。一八三〇年頃には、貴族と下層民衆を排除した中間層の勝利がすでに完全かつ最終的となった、と彼は回想で確認する。彼ら中間層は国のありとあらゆる役職に就き、働く人々の勤勉さと公的なお金で生活する習慣を身につけるようになった。結果は、急激に拡大した平均的な裕福さである。こうした中間層の特色こそはまた、最初の市民王制の政府における精神的態度をかたち作ることになった。「それは活発で勤勉な、多くの場合不正直な精神であった。大体において虚栄心とエゴイズムから成り立っており、おびえやすい性質《たち》の割に大胆で、快適な生活の楽しみを除けば、それ以外のいっさいの点に関して度を越すことはなかった。ひとことでいえば、凡庸そのものだった。こうした精神が下層民集と貴族のそれと混ざるならば、すばらしいことを成し遂げ得るかもしれないが、自分たちだけでは、男らしさと偉大さを欠いた政府以外のなにものも生み出さないであろう。かつて貴族はいちどとして全体の支配者になったことはないが、……そうした全体の支配者に成り上がったこの中間階層は、みずからが政府の権力に就くと、民間企業の様相を呈することになった。彼らは自分たちの権力に立てこもり、やがては自分たちのエゴイズムのなかに閉じこもることになった。彼らの代表者たちは、国家の大事よりも自分たちの私的な利益の方を気にしており、また、国民の偉大さよりも個人的な安穏の方が重要となったのだ[36]」。

こうしたプライベート化とともに、中間層を基準にしての水平化が起き、我欲と公共の利益とが解き難いまでに深くからみあってしまった。栄光もそれほどなければ、貧困もそれほどない。あるのは、中間的な豊かさだけだ。オリジナルな知もほとんどなければ、粗野な無知もあまり見られない。生半可な知が広く行き渡っているだけだ。憎しみもいくらもなければ、愛もほとんど見られない。あるのは、それなりに継続する習慣だけだ。政治的支配者になった中間層の正常な人々、正常とはいえ、平均的で、エゴイズムにとらわれた、心配症の人々をトクヴィルはこのように、中間層の文化の広がりというゲーテの予言と軌を一にして描いている[37]。このような世界では、侏儒《しゅじゅ》といえども民主主義的な大衆の波に支えられ高く掲げられれば、巨人でも足を波に濡らさず岸辺に立つかぎり到達不能な山の頂きにまで上りつめることが可能となるのだ。市民的デモクラシーという中途半端な状況は、真の偉大さを不可能にする。それゆえこのような時代にあっては、個人の理念を、そして自己自身に責任を負う人格という理念を高めてくれるいっさいは、トクヴィルから見れば、健全ということになり、逆に、普遍的なものの力、類と種族の力を増大させるようないっさいは、危険ということになる[38]。

トクヴィルがあらかじめ描いた以上のような意味にしたがってソレルは、十九世紀の終わりに、デモクラシーの枠内でとはいえ、そのデモクラシーの市民的性格に対抗して、労働者たちに働きかけようとした。トクヴィルはアメリカで得た印象にもとづいて、デモクラシーには男性的な情熱や戦闘的な美徳が欠如せざるをえないと考えていたが、反対にソレルは、まさにこうした情熱や道徳を社会的なデモクラシーとつなげようとした。歴史に関する、また社会哲学に関するソレルの仕事の全体的なもくろみを言い表すのは、「ブルジョア的理想や幻想が崩壊したあとで、どのようにしたら近代社会の革新が可能なのか?」という問題意識である。

第八節　ジョルジュ・ソレル——労働者たちの非市民的デモクラシー

「こうした問題を考えれば考えるほど、労働というのは、ブルジョア文明がなくなっても嘆くことのないような文化に根本的に奉仕しなければならないと、ますますわたしは確信する。プロレタリアートがその主人たちに対抗して行う闘争は、……かれらのうちに高貴さの心情を育てるのに適している。この高貴さこそが今日ではブルジョアジーに完璧に欠如しているのだ」(『進歩の幻想』)

ソレルはその『暴力論』によってムソリーニの教師となったが、この本を「レーニンのために」という文章で終えている。「私はもう老人で、生きているかどうかはちょっとした偶然次第の存在である。だが、墓場に行く前に、現在(一九一九年)これほどにまでシニカルに勝ち誇っているブルジョア・デモクラシーが屈辱的な目に遭うのをなんとしても見たいものだ」。近代デモクラシーを作り上げた市民社会に対するソレルの軽蔑がどれほど激しかったかが分かる。これと反対にソレルは、旧市民階級に対しては尊敬の念を抱いていた。昔の市民階級は、彼らの実際の生活条件に合致した生産的な仕事を成し遂げていた、というのだ。だが、生産する中間層がやがては、消費に明け暮れる上層階層と化し、支配するようになってしまった。こうした階層は規律と我慢という男性的な美徳に代わって、人道主義の幻想と知的妄想に耽《ふけ》っている。こう見るソレルはそれゆえ、ブルジョアジーには欠如しているときめつけた美徳が、階級意識を持った労働者階級に備わっている、と考えたのだ。

ソレルの描くところによれば、ブルジョアジーの発展は四段階にわかれる。第一段階は、革命以前の十八世紀のブルジョアジーである。彼らは主として王室の官吏と役人から成り立っていたので、自立的な立場にはいなかった。従属した身分である以上、支配者たる能力は生み出せなかった。ソレルの呼ぶところでは、「御雇い階級」である。第二段階は、十八世紀末の革命的ブルジョアジーである。彼らは、「進歩の幻想」を唱えながら、正義についてなにも学んだことのないディレッタントばかりだ。彼らを言葉で先導する者たちは、政治好きの文士と百科全書家たちで、いかなる意味でも知の労働者でもなければ探求者でもないゆえ、なんにでも口を挟むが、なににについてもまともなことは言えない人々だ。彼らの性格は、「気まぐれ arbitraire」で、その大胆さ audace は、責任感のない無鉄砲ぶり témérité でしかない。彼らは歴史的な伝統にはいかなる敬意も払わず、精神的訓育を受けておらず、基本的にはセンチメンタルなのだ。第三段階は、一八五〇年以降のナポレオン三世とビスマルクの下での、夢から覚めたブルジョアジーである。彼らの革命的な神話は消えてしまった。新たに台頭した産業界の大物たちは、レアリズムに溢れ、大資本家である。ブルジョアジーによる征服が進むこの工業化の時代にあって彼らこそが主導権を発揮したのだ。第四段階は、十九世紀末の教養あるブルジョアジーである。彼らの代表者たちは、革命的な文学のエピゴーネンである。ポール・クローデル*、ガブリエレ・ダヌンツィオ、モーリス・バレス*のような詩人たちのことである。教養過剰で「文明的に超洗練され」平和な生活を願っているこのブルジョアジーでも、文学的には戦争に熱狂することがある。「ブルジョアジー的生活の冒険のうちへ悲劇と神話時代の模倣の導入を意気込むこの作家たちの筆にかかると、むごたらしいこともきわめて自然となる」(39)。芸人である以上、彼らの政治行動も、宗教上の回心も、まじめに受け取るわけにはいかない。資本主義のエネルギーを失ったこうしたデカダンスのブルジョアジーに対して、ソレルは、彼らがもはや満たすことのできない歴史の課題を果たすのは、階級意識を持った労働者集団のもつ革命的エネルギーなのだ、と述べている。プロレタリアートを搾取された者たちの階級と見て彼らに同情する、あるいは、搾取に義憤を抱くといったことは、ソレルとは無縁である。それどころか彼は、プロレタリアートには、健康な本能と創造力が備わっていると見ていた。そしてこうした本能と力は、正しく選別され、導かれさえすれば、自由な制度を生み出し、支配者となりうる、つまり「主人の階級」となりうるのだ、と見ていた。支配者道徳というニーチェの理念をマルクスとプルードンに援用するならば、歴史的にはソレルの考えを言い当てたことになる(40)。ソレルは、革命的労働者集団に、第三身分の進歩幻想に代わるものとして軍人道徳を備えさせようとした。現代労働者の軍隊の道徳は戦闘的なのである。なぜなら、戦争とおなじに、こうした道徳はいっさいの力の集中、最高の緊張と持久力、そして献身を必要とするからである。労働者のエリートが「生産者の文明」を生み出す、とプルードンは言う。こうしたエリートは、世界の合理的支配が進む過程であるわれわれの時代の英雄なのだ。彼らは決して卑しい存在ではなく、それどころか崇高な存在なのだ[41]。なぜなら、彼らは艱難辛苦《かんなんしんく》を知っているからである。それに対してブルジョアは苦痛のない楽しみだけを欲望しているとされる。ブルジョアの知性は、実際の生活の物質的条件と無縁に、いかなる連関もなく浮遊しているだけなのに対して、生産者の精神は、良き建築の精神とおなじで、現実の生活の目的や要求と技術的に結びついている、とプルードンは論じる。

『暴力論』においてソレルは、いっさいのエネルギーを活性化する大いなる戦争のみが、支配意志と統治能力を備えた男たちを権力に就かせるであろう、あるいはまた、プロレタリアートの暴力の大いなる拡大のみが、ブルジョアジーと議会制民主主義の「人道主義的な陳腐な言辞」を除去できるであろう、という信念を述べている。だが、一九一四年から一九一八年にかけて現実の中で暴力の哲学が勝ち誇る事態が生じると、ソレルは、戦争によって自らの考察の正しいことが明らかになったとは見なかった。

むしろ、戦争は、民主主義の理想の、工業の、そして金融支配の勝利であると考えるようになった。「政府がこれほど血に飢えたのを見たことがない。終わりが日ごとに遠ざかる戦争に引っ張られて行く国民がこれほど隷従しているのも見たことがない」と彼は、一九一五年にクローチェ宛に書いている。そして市民社会の精神に関して言うならば、これを打ち負かすのは不可能です、なぜならば、人間の卑しい本能のいっさいにこうしたブルジョア精神がこびりついているからです、と彼は続けている。ソレルは一九二二年に死んだが、そのときには、かつてのフローベールやプルードンとおなじに、「凡庸の勝利[42]」と情熱の卑劣さに対してあきらめの境地だった。そして、いっさいの歴史の自然な動きは退化でしかなく、それに抗して人間の偉大さに向かう動きは、必死の無理の中でなんとか勝ち取ったものであると、深く確信していた。だが彼はまた、デモクラシーに対する戦いだけでなく、「教会」へと変じてしまった国家、公権力を通じて良心を操り、精神を監視し、人間を水平化する国家に対しても闘った[43]。

第九節　ニーチェ――畜群人間と先導獣

「平均的には……人間の凡庸化が起き、勤勉で役に立つ、……小回りのきく畜群動物が生じるまさにこの新しい条件は、最も危険で最も魅惑的な質の例外的人間のはじまりとなるのに適している。……ヨーロッパの民主化は同時にまた、自ら進んで暴君を育む場ともなる」（『善悪の彼岸』）

目の前の世界を批判するという点で、十八世紀におけるルソーと同じ位置にあったのが、十九世紀にとってのニーチェである。ニーチェは、ヨーロッパ文明に対する激烈な批判という点で、ルソーそのものであり、また同時にルソーの正反対でもあった。なぜなら、ニーチェの批判の基準は、人間についてのルソーの理念とは正反対だったからである。この点をよくわかっていたニーチェは、ルソーの人間像こそ「近代における最大の革命的な力」であると認識していた。そしてこの力は、カント、フィヒテ、シェリングにおいてドイツ精神にも決定的な影響を与えたことを知っていた(44)。だが同時にニーチェは、ルソーのことを「新しい時代の入り口に生まれた奇形児」であるとか、「理想主義者と卑しいごろつき」が一人の人間となった者と呼んでいた。ニーチェに言わせれば、平等についてのルソーの観念は、差異をひとしなみにならしてしまった。そして奴隷道徳を支配者の地位に就けてしまった。ルソーの民主主義的で人道主義的な理念は、人間の本性を間違って理解している。人間の本性とは、決してヒューマンなものではなく、〈力への意志〉なのだ、とされる。

ニーチェから見ると、市民的なデモクラシーはいかなる内実も備えていない空疎なものである。こうしたデモクラシーは、「国家の退化の歴史的形態」である。逆にラディカルな社会主義は専制主義を助長するだけである。デモクラシーと社会主義というふたつの運動はあいまって、畜群動物へと人間を矮小化《わいしょうか》するだけである。有産階級の教養人たちも、また無産階級の労働者たちも、この同じ水平化の動きに取り込まれている。それゆえに両者とも文化の革新の基盤たりえない。一八七三年に書かれた短いメモは、普仏戦争に勝ったあとの国民的高揚感のなかにあって、ニーチェがどのように状況を見ていたかを、激烈な形で見せてくれる。彼に言わせれば、教養階層も学者階層も見かぎるより仕方ない。有産階級の銭勘定と享楽の経済は、低劣で軽蔑すべきものである。なにも考えず愚劣な彼らは、自分たちが労働者階級によってどれほど脅かされているのかまったくわかっていない。他方で無教養の階層も現行の一般教養の酵母によってすでに汚染されていて、真の民衆文化からはかけ離れてしまっている。そして労働者階級がやがて、能力の点では教養有産階層を簡単に追い越すことができると信じ始めるならば、「われわれはじきに終わりだ」とニーチェは述べている。そしてさらに続けてこう書いている。「もしもそうならなかったとしたら、それこそわれわれはおしまいだ(45)」。

『ツァラトゥストラ』においてニーチェは、この堕落したヒューマニティの世界全体を罵り、〈おしまいの人間〉というイメージを作り出した。〈おしまいの人間〉の正反対のイメージが超人である。この超人の理念は、ニヒリズムの克服のための哲学的想念である以上、直接的な社会的内容や政治的意味をともなっていないことはたしかである。とはいえ、間接的には、歴史上の傑出した〈例外的人間〉へのニーチェの思いにおいて、また未来の〈支配者〉という理念において具体化されている。つまり、デモクラシーの畜群人間に人生の意義を与えることを課題とする〈支配者〉のことである。

デモクラシーのなかでの大衆の水平化によってもたらされる人間の矮小化、そして支配者カーストの育成による個々の人間の能力上昇、このふたつは、表裏一体の関係にある。遺稿のなかのあるメモには、デモクラシーにおける水平化システムに対するツァラトゥストラの憎しみは「ただ表向きのもの」にすぎないと記されている。本当のところツァラトゥストラは、ようやく「こうなってきた」ことを喜んでいるのだ、とニーチェは書いている。なぜなら、こうなってはじめてツァラトゥストラは、支配カーストの教育という自らの課題を果たすことができるからである。支配カースト自らは、幸福と快適さを放棄するのだ。こうしたものは、支配カーストとしては、新しい品性の序列の最も卑しい段階にいる者たちにあてがっておけばいいのだ[46]。たいていの人間の〈凡庸さ〉こそは、そもそも〈例外〉が存在しうる最初の条件なのだ。そして〈畜群動物〉とともに〈先導獣〉も生まれるのだ。「デモクラシーの運動を利用する者がやって来るならば、まさにそのことこそが、この運動のいわば目的であり、救済であり、正当化なのではないだろうか。利用というのは、……奴隷の新たな……あり方と並んで、より高度な支配者的かつ帝王的精神が現れて、彼ら奴隷に対応し、彼らに即し、そして彼らを踏み台にしてより高まって行くことなのだ。……現下のヨーロッパ人を見ていると、大いに期待を抱かせるところがある。つまり、きわめて有能な大衆を広く基盤として、剛胆な支配種族が成立しつつあるからだ。……畜群動物の増大を促すのとおなじ条件が、先導獣の発展をもたらすのだ」[47]。そしてナポレオンおよびビスマルクとの関連では次のように言われている。「強力な意志を保ち続け、またみずからそうした意志を鍛え上げた者は、そのうえもしも精神的包容力を備えているならば、これまで以上に機会に恵まれるであろう。なぜならば、人間を調教する可能性は、このデモクラシーのヨーロッパにおいて大変大きくなっているからだ。唯々と学び、諾々と流れにあわせる人間が普通になっている。畜群動物が用意されている。そのなかには最高に有能な畜群動物さえもいる。命令することのできる者は、服従せざるを得ない者たちに出会うことだろう」[48]。デモクラシーは、〈大いなる政治〉の手中に陥る従順な大衆を生み出す。〈大いなる政治〉とは、ニーチェの理解するところによれば、この地上の未来の支配者は誰なのかという問いに揺り動かされつつ、最も遠くまで視野をのばした全ヨーロッパ的な計画のことである。その際にニーチェが主として念頭に置いていたのは、ロシアとドイツであり、イギリス＝アメリカ的な世界のことではない。地上の新しい支配者たちは、信仰を失った大衆にとって〈神〉の代わりとならなければならない。彼らはナポレオンとおなじに民衆出身の男たちでなければならず、また同時に、完璧に自分を信じて民衆の上に立つ存在、法の制定者であると同時に暴力的人間でもある存在でなければならない。労働者大衆は、彼ら支配者の指導のもとに自らを兵隊であると感じ、命令されることを実行するのでなければならない。

　未来における地上の支配者は水平化を目的のための手段として使うという、こうした考え方に勝るとも劣らず示唆的な、まったく違った予見もニーチェにある。それは、世界の支配は、「凡庸な」人々の手に落ちるという、予見である。なぜなら、現在の「貧相な時代」にあっては、こうした凡庸な人々こそは、未来に生き残る人々だからである、とされる。「われわれの文明のように、速度と手段に関してここまで極端になった時代においては、人間の重心が移動する……。このような状況のもとでは、重心は必然的に凡庸な者たちの手に落ちる。賤民たちと常軌を逸した人間たち（両者はたいてい結託している）の支配に対抗して、凡庸さがその基盤を固める。未来を保証し、担うのは凡庸なのだ。ここから例外的人間にとっての新たな敵が生じる。しかしまた、新たな誘惑も生じる。こうした例外的人間たちが賤民に妥協せず、伝統を失った者たちの本能に気に入るような歌を歌わないならば、彼らは〈凡庸〉かつ〈しっかりした〉存在にならざるを得ないだろう。……そして理念が衰弱しきったこの世界全体は、いまいちどその優れた代表者を得ることになろう。……結果として、凡庸さは頭が回るようになり、冗談がうまくなり、才が生じるだろう。凡庸さは人を楽しませるようになり、魅力的になるだろう[49]……」。

第二章　労働の問題

労働と教養は十九世紀において市民社会の生活を支える基礎的な要素となった。それまでのいかなる世紀においても、これほどにまで広汎な教養が広がったことはなかった。また、それまでのいかなる世紀においても、これほどにまで労働のエネルギーが拡大したことはなかった。ブルクハルトは皮肉を込めて〈教養の世紀〉とこの世紀を呼び、マルクスはこの世紀における労働過程を批判したのだ。労働は〈賃金労働者〉の生活形式になり、教養の〈所有〉は、〈教養ある者たち〉の特権となった。だが、このように労働と教養がふたつの異なった階級に割り振られていても、その両者のあいだには本質的な関係があった。そのことは、市民的教養の特権を自分たちも身につけることが労働者たちの努力目標となり、また教養層の人々は、自分たちを〈精神的労働者〉と呼んで、彼らの特権を不当な権利と見られることを避けようとしたことにも示されている。市民社会の知識層がなにをどうしたらいいか分からなくなってしまった事態が、ドイツで最もはっきり現れたのは、第一次世界大戦のあとである。そのときに彼らは――ロシアの労働者会議〔労働ソヴィエト〕に倣って――「精神的」労働者会議を作ったのである。自ら称するその課題とは、プロレタリアの労働と市民的教養との断絶を克服することにあるというのだ。しかし、両者の対立をならすという課題は、ナチスの優先的な仕事となった。ナチスは学生を勤労動員に引っぱりだし、民衆と触れ合うようにし、賃金労働者大衆を、市民的教養に由来する政治的〈世界観〉なるもので染めあげようとした。労働と教養がふたつの相反する両極へと先鋭化し、しかもその両者が相互に影響し合っていた事態、また両者を中途半端な〈民衆文化〉へと均一化しようとする〔ナチスの〕試み、このふたつの動きそのものが、もはや労働は、人間をそれ自身として形成し教養を備えた段階に高めるような状況にはないという事態の、それぞれ異なった側面なのである。

今日では、商人であれ、医師であれ、あるいは文筆家であれ、誰もがごくあたり前のように自分の活動を〈仕事 Arbeit〉という名で呼ぶが、それはこれまであたりまえのことでは必ずしもなかった。労働が社会的に認められるには、長い時間がかかった。仕事・労働はキリスト教の考えからすれば、それ自身としては決して功績を認めるべき行為ではなく、罪の報いであり、罰であった(1)。人間は、自らの罪によって働くべく定められて以来、額に汗して働かねばならなくなったのだ。呪われた厳しい定めとして労働は本質的に艱難であり、苛酷であり、苦悩であった。聖書の人間は労働の〈祝福〉という〈果実〉を楽しむことはなく、それどころか、楽園の木の実に手を出したことの償いを労働によってはたしていたのである。パスカルでもまだ、労働はこの世のならいの空疎さを証明するものであり、この世のならいは、労働によって見かけだけ忙しさで満たされ、こうした気晴らしによって、生きていることの悲惨さから目をそらしているだけである、という考え方をしていた。(2) プロテスタンティズムになってはじめて世俗の労働への高い評価が、例えばフランクリンが古典的なかたちで代弁している〔「時は金なり」〕高い評価が登場したのである。だが、十八世紀におけるキリスト教の伝統の決定的な世俗化といえどもまだ、教会の教えに対する反駁《はんばく》としてなされたのだ。それ以後はこの世俗化のゆえに、労働への市民的な高い評価が支配的となった。今や労働は、人間の生活に意味を満たすものとなった。人々は今や、やり遂げた仕事の実りを自覚的に、そしてそれと知って楽しめるようになった。(3) 労働こそは、満足と成功を、名声と歓楽を、そして富を得るための優れた手段となった。(4) 市民時代における人間は働かねばならないだけでなく、働きたいのだ。なぜなら仕事のない人生は彼には生きるにあたいせず、「無駄」なものに見えるのだ。労働は彼にとって、規則正しい活動へと強要されることによって、怠惰と放縦という悪癖から解放してくれる禁欲的な活動であるばかりでなく、結果と成功をもたらすものとして自立的で建設的な意義を獲得した。労働は地上のいっさいの有能さと美徳と喜びの源泉となった。こうした純粋に世俗的な次元での労働への高い評価のうちにキリスト教的な考え方が多少でも入っているとすれば、それは、厳しい労働を頑張り抜くことを功績として強調することのうちに、かつての呪われた労働という想念がいくらか光り続けている点にある。その点では、労働からの解放がいわば楽園として受け止められているのもおなじである。とはいえ、労働をしなければならない人間にとって、ずっと暇が続くのは、死ぬほどの退屈を生み出すようになっている。このように労働には、艱難辛苦 molestia と並んで成果 opus, opera という二つの基本的意味があるが、それはこの言葉の意味の歴史にも見えてくる。つまり、〔ラテン語の〕labor はもともと、畑での辛い仕事のことを指した。つまりは、農奴的な服従のなかでの仕事のことである。同時に農奴が担う、その日の賃金のためになされる労働は、労働を生み出す成果でもある。つまり他の仕事を作り出すものでもある[5]。

とはいえ、この二重の意味だけで労働全般のあり方が示されているわけではない。むしろ労働とは、世界の中での活動である以上、人間の存在のあり方そのものに属している。ヘーゲルはまだこうした根源的なまったき意味で、労働を概念化していた。

ヘーゲルによれば、労働は、閑暇や遊びと区別される個々の経済活動のことではなく、[6]人間が自分の生活を生み出し、それによって世界を形成して行く根本的な仕方のことだった。そして自己存在と他在の間を動くこの労働という運動をヘーゲルは、精神というまったく普遍的な意味で把握していた。それゆえヘーゲルにとって労働とは、身体労働とか精神労働といった特定の労働を意味するのではなく、絶対的＝存在論的な意味での精神に満ちたものであった。他方で、マルクスとエンゲルスはヘーゲルと対決するなかから、ドイツの労働運動はドイツ古典哲学の遺産を継承するものである、という逆説的な主張に到達したが、その理由は、このヘーゲルの精神の哲学からのみ理解できる。

第一節　ヘーゲル――自己自身の外化としての労働、労働を通じての世界形成

「祈りかつ働け Ora et labora!　祈りかつ呪え！　もしも誰かが〈根畜生《サクラメント》！〉と叫べば、普通ならそれは呪うことである。しかし、宗教においては、普

通なら別々のことである、祈り、呪い、労働の三つはひとつにまとまっている。大地よ、呪われてあれ。そして汝《なんじ》は額に汗して汝のパンを食べるべし！　労働するということは、世界を壊すことである、あるいは世界を呪うことである」ヘーゲル
（ローゼンクランツ『ヘーゲル伝』五四三ページ）

ヘーゲルは三回にわたって労働をテーマとして論じている。つまり、イエナ講義、『精神現象学』、そして『法哲学』の三回である。一八〇三年から一八〇四年にかけてのイエナ講義[7]においてヘーゲルは、労働の精神としての性格をとりあえず、自然に対する〈否定的な態度〉として定義している。労働は決して本能ではなく、「理性的あり方」、すなわち「精神のひとつのあり方」だというのだ。動物は額に汗して働くことはない。動物は自己の欲求を自然によって直接的に満足させる。それに対して人間は、自分の食べるパンを間接的に作り出し、その際に自然はただ手段としてのみ利用する[8]。欲求とその満足の間の〈媒介〉は、労働を通じて間接的になされる。その際に労働はまた道具や機械という間接的手段によって媒介されている。労働とは人間と彼の世界と

の間の〈中間 Mitte〉に位置する。[9] 媒介の運動である以上労働は、ただ破壊という意味で否定的なのではない。むしろ、加工し、〈形成する〉かたちでなされる、自然によって存在するこの世界の破壊は、積極的行為なのだ。動物の衝動は自己の欲望を満足させるにあたって、対象を食べてその存在を消滅させる。それゆえ動物の衝動はくりかえして「一から始め」ねばならない。その際に恒常的なもの――仕事の成果――はいっさい生み出さない。そうした動物の衝動と異なって人間的＝精神的労働は、道具を使ってなにかを作り、その形成作用を通じて恒常的となる。つまり、自らに依拠して自立的に存在するものを生み出すべく働きかける。[10]

こうした労働をなすためには、自然に由来する個人的な巧みさだけでは足りない。ひとりひとりが労働にふさわしい巧みさを身につけ、労働の現場に送られるためには、一般的な労働の諸規則を学ばねばならない。その学習を通じてひとりひとりは、「自然に由来する不器用さ」を克服できるのだ。労働は一人一人の主体の活動を、それらが一見そう見える主観的なものとは〈別のもの etwas anderes〉、つまり〈一般的なもの ein Allgemeines〉に変換する。理由は、労働が一般的な規則にしたがって学習されたものだからである。よりよい道具の発明、もっと巧みな仕事の仕方の工夫はどんなものでも、これまでの習慣に対抗してなされるだけでなく、それによって新しい一般財 ein neues Allgemeingut が、すべての人々に有益な一般財が生み出されることなのだ。こうして労働は、人間の特別な本質に属するものであるが、それとともに、何層にも媒介された、そして共有された活動として、精神にのみ固有な問題を展開するのである。

すでに道具にしてからが問題性をはらんでいる。道具によって人間は他の存在に対する活動を行う。道具は労働する人間と労働によって加工される対象とのあいだに〈現実に存在する、理性的な中間物〉として、労働過程のうちに恒常的に存在するものである。だがこうした道具はそういうものとして、人間が対象の直接的な破壊をしないことで、人間を自然との生きた関係から切り離す機能をもっている。だが道具といっても、確かに形式的にわたしがそれを使って活動をし、その際わたし自身をも「物に」[11]していることにはちがいないが、いぜんとしてなまくらな存在である。それに対して、自立した道具である機械こそがはじめて、労働を完全に媒介してくれる〈伝達してくれる〉。人間は、この機械をそれ自身で動くようにする。それにより、機械を通じて自然は人間によってだまされることになる。だが人間による機械へのだましは、だます人間自身にもはねかえってくる。人間は自然を服従させればさせるほど、それに応じて、みずからも卑小になる。「人間は、自らが機械を使って自然を……加工することによって、彼の労働の必要性を止揚するわけではなく、労働を先延ばしにし、自然から切り離し、生けるものとしての自然に生きたかたちで向きあうのではなくなる。そしてこうした〔生きた労働という〕否定的な活性は消えてしまい、人間に残る労働自身はますます機械的になっていく。人間は、労働を減らしたとしても、それは全体のために減らしたにすぎず、ひとりひとりにとっては減らしたことにならないどころか、むしろ増えていくのだ。なぜなら、労働が機械的になるにつれて、その価値も減少して行き、こうしたやり方で人間はますますたくさん働かねばならなくなるからだ(12)」。機械に媒介されたこうした労働は、十九世紀において普遍的な運命となった。労働の個別化とともに、労働によって加工された物量は増大したが、反対に労働の価値そのものは、生産される物量の増大に応じて、下がっていった。「労働はそれだけいっそう絶対的に死んだ労働となり、一人一人の個人の技能は、かぎりなく狭いものとなり、工場労働者の意識は、極度にすり減った状態に至る。個々の労働のあり方と、欲求の無限の量との関連はますます見通しが利かなくなり、盲目の従属関係となる。結果として、はるか遠くのちょっとした動きがひとつの階級の人間全体、自らの欲求をその労働によって満足させていた階級の人間全体を突然押しとどめ、余計なものとし、無用の存在としてしまう。自然の同化は、中間項をいれることによってより便利さを増やすが、こうした同化のさまざまな度合いは無限に細分化可能である。そして便利さの総量は同化をますます不便なものとしていく[13]」。

労働はまずはなんといっても、一人一人の個人の直接的欲求を満足させるためのものだが、そうした労働が抽象的かつ普遍的 *abstract-allgemein* な労働となる。つまり、自分自身が必要なものを労働によって自ら作ることはもはや誰もしない。どんな人も、自分の特定の欲求の満足という現実に向けて働く代わりに、満足一般という普遍的な可能性のために働くことになる。自分自身の欲求を満足させるためには、誰もが自分自身の欲求を捨象して、他のすべての人々の欲求の満足という全体性に協力して働く一員とならねばならない。人は例えば、食事と衣料という自分のどうしても必要な欲求をカバーするために、贅沢《ぜいたく》品の製造という仕事に従事する。彼は彼の具体的な欲求のために働くのではなく、欲求を「捨象」するために働いているのだ。労働の価値はもはやその直接の所産にあるのではなく、いっさいの労働が相互に普遍的に依存関係にあることを通じて、間接的に自分の欲求の満足をも許してくれることに潜んでいる。労働がこのように一個の労働システムへと一般化されることの弁証法的な反面は、労働の専門化である。おなじく、労働はそれぞれ特殊な労働へと単純化されることによって、労働の多様化が生じる。労働は単純になり、単調になり、個別的になる。なぜなら、一人一人はただ小さな部分だけを作るようになっているからだ。労働は同時に複雑化する。なぜなら、具体的で全体的なものをさまざまな分業となった労働過程に分解することで、個別特殊的な労働の種類が無限に増えるからである。人間は具体的な自然から離れ、自然を征服する度合いに応じて、自然に依存しあう度合いも増していく。なぜなら、ひとりひとりが抽象的な細かい部分だけを作っていればよくなるにつれて、自らはそれ以外のすべての欲求の満足を果たすことができなくなるからである[14]。

こうしてますます抽象的かつ一般的に、同時にますます〈精神的〉になる労働の物的な現実、その「物質として現存する概念」は、貨幣である。貨幣こそは「大いなる発明品」である。貨幣こそは、「欲求のいっさいの事物の可能性」であり、貨幣においてこそ、いっさいの商品の抽象的な価値が現実となっている。貨幣は、いっさいの欲求の意味である。なぜなら貨幣は、いっさいの特殊的な個別を抽象しており、その精神的統一性と普遍性のゆえにいっさいを平準化するからである。「欲求と労働がこの普遍性へと高められると、共通性と相互依存性の巨大なシステムがこうして形成される。貨幣は、それ自身のうちで活動している死んでいる生なのだ。これはその運動において盲目的かつ衝動的にうごめいている。しかも猛獣である以上、たえず厳しい管理としつけが必要なのだ」[15]。

労働の種類ごとに、労働する身分の習慣や心情も分かれてくる。ヘーゲルはこの身分を、農民層、職人層、商人層の三つに分けている[16]。農民の労働は精神的＝抽象的な労働にまだ達していない。彼らの労働は、原初的で具体的なものに埋没しきっている。生活の原初的な欲求という自然的条件と癒着している。もちろん農民の労働も、それ以外のいっさいの労働とおなじで、否定的な関係を保持しているが、にもかかわらず、そうした否定的なあり方はあくまで限定的でしかない。なぜならば、農民は、自然そのものを直接的にそれ自体として働かせているからである。つまりは、農民は空と大地、温暖と寒冷、雨と晴を、農地での労働の自然的な補助手段として受け入れている。それゆえ農民の心性は、市民社会の法律に依拠したさまざまな制度を信用することよりも、自然に対する信頼、また、自分の家族の労働力への信頼によって条件づけられている。農民の労働は基本的に自然の恵みや偶然に依存している。それゆえに両手を使った彼の労働は、職人の場合ほどには自立した労働とは言えない。職人の市民的な生業は、抽象的労働への、つまり、「普遍的なものに関する知」への移行過程をなしている。職人は自然を変形させることによって、自存する独立した製品を作る。この製品は、この職人の手仕事を通じて自立的な形態を獲得する。つまり、この作品を形成する労働自身に依拠した自立的な形態となる。彼の仕事の、自然に由来している対象は、自然的材料という段階に限定される。多かれ少なかれ使いものになる、作業に見合った材料である。職人たちは、自然的世界に対して自立しているので、彼らの階層には法の意識が生い育ってくる。農民たちは法などに邪魔されたくないだけであるが、それに対して、この職人たちの法意識は実定的〔積極的〕なものである。自然的な事物からさらに遠い存在が商人層である。彼らは、なにも作らず、すでに他人が作ったものを貨幣という抽象的手段と交換するのである。できあがった商品のこうした交換の運動において、労働における〈精神性〉が最も純粋に現れてくる。商取引の労働〔仕事〕は、必要や使用という直接的な連関からはまったく解放されている。商人の労働の対象は、取扱商品と貨幣という二つの精神的抽象へと分裂している。商人にとって対象はそれ自身としての妥当性を持つものではない。その対象が誰か別の人にとって持ち得る〈意味〉、つまりその商品から取り出される価値、すなわち「チャリンと音のするコイン」によって妥当性が定まるのだ。貨幣という交換手段は、労働という中間媒介項以上のものである。それは、「理性の形式原理」であり、抽象的普遍物であるがゆえに、精神的な存在である。なぜならば精神の本質とは、いっさいの直接的なものを――自己自身の存在すらも――捨象しうる抽象能力だからである。(17) 商人の心性はそれゆえに「精神の厳しさ」である。この世知辛さの法的な表現は、厳しい手形法である。商人はある階級全体の悲惨な生活という土台の上に工場をつくる――それによってだれがひどい眼に遭おうと知るものか、というのだ。

ヘーゲルはこの手稿の公表は想定していなかったが、ここで、労働の本質と問題点について素描されている根源的な認識は、部分的には後の著作にも記されることになる。『法哲学』は、労働を〈欲求の体系〉における最初の契機として論じている。多様に分化し、かつ抽象的となった欲求の満足のために、同じくさまざまに分化した手段を用意すること、これが市民社会における労働とされている[18]。この市民社会における労働において、常に労働の本質に含まれていた事態が明確になる。それは、人間は自己自身を産出することによって〈存在する〉という事態であり、また、生活する人間の現実存在は、根本からして媒介する存在であり、また媒介された存在であるがゆえに、人間は自らを、そして自らの世界を産出しなければならない、という事態である。こうした生産的な労働過程においてこそ、理論的および実践的な〈教養〉が発展してくるとされる。その教養とは、多彩な知識であり、また特定の目的に適切な手段を考える際の柔軟性であり、複雑かつ普遍的な諸関係の理解である。これらすべては、複雑に分化した欲求、手段、そして労働にともなって生じるのだ。労働は、仕事に馴れること一般を通じても、[19]また他人の意志を思いはかることを通じても人間形成〔教養〕に寄与する。働くことによって、ことがらに即した客観的な活動へと教育される。また全般的な技能向上にも役立つ。人間を訓練陶冶し、精神の普遍性へと高め、形成してくれる。働く者は、本質からして怠惰な野蛮人とことなり、そのまま教養人でもある。そして彼のもろもろの欲求は彼を生産的に育成してくれるのだ。労働は作り、形成する活動であり、そういうものとしてすでにそれ自身が精神的な性質を持っており、抽象能力を備えている。まさにそのゆえに、労働は人間を教養へと形成するのだ。

ヘーゲルは、二十年後の『法哲学』においては、[20]イエナ講義と異なって、特に機械労働によって生じる独特の問題性を、時代のいまだ解決せざる問題という風には論じなくなった。むしろ、分業にともなう抽象化がもたらす精神的進歩という肯定的な連関で触れている。おなじく、新たに生まれた〈大衆〉の組織化の問題、[21]さらには貧富の両極化をどのように調整するかという問題[22]が現代社会の将来にかかわる〈中心〉であることを認識してはいたが、当時多くの希望をはらんでいたアメリカ移住[23]の可能性を指摘することで、それほど重要でない周辺的な問題としてしまった。

だが矛盾を媒介するという彼のもくろみの枠内ではヘーゲルは、きわめて現実的であり、はるか先を見通していた。それがどれほどのものであるかは、欲求の体系を論じた最初のいくつかの節〔『法哲学』のなかの市民社会の章の冒頭〕がよく示している。ここでヘーゲルは、新たに成立した国家経済学を、彼の後ではマルクスだけがしたのと同じ程度に、哲学的に重視している。歴史哲学とおなじに経済学も、恣意と単なる欲求の偶然的な戯れのようにしか見えない混沌のうちに理性的必然を見ていることを、ヘーゲルは認めている。それゆえ経済学は思想の名誉を守る学問であると述べている。マルクスは、もしも彼がイエナ講義の批判的な論述や、スチュアート*の国家経済学[24]についての批判的なコメントを読むことができたとしたなら、『精神現象学』を批判的に論じた時よりももっとずっと直接に、ヘーゲルの問題設定から自分のそれを作り出すことができたであろう。ところで、このヘーゲルの思弁的な労働概念と、マルクスの経済学的だが、原理的にはやはり哲学的な労働概念との中間の位置にいるのが、ヘーゲリアンのレースラー*とルーゲである。

第二節　コンスタンティン・レースラーとアーノルト・ルーゲ
——世界の獲得および人間の解放としての労働

レースラー[25]はヘーゲルを受けて、労働を〈獲得〉の過程ととらえた。それは活動する精神の自由に由来し、自ら目的を設定する人間の文化的 sittlich 規定であるというのだ。レースラーは獲得のあり方を、ふたつに区別する。第一は、食事の摂取の場合のように、自然を直接変えるもので、それぞれの生き物の個体にかぎられていて、普遍的に授受し得るものではない。獲得のこうしたあり方は、人間が動物と共有するものである。第二のあり方は、間接的なものである。なぜなら、第二段階の手段、つまり、道具や機械によって媒介されているからである。獲得のためのこうした間接的手段は、すべての個人がおなじように使うことができる。こうした手段は交換可能であり、授受可能である。こうした手段は自然を、人間にとって所有し得る対象世界に変える。世界のこうした獲得へ向けての手段の産出をレースラーは、特に労働と呼んでいる。労働はいっさいの個人的欲求を越えている。そのエネルギーは、自然的衝動のたえざる克服にある。自然的衝動との関係において労働とは本質的に規律なのだ。労働による満足は、労働と切り離された楽しみに潜むのではなく、この獲得能力の現実化そのものにあるのだ。獲得能力の自由な活動は、達成された目的や世界支配の段階を越えているのだ。このような精神的＝文化的な獲得能力として労働が歴史的に展開したのは、キリスト教においてはじめて起きたこととされる。キリスト教以前のいっさいの宗教は、労働を、別の目的のための副次的な手段としてしか認めず、労働自身を自己目的としては見ていなかった。しかし、キリスト教においては、プロテスタンティズムがはじめて労働を「無限に進歩する生産性」へと解放し、人間の生活全体における文化的かつ賞賛すべき契機としたのだ。労働が完全に展開したのは、〈労働の共同〉、すなわち市民社会においてである。市民社会における自由かつ共同の労働の結果は、〈普遍的な使用価値〉である。この普遍的な使用価値は、物質的な性格のものであるが、それにもかかわらず、人間の精神的規定といかなる意味でも矛盾しない。というのも、人間の精神的規定はまさに、それが物質的なものにも浸透することに示されているからである(26)。家族という個人的な生活コンテクストと異なり、市民社会は、労働を媒介にして〈人格の獲得〉の基礎となる。つまり、この市民社会は、ひとりひとりをその全体性においてではなくとも、社会的生産活動におけるもろもろの共通の目的のための共同労働者とするのだ。レースラーは、「社会主義という笑止千万の愚道」を罵倒してはいたが、それにもかかわらずこの社会的生産活動から、おたがいの労働に依拠した「普遍的な自由と教養(27)」なるものが生まれると期待していた。

ルーゲは、その哲学史の記述において、レースラーよりもっとはっきりと、労働は精神の歴史の帰結であるとしている。ルーゲに言わせれば、プラトン、アリストテレス、ヘーゲルは最大の革命を惹き起こしたが、彼らは自分たちによる精神の解放がもたらしかねない実際上の帰結を恐れるあまりに、社会的カースト、軍人層、諸身分において思考の進歩という弁証法が起きないように障壁を設定した。だが、精神と解放の実際の歴史は、この障害を壊し、労働を普遍的な原則へと高めた。労働は教養 Bildung と一体である。なぜならば、労働はその本質からして、形成的 bildend だからである。「労働は不名誉なことではなく、労働だけが人類を押し進め解放してくれることを今やわれわれは知っている。そしてヘーゲル自身が……いかにして奴隷が労働を通じて自らの主人の主人となるかを示してくれている。いっさいの労働を品位あるものとするためには、もろもろの概念を展開し、労働がなんであり、なにを成し遂げ得るかを理解することが必要なだけだ。労働は毎日人類を新たに創造しているのだ」。労働とは「自らを生み出す神」、「人間を人間へと」形成する神なのだ(28)。普遍的となった労働という観点からルーゲは、哲学の歴史を自分なりに書き換えている。哲学の歴史が達成した最高のものは、ルーゲによればアリストテレスの国家である。だがこの国家は、デモクラシーによって組織化された市民社会という意味である。北米合衆国の共和制こそがルーゲにとっては、こうしたアリストテレス的ポリスの理念の最終的な実現形態である。つまり、どの市民も労働者として自立的に活動している国家ということである。だがヘーゲルは、労働が持つこうした創造的性格を部分的にしかとらえていなかったし、アリストテレスにあってはまったく把握されていなかった、とルーゲは言う。「アリストテレスは、国家にとって労働が必要であることを認識したにはちがいない。だが彼は、労働の創造的性格を見ず、それが持つ世界形成的で、世界解放的な品格を見損なっている。労働が外的世界および人間の世界の克服と形成を果たすこと、しかもその際に単なる生命としてではなく、思惟する精神としてそれを果たすこと、また自己解放を遂げることを見ていない。労働者は動物ではなく、思惟する人間なのだ。労働をその創造的活動において、そのいっさいに浸透する活動において把握し、概念化するならば、労働につきまとっていた卑小という概念が消えるはずだ。職人や芸術家の労働を通じて精神は、自己の他者において自己自身に到達する。学問を通じては、自己自身のエレメントにおいて自己自身に到達する。ところがアリストテレスは国家に関しては、市民社会の労働と哲学の仕事 Arbeit を無視してしまった。つまり、市民社会の労働は、国家の下位に属することとされてしまい、哲学の仕事は、国家の上位に位置するとされてしまったのだ。だが実際には前者は国家の心臓であり、後者は国家の頭脳なのだ[29]」。アリストテレスにあっては、すべての人間が国家公民ではない。国家公民は、完全な市民権を有する者だけであり、そういうものだけが真の意味での人間なのだ。「アリストテレスの国家は、自ら自由を労働によって獲得する、すべての成員から成る共同体にはいまだいたっていない。アリストテレスの国家は、自らは働かず、他者に労働をさせ、自分たちは戦争、芸術、学問、そして政治を行うだけの、完全な市民から成る上部構造でしかない。奴隷制度と労働はいまなお同義語なのだ。自然を克服するという意味での、文明的でほまれ高き労働という高等な概念はいまなお欠如している。こうした労働の概念は現代が生み出したが、まだ十分にそれを広汎に広めているとは言えない。最も難しいのは、市民社会の必然性に由来する国家を自由の国家として構想し、下部構造そのものを上部構造に、つまり唯一の構造へと高めることにある。自由の領野としての国家が、必然性の国家、つまり、労働と生業の奴隷制としての国家に対峙しているかぎり、全体にとっての原則が欠如している。その原則とはつまり、一人一人の労働が全体を目的としており、また、全体が一人一人の労働者を目的としていること、労働者たちだけがいて、怠け者はいないという原則である。なぜなら〈動くものだけが自由だからである〉[30]。労働は、思惟する人間の、自由への解放に向けての活動であり、そうしたものとして、人間固有のありかたの本質的な確認となるのだ。労働こそは「救済と至福をもたらす唯一のもの」なのだ。特に現代社会は、まさにこの労働を基礎として成りたっている。それゆえにこの現代社会はまた本来的に「人間的な社会」なのだ。「労働者こそが市民社会を人間の社会として生み出す。自然と精神のいっさいの文化は、労働者の所産である。労働者は人間の父なのだ」⑶。しかしまた、概念と思考の労働も労働なのである。まさにこうした概念と思想の仕事において人間は最も自分の能力を発揮できる場にいるのだ。

ルーゲは、経済的労働に労働概念が狭隘化している事態に逆らって、労働のこうした普遍的な意味を強調する。なぜなら、経済の原則は価値でしかない、そしてその価値の抽象的形態としての貨幣でしかないからだ。しかし、ルーゲに言わせれば、労働社会の原則は、価値の単なる産出にあるのみでなく、まさにそれを通じての「人間の産出」にあり、「自然的世界のうちにおける人間固有の世界の産出」にあるのだ。「労働者が産み出す価値のいっさいは、人間を産み出すために作られているのだ。……精神的にも身体的にも人間を作り出すためなのだ」。それゆえ、国民経済学と反対に社会主義が正当な意味を持ちうるのは、前者がエゴイズムに駆られた欲求の体系にとどまっているためである。それに対して後者の社会主義は、個人の特殊な利害を全体の利害と媒介し、共通精神を目的としている。経済は、資本家と労働者のあいだの外的な関係だけを発展させるために、市民社会の精神的かつ人間的な側面をなおざりにしている。おなじくヘーゲルも、三つの身分を論じるところで、市民社会の本来的で普遍的な身分〔労働者階級〕を論じないがゆえに、市民社会の精神を見誤っている、とルーゲは言う。労働者身分は第一身分も第三身分も含み込んでいるのだ。「なぜなら学問も農業も、労働の概念にあてはまるからである」。

第三節　マルクス——人間自身が所有していない世界における人間の自己疎外としての労働

マルクスは、労働の分析をするにあたって、現実の生活状況の表現としての経済の問題に焦点をあてた。その際同時に、自らの分析の基礎をヘーゲル哲学における普遍的な労働概念においた。一方では古典経済学への批判、他方ではヘーゲル哲学への批判という二重の批判が生じたのはそれゆえである。ルーゲにあっては人間尊重のプログラムにとどまったものが、マルクスにあっては、学問的徹底性をもって詳しく論じられた。マルクスの経済理論とヘーゲル哲学の原初的関係を見るための最も優れた材料は、経済学と哲学についての一八四四年の手稿〔『経済学・哲学草稿』〕である[32]。この手稿は、『ドイツ・イデオロギー』と並んで、ヘーゲル以降の哲学の歴史における最も重要なできごとである。

a　古典経済学における抽象的労働概念への批判

古典経済学（アダム・*スミス、*ジャン＝バティスト・*セイ、*リカード、*ミル）に対するマルクスの批判は、[33]経済についてのこの新しい学問が、資本と近代産業の現実の運動とエネルギーの理論的表現であるというテーゼによってはじまる。他方でこの経済学は、近代産業に自らのあり方を意識させることによって、産業の発展を促進し、かつ正当化することにもなった。〈国民経済学のルター〉であるスミスの偉大な発見は、見かけ上は客観的な私有財産の本質は、人間の労働にあり、この人間の労働こそは、いっさいの富の源泉であるというものだった、とマルクスは言う。だが、彼に言わせれば、この経済学がいっさいの価値の由来を、価値産出労働へとラディカルかつシニカルに還元すればするほど、そして、賃労働を、価値増殖を狙って動く資本の観点から分析すればするほど、この経済学は必然的に批判的立場に向かうことになる。その批判の基準は、自立した資本や労働者の代わりに、社会的労働をする人間となるはずだ。マルクスはフォイエルバッハ的な人間[34]を、根本的に社会的に生活し生産する存在というように解釈した。[35]そしてその立場に立つと、資本主義の体制にあって労働者は自分を失い、自己疎外された人間としてのみ存在すること、労働者自身がただ商品としてのみ、そして資本としてのみ生きていることがあきらかになる。例えば資本は、需要が低下したときに、もはや「労働者のために」存在しているのでないことに思いいたるや、労働者自身ももはや「自分自身のために」〔自覚的に〕存在していないことになる。彼は職を失い、賃金を失う。なぜなら、彼はそもそも労働者としてしか存在していないからだ。「資本の存在は彼の存在、彼の生活なのだ。資本は彼の生活の内容を規定しているが、その仕方は彼には無関係なのだ」[36]。労働者は、自分の果たした仕事のうちに自己の生活を築くことができずに、その代わり、自己疎外された労働者として、商品を生産すると同時に物象化された形態としての自己を産出しているのだ。だが、物の世界の価値増殖の度合いに応じて人間の世界の価値切り下げをもたらし、その際に、人類の大部分を抽象的な労働者の存在に切り詰めてしまうのは、資本主義世界の必然的な逆説なのだ。マルクスにおいて〈抽象的〉とされる〔経済学における〕労働は、精神の積極的普遍性というヘーゲル的な意味での労働ではもはやない。むしろ、労働において自己を全体として確認しようと望む具体的な人間の全体性が捨象されているという否定的な意味なのである。この抽象化の極限的事態は、労働者が、自分の生を生産的なかたちで外部に表現する〔外化する〕のでなく、そもそも仕事そのものを見つけるために、自己自身を外部に売却することにある[37]。労働者がただ単に裸の生命が失われることのないように自分を守って戦っているだけの状況では、彼の人生全体はただ生きるための手段 Lebens*mittel*〔Lebensmittel は通常は「食料」の意味〕にすぎなくなる。動物は直接に生命活動そのものであるが、意欲と知によって世界を産出する人間は、もしも食べ、飲み、生むという動物的機能としてのみ自らを感じ、労働を強要されているかぎり、自分は動物でしかないと思うなら、人間的存在の段階以下に落ち込んでしまう[38]。彼のいっさいの本質である自由な自己活動は、パンを得るための活動となり、身体的生存のための原初的欲求を満足させるただの手段へと引き落とされる。なにかに労働を加えることによって自分自身として存在する bei sich selbst sein かわりに、労働者は、労働関係に入っていないときにだけ、自分自身として存在する、つまり自由なのだ。

　労働者が仕事をしているとき以外になんであるかは、国民経済学の関知するところではない。人間としてのこの残余部分は医者と裁判所に、宗教と政治におまかせというのが国民経済学なのだ。労働者の欲求とは、国民経済学から見れば、この労働者が商品を生産するように、彼を労働可能な存在に保つという欲求なのだ。それゆえ労賃は、資本の必要コストであって、資本自身の欲求を上回ることがあってはならない。国民経済学、富に関するこの学問は、同時に倹約の学問、一言で言えば〈経済の学〉なのだ。この学問の禁欲的な主要徳目は、資本の増殖に役立たないいっさいの欲求をあきらめろ、ということだ。国民経済学は、人間が具体的な存在としてある *sein* ところのもの、あるいはできるところの*vermögen* ところのものを無視して、それを私有財産の体系において唯一の獲得様式とされる抽象的な〈財産 *Vermögen*〉[39]と〈所有 *Haben*〉[40]ですり替えるのだ。こうした欲求のみじめったらしさこそは、本質とはいかなる関係もない欲求を刺激し、人間の本質をおとしめる経済を通じて富が疎外されていることの帰結である。しかし、生産が財産所有者にとってもつこの倒錯した意味は、なにも持たない者との関係においてのみ見えてくるようだ。なぜならば、上に向かうにつれて、表現は常により上品で、より曖昧で、より穏和になるが、下に向かうにつれて、おなじように、より荒っぽく、よりあけすけで、より露骨になっていくからである。だがまた実際に産業というのは、欲求の高級化もはかるものである。また同時に欲求をますます粗暴にもするのだ。文明が進むにつれて、産業は野蛮を押し進めるのだ[41]。労働と資本の、また貧困と豊かさのあいだに関連があることはまた、国民経済学の二つの学派の論争でもわかる。つまり、一方のマルサス派*は、贅沢を奨め、倹約を罵倒したのに対して、別の派、すなわちリカード派は、贅沢のかわりに節倹を望んだのである。この矛盾は、前者が、贅沢を奨めるのは労働を促進するためだけであること、後者が、節倹を奨めるのは富の増大をはかるためにすぎないこと、このことを両陣営が認めるならば、論争は解消することになる。結局のところ両派とも、資本と労働は、対立する兄弟とおなじで、相互に関連し合っていることを証明していることになる。そして労働者自身が資本であるならば、資本家も獲得した財貨の増殖につとめる労働の奴隷ということになる。国民経済学の教えは資本家と労働者の両方に対して、なにがどうあっても金儲け、なにがなんでも生産せねばならないことの有用性であり、その美徳は禁欲的労働にある。

生活の資本主義的な作り方の最終的帰結がどんなものであるかは貨幣を見ればわかる。[42] 貨幣の性質は、人がまだ所持していないもののいっさいを取得するための普遍的手段という点にある。それによって貨幣は、欲求とその満足のあいだの、生活とそのための手段〔食料〕のあいだの、平然とした淫売斡旋《あっせん》役となり、媒介そのものとなる。だが貨幣は生活の手段である以上、手段が目的と化する。貨幣はなんにとっても、よすぎるものでも悪すぎるものでもない。いっさいの自然的な関係をその貨幣価値に固定することで、いっさいを交換し、取り替える。「貨幣は、いっさいの事物の現実的精神である」。それと較べればヘーゲルの論理は、「精神の貨幣」にすぎず[43]、存在するもののいっさいの思想的価値を描き出す精神的貨幣にすぎない。貨幣は、人類の外化された能力として、自己自身から疎外された世界の普遍的な結合と分離の手段となっている。人間の本質的諸力を自由に活動させ、豊かにするかわりに、誰もが、新たな欲求の産出を通じて他の人を経済的に破壊すべく投機に走っている。どんな新しい商品も、相互のだまし合いと簒奪《さんだつ》のための新たな潜在的可能性である。だが人間は、人間として貧しくなればなるほど、疎外されたあり方をなんとか管理するためによりいっそうの貨幣を必要とする。貨幣の欲求こそは、国民経済学が産出した真の、そして唯一の欲求である。[44] そしてこの産出の運動は、当然のことながら際限なく起きる。なぜなら、貨幣の唯一の質は、その量だからであり、量はその本質からしていっさいの限界を知らないからである。その本性からして抽象的な貨幣において最もはっきり示されているこうしたことは、貨幣のためになされる労働の基礎にすでになっている。人間を捨象した活動として労働は、生きていることの表現 Lebensäußerung を疎外 Entäußerung へと、内面の客観化を客観の奪取へと、そして自己実現を脱現実化へと転倒させるのだ。労働はいっさいの人間的な意味を倒錯させるのだ。

資本と労働というこの体系から生じる課題は、人間的本質の再獲得である。この再獲得は、自己疎外の止揚を通じてなされる。自己疎外は、対象世界と、労働において客体化される人間の両面にわたっている。それは経済活動のみでなく、人間の生活のいっさいの側面にわたっている。視覚、聴覚、感覚、思考、意欲および愛のすべてである。なぜなら、なにかに対する人間の対応のいっさいは、人間的世界の歴史的に規定された獲得方式だからである[45]。この問題の解決のためのマルクスの構想は徹頭徹尾、ヘーゲルとの対決に規定されている。

b　ヘーゲル哲学の抽象的労働概念への批判

疎外の問題をヘーゲルは解決できなかった。なぜなら、生産の特定の様式〔資本主義的生産様式〕を捨象し、ただまったく一般的に「欲求」という卑俗な言い方で満足してしまったからである。精神の哲学は、神学に由来しているため、自然科学のことを、そしてこの自然科学を手段にしている産業のことをまったく考慮にいれなかった。人間は産業労働において自ら物と化し、肯定的な形で外部に自己を表現できないことを認識しなかった。だがまさにこの産業こそが、みずから対象となり、自己自身から疎外された人間の本質的諸力の「開かれた本」であり、最も目立つ人間学であり、そして歴史のなかでも手が届く領域なのだ。この歴史は、これまで人間の現実的な本質と無関係に受け取られていたので、外面的にしか理解されてこなかった[46]。ヘーゲルは人間を〈精神〉として理解し、自然は理念の単なる他在〔理念とは無縁の別の存在〕であるととらえていた。それゆえに、彼は労働もただ形式的かつ精神的な態度としてしか定義できなかった[47]。身体をもって労働する人間をヘーゲルは観念的に捨象してしまったが、それに相応するかたちで、こんどは国民経済学が、人間から単なる労働者としての存在だけを取り出すという抽象化に走っている。両者とも、感覚的＝自然的な人間の全体的な人間性を無視している。

ヘーゲルは、ロゴスの絶対的活動から議論を起こす。そのために彼の体系における特殊分野のカテゴリーはどうしても存在論的なカテゴリーとなる。それによって例えば、労働の普遍的本質なるものは、その現実の存在形式を無視するかたちで定義されざるを得ない。まったく普遍的なカテゴリーである以上、個々の特定の内容のことはどうでもよく、それゆえにすべてに適応可能なものとなる(48)。労働を概念化するにあたってのヘーゲルの立場を理解するために重要なのは、精神のさまざまな形態に結局はおなじひとつの運動、つまり、意識と自己意識の弁証法という運動が現出する精神現象学である。二重否定を運動の原理とするこうした〈思考の枠組み〉を媒介にしてヘーゲルは、現実の人間の表出と外化、対象化と疎外を言葉巧みに無視して飛び越すことができた。精神現象学の運動はそれゆえに、絶対知をもって終わる。「外化の歴史の全体、そして外化の取り戻しの全体はそれゆえ、抽象的な、つまり絶対的な思考の産出の歴史以外のなにものでもないことになる(49)」。外化とその止揚の本来の関心の対象であるはずの疎外は、〈即自〉と〈対自〉の、意識と自己意識の、客体と主体の差異として捉えられ、概念化されるだけで、そこにおいては、現実の感覚的〈対立〉は消えてしまう。「それ以外のいっさいの対立、そしてこの対立の運動は、ただの仮象でしかない。それは、この唯一興味深い対立の外皮、その外面的形態にすぎない。それ以外の世俗的な対立の意味は、こうした外皮もしくは外面的形態であることにある。人間の本質が非人間的に、つまり自己自身と対立するかたちで自らを対象化することが、疎外の措定された本質、つまり止揚されるべき本質なのではなく、抽象的思考と違って、そして抽象的思考と反対に人間の本質が自らを対象化すること、これこそが措定されたものとして止揚されるべき疎外の本質なのだ」。対象性そのものは、精神の立場においては、人間の精神的あり方にふさわしくないありようだとされてしまう(50)。

ヘーゲルにあっては、異質な対象と化した人間の本質的諸力を再獲得するといっても、それは、疎外の場合とおなじく、単なる思考の運動にすぎない。疎外という規定のもとで産出されて、対象化された人間の本質の再獲得は、ただ対象性を止揚するだけで、疎外を止揚することはないのだ。「人間のためになされる、対象世界の返還請求……それゆえヘーゲルにあっては、この再獲得、あるいはこのプロセスの認識は、身体的感性、宗教、そして国家権力などがたんなる精神的存在でしかなくなるような仕方でしか見えて来ないのだ。なぜなら精神だけが人間の真の本質であり、精神の真の形式は、思惟する精神だから、ということになる」[51]。

再獲得および疎外がこのように非現実化され、あるいは精神化されて理解されているのに相応して、人間が労働によって獲得し、自分のものとするものも、そしてそれを通じて人間が自分自身に対して疎遠となるものも、現実の自立した物 Ding ではなくなり、そうした具体的対象には無関係で、いっさいの特定の対象を捨象した物性となる。つまり自己意識が自己の内部から外部へと措定する物性 Dingheit でしかなくなる。この自己意識が知っているものは、自立しているさまざまな物から成り、人間に対して措定されて対峙している世界が空無であることである。この措定性〔実定性〕の否定において自己意識は、それ自身の本質が非対象的な存在であることを自らに証明するのである。人間は対象的存在ではなく、霊的な存在ということである。現実のさまざまな対象から成るわれわれの歴史的に規定された世界を、人間が自ら作った世界として再び自分のものとする代わりにヘーゲルは弁証法的議論によって、意識の対象を自己意識と同じものにしてしまう。ヘーゲルにおいては、自己意識こそが人間の本質とされる。それゆえに、疎外された対象的存在の再獲得は、自己が自己自身に立ち戻ることというように見えてくる。そしてこの自己への立ち戻りは、対象世界という「敵対的な疎外状態」が「無関係な異質性」へと切り下げられてしまった以上、さほど大きな代償を支払わずに進むのだ。活動する知を通じて他在のなかにありながらも、自分のもとにとどまっているという幻想を産み出すことで、ヘーゲルの自己意識は自らを立派な存在としてうれしがれるのだ。なぜなら、この自己意識は、現実の本当の外的な存在を知らないことになっていて、こうしたものは、自己自身の外化、それも自己のうちへと引き戻すことで取り消しの可能な外化にすぎないからである。[52]だが、自己意識がそれ自身の他在において自己自身のもとにあるということは、人間は現行の法のうちに、そして政治や経済において自らの真の人間的本質を所有していることを意味する。なぜならば、外化のただ理論的にすぎない止揚は、外化された対象世界を実際にはそのあるがままに放置することになるからである。だがこれでは現存の諸力を形式上は否定するものの、内容的には設定するだけで、ヘーゲルの、こうした見かけ上の批判主義は、真には偽りの実定主義でしかない。それは哲学的な止揚でありながら、[53]目の前の経験的現実の再建でしかないことになる。ヘーゲルは自己疎外のプロセスを、自己獲得として概念的に捉えることができた。なぜなら、否定の否定というこのプロセス全体をただ形式的にのみ捉え、自己から外に出て、再び自己に立ち返るという運動を自己目的的に完結した円環運動とすることができたからである。彼が描き出したのは、そもそも人間のプロセスではなく、人間における神的なプロセスであり、このプロセスの本来の主体は絶対理念なのだ。[54]

「いっさいの自然の力を吸い込み、吐き出している」身体をもった人間が、現実の対象から成る世界とかかわっている――歴史を真の〈自然史〉と見るこうした〈唯物論的な〉見解をマルクスは、ヘーゲルの〈唯心論〉への批判を基盤として展開して行った。〈物質的 materiell〉という概念はこの段階ではまだ〈経済的下部構造〉を意味していたわけではなく、現実の人間と物の対象的な存在のことだった。[55]〈自然主義的ヒューマニズム〉としての歴史的唯物論という最初の表現は、絶対精神の代わりに〈人間学的本性〉から出発する批判をもとにしたものである。[56]われわれの自然的感覚のこの世界のなかでは、人間も対象的な存在であるということである。そして身体的＝自然的存在としてのみ人間は、現実的で感覚的なもろもろの対象をも、自分の生をそれによって表現するために、自己の存在の対象としてもっている。「自分の自然〔本性〕を自己の外にもっていないような存在は、自然的な存在とはいえず、自然の本質に参与していない。自己の外にいかなる対象ももっていないような存在は、対象的な存在ではない。それ自身が第三者の存在にとっての対象でないような存在は、いかなる存在をもみずからの対象としてもつことはない。つまりそのような存在は、対象的な関連のうちにはなく、そのありようは対象的なそれではないことになる。対象とならないような存在は、非存在 *Unwesen* である」[57]。ようするに人間というものは、その自然に由来する生命の活力を対象化し、自己の外に措定するのだ。それならば、彼はおなじように、既存の対象的世界とその諸力によって設定された存在であることになる。それゆえ、自己疎外の現実における止揚は、非対象的な、もしくは心の次元では不可能であり、現存の生活状況を変革する〈対象的活動〉によってのみ生じ得ることなのだ。

マルクスはこのように『精神現象学』の〈立場〉を原則的に斥けるが、とはいえ、彼の批判は積極的批判である。つまり、ヘーゲルの区別〔自己意識と対象世界の、自己とその外化の区別〕を認め、それを維持しながら、その現実化の傾向に沿って進むような批判なのである。「現象学は、自分自身でなにをしているか明確でない、自己自身への隠れた……批判である。だがこの現象学は人間の疎外を――人間は精神という姿でのみ現出しているには違いないが――確認している。そのかぎりではこの現象学には批判のすべての要素が隠れ潜んでいる。そしてときには、ヘーゲルの立場をはるかに越えたかたちで準備され、かつ作り上げられている。〈不幸なる意識〉、〈正直な意識〉、〈高貴な意識と低劣な意識の〉闘争などなど、こうした個々の節は、宗教、国家、市民的生活といったいっさいの領野に対する批判的要素を含んでいるものの、今なお疎外された形態における批判的要素でしかない[58]」。ヘーゲル現象学のすごいところは、そもそも〈人間の自己産出〉[59]をひとつのプロセスとして把握したところにある。さらには、対象化を外化として、再獲得をこの外化の止揚として、簡単に言えば、労働の普遍的本質を概念的に把握し、人間の世界をそうした労働の所産として捉えたことにある。「ヘーゲルは近代の国民経済学の立場に立っている。彼は労働を人間の……本質として把握した[60]」。もちろんその際に彼は、外化の肯定的な側面だけしか知らなかったし、否定的側面は観念的に止揚させてしまったのだが。こうしてヘーゲルにおいて労働は、人間が「対自的になる」過程であるように見えてくる。とはいえ、疎外の枠の中においてであるが。しかし、こうした観念的思弁による肯定性を抜きにすれば、ヘーゲルが、世界の中にあって自己自身を産出する人間の本質的行為を概念的に把握し、思弁の枠の中であっても「ことがらを捉えた区別」を行ったことはまちがいない[61]。彼は、人間の現実の対象化、疎外、そして再獲得について「疎外された洞察」を得ていた。だが現実における再獲得は、われわれの対象的世界の疎外された諸規定の〈破壊〉[62]によってのみなされうるのだ。このように〈止揚〉を破壊に変えたことはたいしたことでないようにも見えるが、実際にはこれによってマルクスは方法的にヘーゲルと袂《たもと》を分かっているのだ。その点でこの訣別は原則的なものである。他の点では、マルクスはヘーゲルのカテゴリーを継承し、その感性化した形態は『資本論』にいたるまで保持し続けたのだが[63]。

〈コミュニズム〉もまたヘーゲル哲学の使う概念装置によって作られている。コミュニズムは、自己活動と対象化の弁証法的統一をヘーゲルの歴史哲学の帰結として実現するものとされている[64]。コミュニズムとは、社会的に実生活をする人間がいっさいの対象を自分が産出したものと見て、自分の支配下に置き、他在において自己自身のもとにあるようにするにはどうしたらいいかという実際のあり方のことである。それゆえコミュニズムはマルクスの理念にあっては、私有財産の奪取による社会化を意味するだけでなく、「現実の人間の生活を、人間自身の所有として返還請求[65]」することなのである。すなわち、人間によって産出された対象的世界において自らにとって疎遠なものとなった人間を完全に再獲得することである。私有財産の奪取はしたがって、世界の全面的な獲得のひとつの帰結にすぎない。それゆえマルクスは、偽りのコミュニズムと真のコミュニズムを区別する[66]。彼は(プルードンなどの)理論[67]、すなわち現存の所有関係に手をつけるにあたって、その差異を賃金の上昇によって補塡し、あるいは平等な分配によってならそうとするような理論を批判する。このような部分的な改良では、世界に対する人間の原則的な関係、物の世界の価値増殖によって人間の世界の価値をおとしめる関係になんの変化もないではないか、というのだ。むしろこうした理論は、私有財産としてすべての人間によって平等に所有されることのできない、いっさいを破壊することになろう。そういうことでは、人間を〈労働者〉と見る定義は止揚されないどころか、すべての人間に拡大されることになろう。そして資本は、社会に対する普遍的な支配権力となろう。それに対して、マルクスがヘーゲル主義者として考えている真のコミュニズムは、文明が資本主義において到達した発展段階における人間的本質の再獲得なのだ。この文明段階の内部においてコミュニズムこそは、「現実存在と本質、対象化と自己活動、自由と必然、個人と類のあいだに起きている抗争を……真に解決する。コミュニズムこそは歴史の謎の解決である」(68)。それゆえ、コミュニズムが完全に理解されるならば、それは、社会関係、経済関係を変革するのみならず、政治、法、宗教、道徳、科学における人間の行動様式を変えることになる。人間は、共同存在として実生活を営むことになるならば、対象的世界を私的資本主義の所有物というかたちで所有することはなくなる。すべての対象が、人間自身を肯定的に客体化した所有となる。もはやその生産様式は人間を外化するのでなく、人間を確認するものとなる。それゆえに実際に世界は人間にとってまさに彼の世界となる(69)。

マルクスが一八四四年の手稿で展開しているこの考え方は、当時は出版されなかった。また、のちに『資本論』のかたちになってからも、ドイツの哲学に影響を及ぼさなかった。にもかかわらずこの考え方は、それまでの他のいかなる理論にもまして、歴史を作ることになった。レーニンのマルクス主義およびロシアの労働者国家は、精神的にはヘーゲルに対するマルクスの知的対決に依拠している。獲得と疎外の分析をさらに押し進めるなかでマルクスは、労働の問題を次第にもっぱら経済的次元で捉えるようになり、労働を賃金と利益との関連で見て、[70]価値の社会的実体として定義するようになった。労働概念は、このように経済的次元に限定され特殊化されていて、[71]〈労働量〉を計算し、その資本との関係から〈剰余価値〉を定義するものとなっている。だがそうだからといって、多くの議論を呼んでいるこの経済理論のもともとの基礎には、ヘーゲルの精神の哲学との、これまであまりにも見逃されてきた関係があることを忘れてはならない。

ヘーゲルおよびマルクス以後のドイツ哲学は、この労働の問題が意味するところを十全に主題化することはなかった。労働の分析はまずは経済学の、そして後には社会学の特権的テーマとなった。特に社会学は労働と考えられるかぎりのありとあらゆる現象との関係を、例えば知識との関係を、[72]それぞれ個別にやみくもに調べるだけで、マルクスへの依存にもかかわらず、ヘーゲルとの結びつきを視野から失ってしまった。オイゲン・デューリング以外には、労働の経済的および社会的問題を哲学的基盤に依拠して論じた者は誰もいなくなった。最後に論じたのはエンゲルスである。彼は『反デューリング論』および『フォイエルバッハ論』〔正式の書名は『ルートヴィヒ・フォイエルバッハとドイツ古典哲学の終結 *Ludwig Feuerbach und der Ausgang der klassischen deutschen Philosophie*』〕の最後で、ヘーゲルおよびマルクスに依拠しながら、ドイツ哲学の合法的な継承者は労働運動であると結論づけている。労働こそが「いっさいの文化と教養を創出するもの」であることを、そして労働の歴史こそが人類の全歴史の鍵であることを理解したのは、労働運動だけであるというのが、その理由であった。このエンゲルスの主張がブルジョア哲学にとってはきわめて不愉快に思われたのは、致し方なかったとしても、この考えには一定の基礎があったことは認めねばならない。なぜなら実際問題として、世紀の終わりの時期の市民的教養の基本的な弱点は、教養人たちの教養であるため、同時に労働者階級から社会的に切り離された存在となり、労働という普遍的な問題への社会的地平をも失ってしまったことにあるからである[73]。

第四節　キルケゴール――自分になるために労働がもつ意義

マルクスと同じ時期にキルケゴールも労働を問題視している。しかし、彼は問題を、市民的＝キリスト教的倫理の枠内で論じるにとどめていた。キルケゴールは労働の問題を〈人格〉の生成との関連で論じる。とはいえ、この自己存在という個人主義を誤解してはならない。というのも、誰もが単独者として自己自身のうちにその目的論を持っているにはちがいないが、それでも個人はやはり市民的生活とは切り離して考えることのできない存在なのだ。「抽象的な意味で」自分だけで十分であるかのように、あるいは十分であり得るかのように考えるわけにはいかない、と彼は言う。単独者の自我はむしろ絶対的に具体的である。それゆえに自分自身に向かう運動をする際に、周囲に対して否定的な対応をすることはできない。自我は「自分自身から離れて、世間を通過して、自分自身へと立ち戻るのだ」[74]。ヘーゲルによって定義された、外化と追想のこの運動が意味するキリスト教的現実は、それが〈自由の行為〉であることにある。つまりこの〈自由の行為〉を通じて、個人は、例えば結婚生活や労働といった生活環境を越えたところに立っている、自分がそのなかにやはり属している生活の上に立っている、ということである。しかし、どんな人間も具体的な個人として、なによりも食べかつ飲まねばならない。さらには着る服がなければならないし、住むところがなければならない、一言で言えば「現実に存在 existieren」〔実際に生活〕しなければならない。だが、生活して行くためには一年間にこれこれのお金が必要だ。この「なにをするにも必要な基本の力 nervus rerum gerendarum」が必要だ。「ともかくお金は生活の絶対的な条件なのだ。それは変わらない」と官能美を追求する側が、「倫理主義者」に議論を吹っかける。ところが、この倫理主義者はこれに満足しない。なぜなら、利子も資本もないとしよう、いや、それどころか帽子ひとつないとしよう、それがどうだというのだ？　官能美の追求者は、肩をすくめて、こう言う、「それはまた当然別の話だ。もしそうなら、働く以外にないね」。だが、大地に君臨するべく定められたこの被造物を作り出しても、それが毎日のパンを得るためにあくせく働かねばならないとするなら、それにはいったいなんの意味があるのだろう？　「それは人間を人間として扱うということだろうか？」。ともかくぎりぎりでなんとかやりながら、生活をよくするためにずっと働き、ようやくそれなりの生活に辿り着く直前に死んでしまう、そういうことのために人は生きているのだろうか？　「こうした主張を使って、人間の不死性の証明を繰り広げることもできるかもしれない。こんな具合にである。十分にやって行けるだけの財産を持つのは、どんな人間にも定められている目的である。だが、もしもある人がそうなる以前に死んだならば、彼は自分の定めを達成しなかったことになる。つまりは（このことは誰も心の奥底の予感として言われているはずだ）、別の世界で自らの定めを達成できなければならない。逆に生きている最中に十分にやって行ける財産を得たならば、彼は自らの定めを達成したことになる。

だが、その豊かな財産から切り離されて死ぬなどということはあるわけがない。むしろ、それを〔来世でも〕十分に楽しむことができなければならない。つまり、人間は不死なのだ。この証明は通俗的証明と名づけていいだろう。つまり、収入および生活から導きだされた証明、というわけだ(75)」。

官能美の追求者のこうした皮肉に対抗して、倫理家は、労働は人間の義務である。そして義務である以上、たんなる重荷ではなく、倫理的な重荷を備えたものだ、と述べる。労働は、わずらわしい強制でもなければ、功績でもない。また楽しみでもない。人間のあり方の不完全性のゆえでもなく、働く必要もなければ働くこともできない動物や植物に比べて人間に固有の完璧性のあり方なのだ。「人間の生活が低劣であればあるほど、働く必要性は下がる。逆に生活が高等であればあるほど、労働の必要性が生じる。生きるために働く義務こそは人間性の普遍的側面を表現しているのだ。この義務は自由のあかしという意味でもある。労働を通じて人間は自由になる。労働を通じて人間は自然の支配者となり、労働を通じて人間は自らが自然より上等の存在であることを示す(76)」。野に咲く百合よりも美しいのは(77)、自らの労働によって必要なものを調達し、まさに食料の調達を通じて自己の人間としての品位を保つ男の姿である。「この戦いに、教養としてこれほど高い価値を付与しているのは、この戦いには勝ち目はいくらもない、いや、本当のところはまったくないことなのである。ここでは、戦いを継続する可能性を求めて闘っているだけである。闘う者の得る報いが大きく、また外面的であればあるほど、それだけ一層彼は、人間に巣食う危ない情念に支えられるのだ。危ない情念とはつまり、野心、見栄、誇りといった強烈な力を持った動機である。彼は、人間を遠くへ遠くへと駆り立てるこうした動機に依拠することができるのだ。食事の心配と闘っている者は、こうしたさまざまな情念が彼から抜けて行くことにじきに気づくだろう。……さんざん苦労しても、今後もまた頑張るのに必要な最低限のものしか得られないとするなら、この報いはなにになろう？　食事の心配以外の力〔情念〕が彼に備わっていないならば、彼はもうおしまいだ。よく見てごらんなさい、食事の心配が人間を教養へと形成し、高貴にするのは、自分自身を間違って評価する可能性を許さないからだ。食事を求めての闘争のうちに、食事以上に高貴なものを見ないならば、人は額に汗して自分のパンを得ることを許されるために戦ってすり減って行くというのは、本当にかわいそうでみじめなことである。だがそれゆえにこそ、人間はそこになにか別のものを見ざるを得ないようにこの闘争は仕向ける。この闘争のなかで消耗し滅びたくない者は、名誉を求める闘争を見なければならない、しかも、報いが少ないほど名誉は大きい闘争を見なければならない。このようにして人は自分がなんとかやっていくために闘っているのだが、本当のところは自分の〔名誉の〕ために闘っているのだ」(78)。つまり、人間を労働へと強制するのは、ただの生活の必要なのではなく、人間として労働をしたいからこそ、彼は必要な労働を成し遂げるのだ。それゆえ人間は、労働に「より高貴な名称」をつけるべく探し求めるのだ。労働と彼および他者の生活との関係を規定し、同時に労働が彼の尊厳であり、喜びであることを示してくれるような名称を。

労働をこのように理解し、また実際に労働するならば、食事の糧をもたらす労働も同時に、人格にとってより深い意義を持つことになる。労働は人間の使命となり、この使命を果たすことが満足感を与えてくれる。そしてこの使命を通じて人間は、自分と一緒の他の人間に対する本質的な関係を獲得することになる。すべての人間に共通のこの労働とその普遍人間的な意味は、さまざまな才能のあいだの相違を消し去ってくれる。なぜなら、最も偉大な者も、矮小な者も、その職業的使命を果たすことで自己の誠実の証しを得るからである。使命としての職業労働は、人生に規範を与え、人間が〔国家社会の〕普遍性から外に飛び出さないようにしてくれる。そしてこの職業労働は、無職の者のように常に新たに自分を定義し直さねばならない面倒を免れさせてくれる。規則的に働いている人間は、世界のなかでなにかを果たすために特別な才能など必要ない。だれもが自分の分をはたせばよいのだ。その意味では、「本質的にはどんな人間も同じ程度のことを成し遂げる」ということになる。[79] このように心でも頭でも労働によって生きる者は、「ペガサスを軛《くびき》に縛らずに、特別な才能を伸ばすことで仕事を楽しみに高めよう」という美的な見解とはまったく無縁である。労働を大衆の平板な運命としか見ようとしない官能美の追求者は、労働が人間を形成する意味を持つことに思い至らない。

遺産で暮らしていたキルケゴールには、自分が例外的な生活をしていることの問題性は明らかだった。「お前は生きて行くために働く必要がない。それゆえ嘆かなくてもいい。お前が働くことが必要になるように財産を投げ捨てろ、などと勧める気はもちろんない。実験してみるなどというのはすべて愚の骨頂で、なににもならない。だが、お前は私の見るところ、別の意味で人生の条件をまずは獲ち取らなければやっていけないのだ。生きるためにお前は生まれつきの憂鬱症をまずは克服しなければならない。その意味で私はお前にあの古老の言葉をあてはめていいだろう。彼はこう言った。生活の糧を得るために働くことを学ぶ学校にお前を早くから入れたのだ」[80]。人間はただお金だけで行きて行くことはできないのとおなじに、憂鬱症だけで現実の生活をしていくこともできない。そしてキルケゴールは、自分の〈実存術〉に際して、憂鬱にとらわれた〈精神的生活〉の内面性なるものが、お金といったきわめて外面的なものと結びついていることをよく知っていた。「その基本的な実生活が、本は商品であり、著者は商売人であることを示している出版人や人々がいること、これこそは、人倫に悖《もと》る関係である。精神的なあり方(例えば著者であるというあり方)に、稿料を……貰うという金銭的な要素がつけ加わると、精神的なあり方を作ったこの人間は基本的に金銭関係をも自ら産み出さざるを得ず、みずから金銭的な要素を引き受けざるを得ない。それは決して、巨大な金銭的利益のためではないかもしれないが、……そこには多少の気恥ずかしさもともなうことになろう。この金銭関係がひとりの人間全体の生活の源泉になるほどなら、それはいとも簡単に破廉恥きわまりないものとなる。……破廉恥であるのは、なんのためらいもなく、精神的所産を徹底して商品と見なすことにある。読者公衆はこうしてお金を通じて、出版社に対して力を持つことになり、出版社もお金の関係を通じて著者に対して力を持つことになる」(81)。金銭と精神との関係を見抜いていたためにキルケゴールは、自分自身についても、まじめかつ逆説的な、次のような言い方ができた。「わたしが著述業になったことの本質的な責任は、わたしの憂鬱症にあり、またわたしのお金にある」(82)。生来の憂鬱症のゆえに彼は孤立し、内面へと傾斜し、宗教の限界へと向き合うことになった。だが、彼の財産は、利子生活者としての私人の生活を可能にした。[83] 死の直前にあっても、自らの精神的実存の消耗と、それを支える物質的手段の消耗とのあいだに奇妙な一致関係があることが明確に示されている。つまり、路上で倒れる数カ月前にキルケゴールは、無利子で預けておいた財産の最後の持ち分を銀行からおろしていた。[84] こうして見ると、マルクスの反対者の彼ですら、資本と労働が、人間の生活の全体とどのような関連を持っているかについてのマルクスの認識が正しいことを明らかにしているのだ。

第五節　ニーチェ——祈りと瞑想を解消する労働

人間の生活に労働が占める位置についてニーチェもときたま思考をめぐらしているが、それを見ると、労働はもはや世界形成的でも、人間の人格形成〔教養〕に資するものでもなくなっている。ニーチェにとって労働はせわしない重荷でしかない。労働の本質的性格は重荷であり、頑張って成果をあげようという意欲があったとしても、労働それ自身のうちになんの目的も宿していないとするなら、人間は労働の重荷と真剣さから一息つこうとして、仕事をしないでいいときにはきまって、気軽な楽しみに逃れる。仕事人間は、労働からの逃避にあたって余暇の娯楽を求める。労働のせわしなさと楽しみ癖とは、ひとつの同じ事態の両面にすぎない。それに対してニーチェは、ゆっくりと閑暇を味わう瞑想を擁護する。「アメリカ人が金を求めてうごめくさまには、どこかインディアン的な……粗暴さがある。彼らの仕事の息もつけないほどのせわしなさは、――これが新世界の本当の悪徳なのだ――すでに古きヨーロッパに伝染し、ヨーロッパを粗暴にしはじめている。なんともいいようのない没精神性がヨーロッパを覆い始めている。もう今でも静かな生活を恥ずかしく思うようになっている。ゆっくり考えることは良心を疼《うず》かせるほどだ。時計を見ながら昼はなにを食べようかと、目を株式情報紙に走らせながら考えている。いつもなにかをのがすのを恐れている人のように生活している。なにもしないよりはなにかをしていたい――この原則こそは、いっさいの教養といっさいの高等な趣味を台無しにする杓子定規だ。働く人々のせわしなさによっていっさいの形式があきらかに滅びてゆく。おなじく、形式そのものに対する感覚も……滅びてゆく。……儀式などしている時間も余裕もない。まわりくどく決まる約束ごと、会話におけるいっさいのエスプリ、およそいっさいの閑暇を受け入れる時間も余裕もない。なぜなら金儲けに没頭する生活は、ひっきりなしに自らの精神を精根尽きるまで使いきるように仕向けるからである。たえず自分を装い、相手を巧みにだまし、出し抜くことで精根尽きるのだ。現在における本当の徳目は、他の人より少ない時間で事を成し遂げることにある。こうして、誠実に語ることが許されている時間はまれにしかない。しかもそのときには人はもう疲れきっていて、なげやりにしたいだけでなく、仰向けに横になってみさかいもなく手足をのばしたいだけだ。手紙もこうした心向きに合わせたものとなる。手紙の文体や精神というのは常に、時代のほんとうの徴候となろう。今もなお楽しみや社交というものがあるとするなら、それは、労働で疲れきった奴隷たちが自分たちに合わせて楽しむものでしかない。われわれの教養ある者たちにおける、いや教養のない者たちにおけるささやかな楽しみのありさまときたら！　労働の側にこそ良心の誇りがあるようにますますなってきた。楽しみたいという気持ちは余暇の必要という名前でしかなくなり、自らのそうした気持ちそのものを恥じるようになる。ハイキングに出かけているのを見つかると、やはり自分の健康には自分で責任を持たねばなりませんから、などと答えるていたらくだ。いやそれどころか、瞑想的生活 vita contemplativa への好みにしたがうときは、ちょっとした自己軽蔑と良心のやましさをともなわざるを得ないことにいずれなりかねない[85]」。瞑想を好む心は、古典古代およびキリスト教のエトスにその根をもっている。古典古代においては、閑暇を重視し、楽しむことは人間にふさわしい高尚なこととされていた。また教会がこの世の生活の価値を定めていた時代には、瞑想的生活 vita contemplativa は、この世の活動よりも黙想や祈りが重要であることに支えられていた。近代世界において休みなく営まれる勤勉な生活が定着してはじめて、閑暇 otium と労働 labor の序列が、そして、キリスト教的な沈思黙考と世俗のせわしない活動の序列が解体され、日曜は退屈な日になってしまった。なにもすることがないというのが理由である。「時間を利用し尽くす」「愚劣な誇りに溢れた」近代的勤勉は、なににもまして不信仰への教育に役立ち、宗教生活を解体してしまった。「例えばドイツで目下宗教から離れて暮らしている人々にはいろいろな人間がいるが、……なによりも勤勉のために、世代を経るにしたがって宗教的本能が解体してしまった。いったい宗教はなんのためにあるのかをまったく理解できず、世界のなかに宗教があることをぼんやりとした驚きで……留意するだけの人々がたくさんいる。彼らはもう十分に忙しくてやることがいっぱいあると思っている。……仕事や休暇の楽しみで、さらにはあたりまえのことで言う必要もなさそうだが、祖国のことと新聞を読むことで忙殺されていると感じている……」(86)。忙しい人々について言えるこうしたことはおなじく、学者たちについても言える(87)。なぜなら、学問研究も休みない労働のせわしない営みの系列の一環になってしまったからだ。

市民的＝キリスト教的世界が、「絶望しないために」「労働」をはたすようになり、――カーライルの広く読まれたアンソロジーのタイトルで言うならば――〈労働の祝福〉という表現を使うようになるとともに、労働は呪いではなくなった。「労働は賞め讃えられ、〈労働の祝福〉について倦《う》むことなく語られているのを見ると、個人の利害を度外視した、福利に役立つ行動が褒め称えられているのと同じ隠された考えが潜んでいると感じざるを得ない。つまり、いっさいの個人的なものからの逃避という考えである。こうした労働こそは最良の警察であり、どんな人間をも飼いならし、理性の発展、欲望の発展、独立の快楽を強力に妨害するものであること、……人々は基本的にはこのように感じているのだ(88)」。

一八九〇年代における労働の古典的な賞賛者はエミール・ゾラ*だった。彼は、青年に宛てた演説で次のように宣言している。「わたしはたったひとつの信仰を、たったひとつの力をもっていました。それは労働です。わたしは自分に課したあの膨大な仕事によって支えられてきました。……今わたしがここで語っている労働というのは、毎日自分の著作が、たとえほんの一歩でも、少しでも進むためにと自分に課した規則的な仕事、課題、義務のことです。……仕事！　皆さん、この労働こそが世界の唯一の法則なのだということを心に留めておいてください。人生には他になんの目的も、なんの存在理由もありません。われわれは皆、われわれに与えられた分の労働を果たし、そして消えて行くために、この地上に現れたのです」。労働への高い評価の特徴であるこうした偽りのパトスと隠れたニヒリズムを認識したのは、ニーチェやトルストイのような希有な精神だけだった[89]。

十九世紀における労働の自己目的化はしかし、市民時代の〈産業社会〉の特徴にとどまるものではなかった。当然のことながらそれ以上に、全体主義国家の〈民族〉の特徴となった。この国家は、表向きは労働という目的を提示するが、実際には目的は戦争でしかない。ドイツ「労働戦線」は、「歓喜力行団 Kraft durch Freude」〔労働者の観光旅行を組織する半官半民の団体。多くのドイツ人はこれを利用してはじめて外国旅行ができた〕を使って余暇をも労働力のために取り込んでしまうのだ。こうして軍隊組織だけがそれに匹敵するほどの労働全体の組織化が達成された。こうした労働「戦線」の政治的目的は、生活の完璧な軍事化を通じての総力国防軍の構築である。だが『力への意志』の著者ニーチェはすでに事態のこうした発展を予期していた。「労働者の未来からの消息。労働者たちは兵士と同じように感じることを学ばねばならない。受け取るのは、公給であり、俸給であり、労働への支払いなのではない[90]」。だが、ニーチェは、大衆にたいしてなされる「訓練」は、より高い目的の手段にすぎないと考えていた。それゆえに、「現代の奴隷制」に関しても「こうした奴隷たちはどういう人々のために働いているのだろうか?」と問うことができた。

第三章　教養の問題

「ひとりの人間が純粋に自分でその気になって自己を形成し、教養にいたるなどということはもうあり得ません。この時代はあまりにも悲惨です。人々にもはや自分でなにかをするように仕向けることは無理なのです。ひとびとは近代的生活と言われる渦巻きに誰もがなんとかおさまるように、どこにも通じるハンコが必要なのです」

ブルクハルト(一八四六年キンケル宛)*

ドイツでは人文主義的教養 humanistische Bildung の理想は、ヴィルヘルム・フォン・フンボルトによって構想され、大学において実現された。しかし、この理想は現在では、自己防衛に追い込まれていると言えればまだいい方で、もはやそのような状況ですらない。人文主義的教育 humanistische Bildung を優先すべきか、政治的教育 politische Bildung を重視すべきかという、かつて激しく論じられた問題ですら、アクチュアルでなくなってしまった。教養人たちは、自分たちの非政治的な教養が国家からの攻撃に抵抗できなかったことを思い知らされることになった。そして国家の側ではもう〈知識人〉など必要ないと胸を張って言えるようにすらなっている。だからといって、国家が宣伝する政治的な国家形成 Reichsbildung も、〈形成・教養〉である以上、古き教養の名残りを使うのはおかまいないようだ。この国家形成にかかわる宣言、演説、文書の文章や語彙《ごい》はそのどれをとっても、古き教養の二番煎じである。——ヘーゲルにとって人文主義的教育か政治的教育かといった問題はまったく存在しなかった。なぜなら彼から見れば、〈人文主義的な〉教養こそが、個人をポリスへと高め形成するということは、自明のことだったからである。

第一節　ヘーゲルの政治的人文主義

ヘーゲルがニュルンベルクのギムナジウム〔九年制の中高一貫校〕の校長として一八〇九年から一八一五年にかけて行った五つの演説は、彼の教育理念を見事かつ簡潔に表明したものである[1]。ヘーゲルのこの教育理念は、外から強要された教育の政治化〔一九二〇年代のドイツで一部この議論があった」とも、フンボルトのような貴族主義的な教養個人主義とも遠いものだった。人間は常に自分で自分自身を形成することができるということは、ヘーゲルにとって人間が政治的共同体に参加可能な存在へと自己形成しうることの前提だった。それはまた伝えられてきた言語と風俗習慣とつながった共同体なのだ。こうした言語や風俗習慣は、私のそれであるだけでなく、全員に共通した普遍的なものだからである。自己を教養ある人間へと形成することは、個人が自分を精神の普遍的本質へと高めていくことなのだ。先に挙げた五つの演説はすべてこの原則に貫かれている。第一の演説は、とくに古典古代を勉強すること、そして、教養にとって文法と言語の学習が持つ意義を扱っている。第二の演説は、規律の概念を詳述し、倫理的教養と学問を通じての教養の獲得の関連を論じている。第三の演説は、子供の家庭生活と大人の公的生活のあいだに学校を位置づけている。第四の演説は、古典古代についての学習を、人間が全体性へと教養を高める自己形成と関連させて論じている。第五の演説は、現代の教養が置かれている問題的状況を、伝統として伝えられた古きものと新しきものとの闘争というように性格づけている。

　ギムナジウムの課題としての教養はまずは、学識をつける勉強という枠内にある。真の学習はただ受動的なだけの学習や、勝手な議論と区別されている。教師は、生徒がなにか別のことを習得するにあたって自ら考えることを学ぶように教育しなければならない、とされる。「おしゃべりをしないこと、これこそいっさいの教養と学習の基本的な条件である。まずは他者の考えを捉える力、そして自分の思い込みを放棄することから始めねばならない」。学習を自分で考えることと結びつけること、これこそが学習を研究へと高めることとされる。人がなにかを自分で頭を使って学習して把握したかどうかは、その習ったことを別の新しいケースに応用できるかどうかでわかる[2]。これを達成することが授業の教育的課題なのである。授業は、それ自身として教育的であるはずだから、外部からのなんらかの教育学などは必要としない、とされる。

新しい学校で校長になった利点を、ヘーゲルは、この学校がそれ以前からある古い学校の継続として作られていること、つまり、伝統を継承しているがゆえに連続性が保証されていることに見ている。新しい学校への信頼の基礎になっている以前からの学校の原則をヘーゲルは、人文主義的教養であるとしている。「何千年も前からこの人文主義的教養こそは、いっさいの文化がその上に作られている土壌、いっさいの文化がそこから生まれ、それとのたえざる連関を維持してきた土壌なのだ」。「この基盤を守ることはたしかに重要である。だが、それがいかに重要であっても、かつての状態を変えて行くこともまた本質的なことである」。古きものは、全体との新たな関係を持たねばならない。それは革新を通じて古きものの本質的内実を守るためである。このことをヘーゲルはラテン語の授業を例にとって示している。ラテン語の授業を行うことによって、市民の生活に必要な重要な専門的知識の伝達の時間は減らざるを得ない。そのために、こうしたラテン語の教育は、多くの人々から不信の念をもって見られるようになってしまった。しかしだからといって、単に現代の生活のための知識が、ギリシア人やローマ人についての学習に代わってしまい、それで済むというものではない、とヘーゲルは論じる。なぜなら教養ある人間へと形作ってくれるのは単なる素材ではないのだ。教養ある存在となるのは単なるラテン語の学習によっても、日常生活に必要なものごとの習得によっても無理である。そうではなく、それ自身において教養を生み出すもの、つまり、それ自身で内実豊かで優れたものだけが、教養ある存在へと人間を形作ってくれるのだ。「そもそも、優れたものから出発しなければならないということを認めようではないか。そうならば、ギムナジウムの学習のためにはなんとしてもギリシア人の書いたものの勉強が主な基盤となり、それにローマ人の書いたものが続くし、それは変わらないだろう」。彼らの完成された作品を勉強することを通じてのみ、「趣味と学問への最初の消し難いひびきと彩りを魂に与える」

「世俗の洗礼」がほどこされるのだ。だがそのためには古代の人々に身を捧げ、「食事も住居も」彼らから受けねばならない。それによって彼らの空気を吸い、彼らのものの考え方、習慣、彼らの誤りや偏見をすら吸い込み、かつて存在したおよそ最も美しいこの古代人の世界になじみきるのである[3]。古代世界は、教養にとって最も高貴な滋養分を最も高貴な形で提供してくれている。ギリシア人ほどに多くの根源的なもの、優れたもの、そして多様なものを産み出した民族はいないし、彼らの造形的な美徳は、キリスト教世界の「道徳的両義性」〔キリスト教は個人重視の反面、その美徳によってポリスという政治的共同体に奉仕する可能性を人々から奪ってしまったこと〕を免れていた、とヘーゲルは論じる。

　彼らの教養の豊かさは彼らの言語に刻印されている。それゆえ古典古代の人々について勉強することは、なんといってもまずは言語の勉強でなければならない。とはいえ、異質な言語の本当の習得は、そんなに簡単に進むわけはない、とヘーゲルは述べ、異質なものの習得は、自分自身からの疎外を必要とすると述べる。異質なもの、異なる他者にそれ自身として近づくためには、まずは自己自身から離れることができなければならない。教養というのは、教養によって形成される対象をそもそも必要とするだけではない。対象はなんらかの異質なものとしてわれわれの前に立ち現われるようなものでなければならない。「理論的教養の条件たる自己からの疎外を実現するために、この教養は、……直接的でないもの、異質なものと……かかわることを要求する」[4]。こうした「分離の要求」は、特に青少年に固有の衝動に現われる。青少年は、自分の慣れ親しんだ故郷から出て、遥か遠くの場で自分を求めようとする衝動をもっている。なぜならば、まさにこの遠くにある異質なものこそは、自己の吸収能力にとって魅力を放つからである、と彼は論じる。「まさにこの魂の遠心的傾向にこそ、自分の自然的な状態からの分離を提供し、遥か遠くの異質な世界を若い精神に植えつけねばならない必要性の根拠があるのだ。ところで、このように教養にとっての分離を産み出す壁とは、古典古代人の世界と言語である。だが、われわれをわれわれから切り離すこの壁こそはまた同時に、われわれ自身へと立ち戻るための原点と導きの糸を含んでいるのだ。自己に立ち戻ることに喜びを見いだし、自己自身を、しかも精神の真に普遍的な本質に即したわれわれ自身を再び見いだすための糸だ」[5]。つまり、異質なものを真に受容し、自分のものとすることは、異質なものにいっさいの距離なく自分を合わせる同化ではなく、自己自身の外に出ることを要求するのだ。教養があるのは、他者をその他者性において受容し、自分のものとする人だけなのだ。それゆえ、必要悪以われわれにとって異質な言語を学ぶにあたっての「機械的な」部分ですら、上のものなのだ。「なぜなら、機械的なものは精神にとって異質なものであり、精神はこの自らのうちに植え込まれた未消化のものを消化し、自らのうちでの生命なきものを理解し、自分の所有に帰させるようにと、この機械的なものは仕向けているのだから」。おなじことは文法の勉強にも言えると、ヘーゲルは言う。まさにこの文法の勉強はその抽象性のゆえに、精神の形成にとって優れた手段なのだ。文法上のどんな「ある ist」にも、「存在」という概念が含まれているのとおなじで、そもそも言語のさまざまな形式は、すでにことがらのロゴスを含んでいるのだ。[6] 教養ある者は具体的に考えることができなければならない。しかし真に具体的に考えうるのは、大量の想念のなかで区別する能力を備え、経験的な素材を捨象することができる者のみである。[7] ヘーゲルに言わせれば、文法の学習は「基本的な哲学」なのだ。なぜならそれによってわれわれは、単純な抽象的ありようを、つまり「精神の母音」を知ることになるからである。古典古代の世界、その言語、その文法構成というこの三つの異質な存在があいまって人文主義的勉学における教養の力となる、つまり、この三つは人間の精神をそれ自身からいったん切り離し、それによって自己自身へと立ち返るべく解放するからである。学問的教養のこうした原則はまた同時に、人間にふさわしい行為の原則でもある。なぜなら、人間的行動もまた学問に劣らず、自分を自分から切り離してみる能力を要求するからである。「学問的教養はそもそも精神が自己自身から自己を切り離し、その直接的な生活から、感情や衝動といった、自由とは無縁の圏域からこの自己を引き出し、思考の内部へと導き入れる作用を精神に及ぼす。それによって精神は、外部からの印象に対しての普段のただ必然的で本能的な反応に自覚的になり、こうした解放を通じて、直接的な想念や感情を支配する力となる。こうした解放こそは、道徳的な行為のあり方の形式的基盤となる」(8)。精神を形成し教養ある存在へと高めるにはまたそれゆえ、軍事訓練も役立つとされる。なぜならば、軍事訓練は、自然のままだとおちいりがちなぼんやりした状態や怠惰を抑えるのに役立ち、他者の命令を正確に実行し、精神をたえず集中せざるを得なくさせるからである。教養というのはそもそもこれやあれやの分野に限定されたものではなく、「別の領野で形成され教養を得た人間」は、彼にとって異質などんな学問分野やあるいは技能にもとけ込んで行く能力を持っている。教養とは普遍性への形成である。なぜならばそれは、多くの特殊な分野の浅薄な統一という意味での一般教養ではないからである(9)。

教養は、市民のための教育機関の活動を、人間の生活の全分野にわたって行うものではなく、生徒としての人間に限定したものである。それゆえ学校の課題とは、生活における私的な特殊分野と公共の普遍性とのあいだを媒介することにある、とヘーゲルは言う。教養は、すでに家庭において生徒たちにある程度のことが教え込まれていることを前提にしている。また生徒は、後に学校の外の世間の生活で十分な能力を証明できねばならないことも前提である。つまり、家庭における生活と、すべての人びとがともに関わる世界における生活との媒介を果たすのが教養なのである。[10] 生徒たちが教養による自己形成を通じて向かう世界とは、私的な世界ではなく、公的なことがらとしての共和国家 res publica である。あるいはポリスといってもいい。国家という世界のなかでの人間の価値は、その個人的特殊性によってはかられるのではない。人間は、この世界の客観的な圏域にとってどのくらい役立つかによってはかられるのだ。すなわち教養は、個人が自己の独自性を断念することを、そして、共通の世界である「ことがらの核心」へと個人を組み込むことをめざすのだ。この共通の世界は、家庭における特別な人間関係とは異なるのであり、学校という中間圏域は、個人をこの家庭の外に連れ出すのだ。教養ある人間が「普遍的な自己存在」を獲得するこの外の世界をヘーゲルは「普遍性のシステム」というように形容している。このシステムのなかでひとりひとりは、これに合わせるかぎりにおいて価値を持つ。学校が達成するのは、ひとりひとりがこの公的生活に加わる能力を身につけることである。[11] 公的生活に加わることこそが教養による人格形成の目的で、こうした人格形成を模範にして、われわれは自分たちの教養を人文主義的教養と呼ぶことができるのだ、とヘーゲルは続ける。最近の時代のありようのゆえにわれわれに見えなくなり、われわれの関心から外れてしまったのは、市民的秩序と道徳的秩序のつながりを支える大きな公的生活のあり方であるが、まさにこれこそがポリスに存在したのだとヘーゲルは言う。なぜなら、このポリスにおいてこそひとりひとりの自律的参画に依拠した国家の絶対性があるからである。それに対して、知識を詰め込んだためにばらばらになっているわれわれの近代的状況においては、「全体の内的生活」なるものは、抽象的精神として見えなくなり、個人の心情から消えてしまった。「ひとりひとりの個人は、そうした全体の内的生活のばらばらで離ればなれの一部を得ているだけだ。狭い分野を受け持たされているだけなのだ。こうした狭い分野を越えた……個別特殊のさまざまな運動のいっさいを……統一へと導く魂が存在しているはずなのに。彼らひとりひとりは、全体についての感情も、そうした全体についての能動的な表象ももってはいない[12]」。われわれが従事する職業の階層というのは、古代人におけるよりも他の人を排除する度合いが強い。それだけに〈完全なる生活〉とはどういうものか、その想念と概念を知ることがわれわれにとって重要である。その点において人文主義的な学習はきわめて優れた導きをしてくれる。「この勉強は人間の全体について心のこもった想念を与えてくれる。古典古代の国家の自由のあり方、公的生活と私的生活の、普遍性の感覚と私的感性の心のこもった結合、こうしたいっさいのゆえに、個人の人間性《フマニテート》を磨くための大いなる関心事、つまり、公的および私的活動の最重要ないくつかの柱や諸民族の滅亡と興隆をもたらすさまざまな力が、そうしたものとのたえざる交流をつうじて頭脳のうちに想念となって去来するのだ。ごく普通の現代生活の日常のものごとの単純で自然な観察にもなって去来するのだ。われわれの教養にあっては、生活や行動の枠のなかでは現れないような想念となるのだ。そして、法と義務が生きた姿で倫理や美徳となって現れるのだ。こうした倫理や美徳は、われわれがなにか遠い外からかぶせられたものとしてやむをえずそれにしたがう反省や原則といったものではない[13]。高貴な生活についてのこうした基本的な想念を全体として生き生きと守るためには、そして現実の生活のそれぞればらばらな分野からそこへと立ち戻り得る「内面の場」を確固としたものとするために、ギムナジウムの学習をしなければならないし、ギリシア人とローマ人を手本に教養ある人間へと自己形成しなければならないのだ、とヘーゲルは論じる。

　とはいいながら世界に対するヘーゲルのさめた対応にあっては、古典古代を手本にしての眼前の社会への批判よりも「現状」の承認が優先していることもまちがいない。

彼の現実感覚は、現存の秩序の転覆を願うような「永遠の若者」、つまり自己中心的態度を捨て現実にかかわろうとしないことがまさに「教養の欠如」を示しているような、そうした彼らを排する。もしも彼らが上層身分に属しているならば、彼らは徒党を成して、「事物の秩序に突破口を」穿《うが》つべく、自分たちの意見にしたがって世界がどのようでなければならないかについて空疎な綱領をでっち上げることになると、あたかもやがて来る自分の革命志向の弟子たちを予測したかのように、ヘーゲルは述べている。

第二節　青年ヘーゲル派

a　ルーゲによる美的教養の政治化

〈時代の政治化〉が教養にどのような帰結をもたらすかを、最もはっきりと論じたのがルーゲである。しかも、ヘーゲルの政治的な教養の理念を、公的生活から逃避した自己満足的な教養に実際に適用したらどうなるかというものだった。彼の考えは以下のとおりである。教養の政治化は、とりあえずは自由な学問と芸術の破壊であるように見えるかもしれない。だが、ギリシア人は徹底して〈政治的な〉人間であって、同時にきわめて文学的、哲学的かつ自由な存在だった。だが彼らにあっては、学問と芸術がわれわれの置かれている状況に見合った「どうでもいい無害な存在」ということはなかった。われわれのもとでは、芸術と学問は見かけ上自由だが、その自由は、共通の公的生活からの私的側面への分離に依拠しているだけのことだ[14]。こうした分離から生じる「過剰教養」と「アレクサンドリア型の」学問のあり方は、根本から改革する必要がある、とルーゲは論じる。例外は自然科学である。なぜなら自然科学は、「精神の歴史的あり方」はいっさい対象としていないからである。それに対して、目下の哲学、神学、法律学は時代の進行とともに死にいたる。歴史によってこれまでの対象を剝奪されるからである。「ギリシアの神々とともにギリシアの神学は死んだ。彼らの国家とともにギリシアの法律学も死んだ。神聖ローマ帝国とともに法律の巨大な世界が、法律学者たちの……真の楽園が滅びた」。おなじく、新たに目覚めた政治的感覚が詩文に歴史的テーマを提示するとともに、自然、恋愛、家族、俗物市民などの叙情を歌った詩歌という「ジャンル」も消えて行く。時代遅れの教養に含まれるのが裏面としての俗物市民の文学である。つまりロマン主義のそれだ。この文学とともに古典主義の文学も時代の審判に曝《さら》されることになる。なぜならばゲーテやシラーといえども、歴史的＝政治的なドイツの状況がもたらす狭さの結果として内面性に退却する「エゴイズムぶり」を示してきたからである。ゲーテは諦念に籠り、シラーは要求を掲げるだけとなったが、このふたりはともに、彼らの文学者としての理想に政治的現実を付与することができなかったと、ルーゲは述べる。[15] だが、「これまでの」教養に対する激しい批判ののちにルーゲが「新たな」文学として挙げるのは、ヘルヴェーク*やホフマン・フォン・ファラースレーベン*といった数人の政治的作家の名前に限られていた。

『ドイツ年報』の最後の年度には、[16] もう一段はっきりと「高尚な理論家」の時代と、抽象哲学の幻想は終わった、と述べられている。信仰、知、そして詩文、このヘーゲルの体系における「絶対的な」圏域は、国家と無縁の高みに漂っているのではない。そうした圏域自身が公的なことがらなのであり、政治的自由の精神的組織化にあたっての必然的な構成要素なのだ、とルーゲは論じている。真に宗教的な問題は、「良心」や「善意」といった安全保護区域のことがらではない。善意はもちろん評価すべきものだが、また無力なものでもある。むしろ、真の宗教的問題は、宗教、学問、芸術が国家によってこの世のものとされ、そうした世俗への現実化が、われわれの共同生活の公的な全体となっていることにあるのだ。高尚な教養には偉大な歴史的目的が欠如している。それゆえ、こうした教養は自己満足に終わっているのだ。「哲学は、そのラディカルな目標を見失うならば、純粋な私的世界に閉じこもった人の世界についての雑駁《ざっぱく》な知識とおなじで、自己投影によって、そして自己の主観性における虚妄な運動によって自ら滅んで行く危険にさらされる。うまく飛び出して目立てるときを狙って待ち構えている、都会生活のなかでのウィットやつまらない冗談、天才や有名人と見ればすぐさまはじまる神格化、踊り子や闘士、音楽家、アスリートに対する空疎な感動、こうしたいっさいはなにを証明しているのだろうか？　偉大な目標のための現実の労働を欠いたお高い教養のあり方を証明しているだけではないか。……単なる形式理解と形式の才能以外のなにものでもないではないか。空疎な、味気も力もないこの同じ渦巻きに巻き込まれないためには、こうした才能や巧みさのいっさいを軽蔑できるようでなければならない。おまえたちも彼らと一緒に栄光に輝き、同じ戯れをやれるほどになったなら見事におつむを使ってゲームに加わり、いっしょに退屈しながらやるがいい。やがて、すべてを得て、そして、これ以上の超満足も高慢ももうないということがわかる、そうした、伊達男ナンバーワンの気分をよく反省してみるがいい。そして、高邁な態度にあきあきして銃殺を望んだとしても、お前はひとつの全体としての人間だなどと思わないようにしたまえ。過剰教養に溢れた首都の生活は、哲学の自己満足にも由来している。哲学のこの幻想は、雑駁な世俗的教養の幻想とおなじものだ。つまり、形式的な理論化だけの精神であり、それが自己目的である、とする幻想なのだ」。高尚な意識についてのルーゲの形容は、「疎外された教養[17]」の世界についてのヘーゲルの分析を単純化したものであるが、こうした思いつきだけのものに成り下がってしまった教養の「精神を喪失した浅薄さ」を、それ自身を越えた絶対知へと導いて行くことはもうできなかった。ルーゲは疎外された教養を止揚するのでなく、政治的に滅ぼそうとするのだ。滅ぼすためにはこの疎外された教養を、政治的力学の現実の問題に取り込まねばならない。現実の諸問題は、誰の髪の毛をも引っぱり、その過剰教養から引きずりだすのだ。意識のこの改革は芸術や学問をだめにすることはないだろう、それどころか、そうした芸術や学問を民衆のうちに根づかせることになろう、とルーゲは言う。この改革こそはまずは、「現実の強力な」学を生むだろう。そして公的生活において学問的精神が真に生きた内容を得ることになろう。その結果として、自己意識は世界意識へと、リベラリズムは「デモクラティズム」へと拡大し、教養人と非教養人の分離が解消されることになろう。「時代の問題は、人民Volk の所有するところとならねばならない。そして人民のためのものとならねばならない。それによってこの世界で真の生き生きしたものにならねばならない。人民の概念は、階層と身分の壁を止揚する。貴族と農民、貴族と市民といった幻想の壁だけではなく、知を有する者たちと、無知な者たちとのあいだに現実に存在する壁の止揚となる。この壁の止揚によって、ちょっと見たよりも遥かに多くのことが達成されるのだ」。死んだ教養のへんてこな幽霊界が今は支配している。また市民の生活を警察が見張り、市民生活の上に秘密のうちに裁判所が漫然と存在している。軍隊は、人民の生活と切り離されている。そうしたものに取って代わって、時代遅れになったリベラリズムに潜むいっさいの矛盾の消えた、精神的かつ政治的な共同体が登場しなければならない。それにともなう実際の問題とは、「一、教会を学校に変え、いっさいの庶民を含む国民教育を生み出すこと。二、軍隊制度をこうした国民教育と完全に融合させること。三、教養豊かでよく組織された国民がみずから統治し、裁判も自分たちで公的生活と公的法廷を通じて管轄するようになること」である。

このような改革がなされたあかつきには、ハイネに体現される生意気で軽佻浮薄《けいちょうふはく》な批判⒅は、現実の精神の一契機へと切り下げられることになろう。なぜならば、真の自由とは、プロテスタンティズムやロマン主義に発する「精神の自由」ではなく、政治的自由、つまり、精神と教養の自由をも含む政治的自由のことなのである。「精神とは国家精神なのだ。そしてすべての人間は……政治的存在なのだ」。国家は私的な問題ではなく、公共のことがら res publica〔共和制度〕である。しかもそれは「すべての人々にかかわるようなことがら」なのだ。

ルーゲは、彼のプログラムこそ、フランス革命のドイツ的実現と考えていた。彼は反動期にあってもプロイセンに希望をつないでいた。ヨーロッパにおけるプロイセンの使命は、ゲルマン人による大国の形成にあると考えていた。自分が宣伝する政治的教養こそは、〈志操〉を生み出し、さらには〈性格〉を作り、そして最終的には政治的〈行動〉に至るものだと、彼は予言したのだ。

b シュティルナーにおける唯一者の自己啓示
――人文主義的教養と現実主義的教養の矮小化

ルーゲと同じ時期にシュティルナーは、人文主義と現実主義についての論文で、「われわれの教養の偽りの原則」を問題とした。[19] 問題を見る彼の立場は、政治的自由ではなく、個別的なひとりひとりの自我の絶対的に「個人的な」自由である。というのも、真理は、「ばらばらな自我の自己啓示」以外のなにものでもないのだから、とシュティルナーはキルケゴールの口吻《こうふん》で明確に述べる。そしてこうした自我の自己啓示には「自我の発見」が含まれる。こうして自分自身になることをシュティルナーは、この点ではキルケゴールと逆に、「いっさいの権威の徹底的無視、いっさいの権威からの離脱」[20]と理解する。シュティルナーに言わせれば、教養の枠内で見ると、啓蒙主義まではより高等な教養は、もっぱら学者と司祭のものだった。ここにかつての権威のあり方が見える。つまり、より高等な教養は、人文主義者と聖職者の手の内にあった。教養を形成する力があるのは、古典古代の著述家の作品と聖書だけとされていたからである。ラテン語とギリシア語の教養を身につけていれば、膨大な数の無教養な平信者に君臨することができた。だが、フランス革命とその人権宣言以降は排他的な教養はすべての人のための普遍的教養の要求と衝突することになった、とシュティルナーは論じる。つまり、実際に市民生活に影響を与えるような教養、人文主義に依拠した学者と素人の格差を止揚する教養が望まれるようになった、というのだ。「だが人文主義が教えるような過去の理解、そして、現実主義がめざすような現代の把え方はともに、時間的なものに対する力の獲得に役立つだけである。永遠なのは、自己自身を把握する精神だけである」。つまり、自己自身のうちから自己自身を目的として形成された自我の統一とその全能だけが永遠なのだ。だがこの自由について、古き人文主義も現代の現実主義もいかなる想念も提示していない。誰のためにもなる一般教養が拡大したおかげで、高い教養を積んだ学者は、一面的な知識を備えた人物へと変質してしまい、現実主義的教養を持つ者は、いかなる理念も知らない実務人間、つまり「無教養で悪趣味の実業家」となってしまった。こうした教育と結びついた産業主義の裏面はダンディズムである。こうしたもろもろの矛盾対立を越えるためには、教育システム自体がいったん死滅し、その上で「意志」として復活しなければならない、とシュティルナーは続ける。なぜならば知を維持しようとする者は、必ずやそれを失うであろうし、知を捨てる者こそはかならず知を獲得するからである、と彼は述べる。つまり、知は衝動および意志として、すべての行為において新たに自己自身を生み出すようになり、それによって再び「単純かつ直接的」な存在となる。そこにこそ知の目的と同時に永遠性が存在することになる。そうした知はもはや外面的に所有されるような知ではなく、私自身と融合した、個人的に実存する知である。知を獲得し教養の一部とするのではなく、人格自身が自己啓示されねばならない、というのだ。「どんなに学術的かつ深かろうと、あるいはどんなに広くまた高等であろうと、知は、もしもそれが自我の見えざる一点において融けて消失し、その過程を通じて……意志として再び現れるのでなければ、財産とおなじただの所有物でしかない。知がこうした転成を経るのは、それが客体にこだわるのをやめ、自己自身についての知、いやもっとはっきりすると思うが、……精神の自己意識となったときのみである。そうなれば、知はいわば精神の衝動、精神の本能へと、無意識の知へと逆転する。この無意識の知がどのようなものであるかについては、多くの包括的な経験が直観的常識とでもいう単純な感情へと昇華されるさまと比較してみれば、多少の想念が得られるであろう。多様で混沌とした知はこうした瞬間の知へと凝集し、それを通じて知はこの今において行為を決めているのだ」[21]。瞬間へと凝縮し、直接的に生きたものとなったこうした、今日のわれわれならば〈実存的〉とでも呼ぶであろう知のうちへと、疎外されたいっさいの教養が「溶けて消失」している。こうした知に相応して、世界全体も実存的にこの私の自我に集約されることになる。

c　ブルーノ・バウアー——普遍的という決まり文句への加担に対する批判

バウアーはいわゆる〈運動〉の外にいる鋭敏な観察者だった。その彼は、教養と学問を、シュティルナーばりに個人的に、あるいはルーゲのように政治的に〈生〉に直結させるのは空疎であると、はじめから見抜いており、そうした空疎さを批判的＝歴史的な記述の対象とした[22]。一八四二年から四六年にかけて、大学の改革をめぐって、あるいは政治的教養の必然性をめぐっておびただしい論議がドイツの講壇でなされ、政治雑誌[23]や政治的書物が大量に出回っていた。こうした傾向をバウアーは「社会的貧困」という適切な表現で形容し、「概念の単純化」であるとしている[24]。なぜならこの二つの表現で、「(グッコウ言うところの)問題となる」いっさいを言うことができるからだ。

バウアーに言わせれば、社会的貧困そのものがよく出ている言い草は、教養の「組織化」であり、政治的な「類的存在 Gattungswesen」としての人間であり、「国家への参画」である。そして、「一般的存在というこの決まり文句」をルーゲは正しく見ていない、と彼は言う。なぜなら、ルーゲの大言壮語による要求を、ドイツの市民は「無限の繰り返しの力」によってすでに実践に移していたからである。「罪深い世界に対してルーゲが一回の激流によって果たそうとしたこと」を、市民は「現存の社会体制という岩にひとしずくずつ水滴をかける」ことによって、より確実に穴を穿って達成できたのだ、とバウアーは論じている[25]。

今こそ哲学と理論的教養は実際の生活に浸透しなければならない、と誰もが高らかに言い張っていたが、そのときにバウアーは、このように「生命を得た」学問的教養なるものは、もはや教養でもなんでもなくなることを確認していた。大学はとうに歴史的闘争の場ではなくなっている。ところが、学問の歴史について他のなににもまして無知で過激な連中が、浅薄な切り貼り的著作を決定的な事件であると叫び散らし、学生のたいまつ行列の前で「人民の利益」の勝利を祝う政治的血気に溢れた教授の、もったいぶった演説に和して雄叫《おたけ》びをあげている、と彼は書いている[26]。なによりも歴史を「現代の利益」に切り詰めて見るやり方は、文書化され歴史として伝えられてきたものに対する乱暴狼藉である。こうしたやり方こそはまさに、「新しき民衆哲学者」が歴史という「扱いにくい材料」に対して概念の単純化を通じていかに高慢ちきに勝手なことをしているかを示すものである。[27]「学生たちは、大学の〈使命〉を論じる。そんなものはもう果たされているのに。……また〈時代の流れ〉について論じる。そんなものは、大学という水路に流れることはもはやなくなっているのに。……学生たちはまたあるべき学問について論じる。そんなものは……もう解体し、そのあり方は、定かならぬあぶくになってしまったのに」[28]。今では、誰もがそれに仕えるべき〈全体者 Ganzes〉などという言い方をし、誰もが逃れることのできない〈政治的知 politisches Wissen〉という言い草をする。そして、学問を生きたものとするために、教える者と学ぶ者とのあいだの精神的交わりなどを要求しているが、その交わりの手段である学問がもはや存在していないことに、無邪気にも気づいていないのだ、とバウアーは述べる。[29]「スコラ哲学者たちは、……国家への参画ということうした教えに明確に反対だった。臣民の本性についての最近の大学でのご講義に比べたら、かつての哲学的体系は広く流布していた。……現今の器用な神秘主義者たちは、かつてのスコラの献身の理論が俗世を越えているその度合いに驚嘆を込めて、こうした理論を、普遍者への高揚という自分たちの教えの寺院建築をはるかに上回る傑作と認めざるを得ないであろう[30]」。

こうした「政治的坊主ども」は、芸術や学問を国家にさしだし、国家に気に入るようにと、政治的教養を「唯一の人間的な」教養と形容したが、実際にはそれは彼らになんの役にも立たなかった。「国家は彼らの申し出には見向きもしなかった。そして、国家とその構成員を学問の横槍から守ることこそ自らの義務であると宣言し、皆の財産としての国家を普遍的教養なるものに委ねることには慎重になった」。するとラディカルな有識層は、もっと大きな要求を国家にふっかけるので、国家としてはほとほと困ってしまった、とバウアーは述べ、次のように書いている。「国家に対する要求が先鋭化され、国家のなかでの個人の非自立性こそが純粋な原則へと高められたその時点でついに、ラディカリズムは現実の国家から切り離され、新たな場へと移動させられてしまった。つまり、ラディカリズムはその無規定性のゆえに政治的要求も非生産的なものにならざるをえなかった。政治的に成功するかどうかにはおかまいなく、このラディカリズムはこの無規定性をもっぱら維持し、全体の全能性を……無関心に尊重し、政治的領野におけるよりももっと成功を収めるかたちで、没我を説いて回ることができたのだ[31]」。

近代のリベラル勢力の運命を一連の歴史的研究において解き明かそうとバウアーは

試みたのだが、マルクスだけではなく、大方の激烈な拒否に見舞われ、誰からも相手にされない孤独なもくろみにとどまることになった。こういった批判は〈不毛〉であり、〈抽象的〉であり、〈無理筋〉である。なぜなら、「現実の生活にかかわっていないからだ」とは、今も昔も変わらない言い方である。バウアーの批判は高慢であり、ある種の詭弁《きべん》にまきこまれていて、それゆえに、バウアーは民衆から自らを切り離してしまっているとされる。そもそも今は批判の時ではない、むしろ、「新たな建設」の時なのだ。歴史が望んでいるいっさいが実現されるべき建設の時なのだ、という言葉が彼に向けられた(32)。

第三節　教養の世紀についてのブルクハルトの見解、知の矛盾についてのフローベールの見方

バウアーが、ドイツの状況についての批判的歴史を書いたその同じ一八四六年にブルクハルトは、急進的運動にそれなりの役割を果たしていたゴットフリート・キンケルに宛てて、十九世紀はいずれ「教養の世紀」と呼ばれることになろう、と書いている。なぜならば、――と彼は続けて言う――、今日では、広汎に流布している教養の断片がどんな馬鹿者の頭にも知的火花となって飛びこんで来るからである。こういう

ヒュドラ〔ギリシア神話の八岐大蛇《やまたのおろち》〕の頭をすべて切り落とせるのは、ヘラクレスのような者だけだろう、と彼は書いている。「以前ならば、誰もが一人前の馬鹿者で、世界のことは放っておいたものですが、今では人は自分のことを教養があると思っていて、いろんなものをつぎはぎしてなんらかの〈世界観〉をでっちあげ、居合わせた人にそれを説教し始める始末です。もはや誰も学ぼうとはしません。黙っていようとする人はもっと少ない。他の人の仕方をそれとして認めようなどという気は誰にもさらさらない。とんでもない、恐ろしいことになっています」。いたるところに広まったこうした教養なるものは、決まりきった意見の組み合わせを、ようするに錯覚の建造物を毎日のようにでっちあげ、社会のありとあらゆる階層の人々がこの錯覚に惑わされ、偽りの感激にとらわれてうごめいている、と彼は続けている(33)。自分の時代はどうにもならないという気持ちからブルクハルトは、こういったすべての連中に会わないで済むために南ヨーロッパに逃げ出す決意をした。その連中とは、「急進主義者、共産主義者、産業家、高邁な教養を身につけた人々、要求ばかり高い者たち、反省的意識に富んだ者たち、抽象的思考の人々、絶対論者たち、ソフィストたち、国家狂信主義者たち、観念論者たち、その他すべての主義者ども(34)」のことである。現代における大都市の形成は、「型にはまった凡庸な者たち」を生み出すだけであるという思いは、四十年後でも変わらず、教養がますます低劣になり、そして広がって行く事態を見ると、まさにそのとおりであると彼は考えていた。[35] こうした「必然的水平化」に抗してブルクハルトは、中世世界の解体に由来する、教養人と非教養人のあいだの裂け目の方が、比較的害が少ないと考えていた。[36]

教養の問題の真の目録とも言うべきは、フローベールの未完の傑作『ブヴァールとペキュシェ』である。[37] ドイツでは古典的教養のエピゴーネンたちが『ヴィルヘルム・マイスター』を模範にした教養小説を書き綴《つづ》っていた一八五〇年頃、フローベールは、「既成思想の事典」を作る計画を立てた。[38] それは、「人間が認めてきたことすべての歴史的賛美」を皮肉に行うべく、人間の愚劣さの証拠いっさいを収集したものとなるはずだった。この作品の前にフローベールは『聖アントワーヌの誘惑』で、これまでおよそ人間を惑わしてきたいっさいの信仰と迷信が聖人を誘惑するさまを描き出した。この作品の終了後に今度は、現代における科学や学問の教養がもたらすカオスを整理し、分析した。人がよくて、物わかりもよく、より高い教養を得ようとまじめに努力している二人の、元々は役所の書記だった俗物市民が、運良く手に入った田舎の屋敷で、蒐集した知識の迷宮をさまよい尽くす話である。その分野は、園芸技術や化学や医学からはじまり、歴史学や考古学や政治や教育学や哲学にまでいたる。だが最後には、書記の仕事に戻り、空しい勉強の種になった書籍の抜き書きを始める、という話である。作品全体は、一種の「高級喜劇」のスタイルで、疎外された教養の王国をさまよって、最後には、絶対知に到達する。それも、われわれの教養の全体は、空疎きわまりないというのが、この絶対知である。「なん百年も続いた思想がたったの十行で述べられ、解説され、他の思想と対照されて、話が片づけられる。この他の思想なるものもまたおなじような鋭さと明快さで説明され、その上でつぶされる。一ページごとに、そして一行ごとに認識が紹介され、すぐさままた他の認識が引かれる。そして最初の認識を打倒するが、この打ち勝った側の認識もまた並行するお隣の別の認識によって、打ち砕かれてしまう(39)」。作品の最後に関するフローベールのメモで、ペキュシェは人間について暗黒の未来像を、ブヴァールは明るい薔薇色の未来像を描いている。最初の方向では、全面的な腐敗のなかで、下劣化した人類の終末が近づいてくる。可能性は三つとされる。「第一の可能性では、汎神論的なラディカリズムが、過去とのいっさいのつながりを断ち切り、非人間的な独裁政治が生まれる。第二の可能性では、神に依拠した絶対主義が勝利し、フランス革命よりこの方、人類を満たしているリベラリズムが亡び、一大変革が起きる。第三の可能性では、一七八九年以来の激動がさらに続き、第一と第二の可能性のあいだの出口が見つからないままに、この激浪の力がわれわれを引っさらって行く。そしてもはや理想も、宗教も、道徳も存在しなくなるだろう。そしてアメリカが世界を征服してしまうだろう」。もうひとつの薔薇色の方向では、ヨーロッパはアジアによって革新され、潜水艦や飛行船といった、これまで想像もできなかった交通技術が発達し、新たな科学が発達して、人類は宇宙の力を文明に利用できるようになるだろう、そして、もしも地球が使い尽くされたなら、この科学の力を使って人類は他の星に移住できるだろう、そして困窮がなくなるとともに悪は消え去り、哲学が宗教となるだろう、というものである。

第四節　かつての教養および現在の教養に対するニーチェの批判

社会運動が始まった時期のブルクハルトと同じ経験をニーチェは、一八七〇年以後の国民国家としての権力国家において味わうことになった。二人のこの経験の間には三十年の歳月があったが、二人とも「文明化された野蛮」が到来し、目の前で進行しているのを見ていた。社会運動と国民国家としての権力国家という十九世紀のこの二つの流れ(40)が合流して、この野蛮はその頂点に達していた。ニーチェがシュトラウス批判で戦いを挑んだ「教養俗物」なるものも、決して死に絶えたわけではなく、むしろ、指定された世界観によって政治化された人間として、大衆的現象となっていた[41]。

「かつてのドイツの教養」という名称で、ニーチェはかつてドイツで特にシラー、フンボルト、シュライエルマッハー、さらにはシェリングやヘーゲルらが体現していた教養の「高尚そうな身振り」が放つ「鈍い輝き」について書いている。だが、とニーチェは続けて言う、教養のこの「銀河の光」をドイツ人はじきに捨て去ってしまった。「ヨーロッパの他の諸国民がドイツ人を面白いと思い出したのは、まさにこの教養のためだったのに、……ドイツ人のほうでは、もはやこの教養をもたず、盲目的熱意でこの教養を、あたかもそれは病気だったとでもいうかのように、振り捨てたのだ。しかもその際に、この教養に換えて、政治と民族という狂気を持ち出す以外に、もっといいものを知らなかったのだ。もちろんそれによってドイツ人は、かつての教養によってよりももっと他の諸国民にとって面白い存在になることをやってのけたのだが。それで満足していいのかもしれない[42]」。

ニーチェから見ると、ビスマルクの国家は、「ドイツ帝国のためになされたドイツ精神の根絶」である。そしてビスマルク自身は、「学生団体の一員」にすぎず、「ビスマルクの時代」は、「ドイツの愚鈍化」の時代とニーチェは見ていた。ビスマルクはドイツ精神を、民族的なものの重視へと狭隘化した。そしてドイツ人を大文字の政治へと強要し、帝国と権力という怪物を彼らの前に押し立てた。またドイツ人の古くからの美徳を犠牲にし、かわりに、「帝国議会創設」を寄贈し、哲人の民族という名声をおとしめてしまった、とニーチェは述べる。[43] にもかかわらず、ビスマルクはニーチェの評価によれば、当時のドイツの状況のなかでは、まあまあ「偉大」なほうとされていた。ビスマルクはドイツ的教養などというものに依拠せず、同時代のドイツの学者に較べれば、彼なりに精神的な存在だったから、とされている。ビスマルクが作ったドイツは、たしかに高級な文化もこれといった趣味も生み出さなかったが、「受け継がれてきた、そして学習されてきた相当量の有能さ」を示している。大変な勤勉、忍耐力、服従への心構えなどがそれである。もちろん、だからといって、政治的権力がドイツ人をゆがめた可能性を排除するものではない。「ドイツ人――かつては思想家の民族と言われたものだが。今日、彼らはそもそも考えているのだろうか？　現在のドイツ人は精神にあきあきしている。精神に不信の念をいだいている。本当に精神的な事物に対する真剣さを、政治がすべて呑み込んでしまった。〈なににもましてドイツを〉。これがドイツ哲学の終わりではないかと、わたしは気にかかって仕方がない。……ドイツに哲学者などいるのだろうか？　ドイツに詩人などいるのだろうか？　ドイツにいい本などあるのだろうか？　このように外国で尋ねられることがある。わたしは顔を赤らめるが、それでも絶望的な事態にあっても残っている独特の勇敢さで答えるのだ。〈もちろんいいますよ、ビスマルクですとも〉と」[44]。ビスマルクに対する態度がこのように両義的だったのも当然である[45]。ニーチェ自身が〈精神〉を〈政治〉および力への意志とひとつにしようとしていたのだ。そして最後に狂気がはじまったときには、ヨーロッパの指導的政治家たちを会議のためにローマに招集しようとしたほどだ。ニーチェの考えでは、政治という概念は「精神の戦い」へと変じなければならない。他方で、ある哲学がどれほど真剣なものであるかの基準は、政治家たちが、その哲学に帰依しうるようにできているかどうかにかかっていると述べている[46]。だが精神がただの教養であるかぎりは、そして政治に思想が欠如しているかぎりは、総体的に見て最良の哲学者とは、ショーペンハウアーのように国家とは無縁のところで思索する哲学者であり、総体的に見て最良の政治家とは、ビスマルクのように、哲学のことなどまったく理解できない政治家ということになる。

一八七三年頃にニーチェが見たのは、「教養の死滅の徴候」だった。原因は学問の細分化であり、国民国家同士の力の闘争であり、まさに教養ある階層における貨幣経済と歓楽経済への埋没であった。「いっさいは来るべき野蛮に向かっている。芸術も学問も野蛮に奉仕している。――われわれは一体どちらを向いたらいいのだろう?

……われわれには守る手段がまったくなく、誰もがその渦中に巻き込まれている以上、いったいどうしたらいいのだろう。現実に存在するもろもろのグループに警告を発し、彼らといっしょになり、野蛮の危険を生み出しているもろもろの階層をはやめに押さえ込む、そういう試みをするしかないだろう。ただ〈教養人〉たちとの連携はどんなものであれ、絶対にやめるべきだ。これこそ最大の敵だ。なぜなら、こうした連携は医者にとって妨害であり、病気がないかのように嘘で塗り固めることになるからだ」(47)。

さらにその先には、学者階級はあきらめるしかない、と記されている。危機のなんたるかを知っている人々こそが、自分たちにとってなにが知恵となるかを、まっさきに知るだろう。だが、危険は、無教養な階層に目下教養とされているものの黴菌《ばいきん》がうつり、見かけだけの教養が広がることにある。というのも、教養が一方で学者の専門知識に堕落し、他方でジャーナリスト的物知り教養に落ちていく事態をやめさせることは誰にもできないからである(48)。学者の専門知識とジャーナリスト的物知りの両者はあいまって同じひとつの無教養となる。そして学問的厳密さなるものは、それ以外のいっさいのことがらに関する判断力の欠如と趣味の野蛮とうまくかみあっているのだ。もっとも、ニーチェに言わせれば、学問とジャーナリズムというこのふたつの立場はそれなりに正当でもある。なぜなら両者が不当であると言いきれる場所に到達することは誰にもできていないからである。「教養は日ごとに減っている。なぜならば、日ごとに忙しくなるからだ」というのが、ドイツの教育施設〔九年制の中高一貫校のギムナジウムのこと〕の将来についての講演(一八七一年・一八七二年)のテーマであった。(49) この講演は、ジャーナリズムと専門的学問を越えたところで、教養の問題を立て直す場を確認しようとする試みだった。ニーチェが自分の問題設定を展開するためのテーゼは次のようなものである。「見た目には反対方向だが、作用としては同じように破壊的な、そして結果においては最終的に合流する二つの流れが、現代においては、その元来の始まりにおいてまったく異なった基盤の上に作られた教養施設を覆っている。そのふたつとは、できるだけの教養の拡大という衝動であり、もうひとつは、教養の低下と弱体化への衝動である。第一の拡大の衝動によって教養はいっそう多くの階層へと広がらねばならない。第二の低下と弱体化の衝動にしたがって教養は、その最高の自足への要求を放棄し、他の生活形式、つまり、国家という生活形式に自ら服従しなければならない。拡大と低下というこの二つの恐るべき傾向を見ると、もしもこれに抵抗しうるふたつの別のドイツ的……傾向、つまり、ひとつには、教養のできるだけの拡大への対抗軸としての教養の収縮と集中への衝動、ふたつには、教養の低下への対抗軸としての教養の強化と自尊への衝動、このふたつの対抗軸を打ち立て、勝利に導くことがいつの日かできないならば、いっさいの希望を捨て、絶望に陥るしかない」[50]。このテーゼを適用したのが、歴史的知識による教養の際限なき拡大と弱体化を論じた第二番目の『反時代的考察』である。この最初の教養批判の名残りを響かせているのが『ツァラトゥストラ』のなかの「教養の国」「汚れなき認識」「学者たち」の章である。「信仰も迷信も持たない彼らは、かつて信じられたもののいっさいのいろとりどりの絵にすぎない。粉挽き機と同じに彼らは、他の人々が蒔《ま》いた種を細かく砕くために働いているにすぎない」。こうした現在の教養とかつての教養とのあいだにニーチェが求めるのは、根源的教養の真の要請に戻る道である。根源的教養、つまりは、人間をその身体的人間性の全体において形成し、かたちづくるような教養のあり方である[51]。こうして見ると、現在の教養に対するニーチェの批判は、現在の人間性 Humanität に対する批判であることがわかる。

第四章　人間性の問題

「口がきけるある動物が言うところでは、人間性とは、少なくともわれわれ動物が苦しまないで済んでいるひとつの偏見だそうだ」　ニーチェ

第一節　ヘーゲル――人間の普遍的本質としての絶対精神

ヘーゲルの原理は精神である。[1] 精神は〈絶対的なもの〉として人間の真の、そして普遍的な本質でもある。そして、精神の〈内的普遍性〉を前提としてのみ、人間の外面的なもろもろの特殊な側面も認識可能となる、とされている。[2] だが、啓蒙の時代には、この「全能なる時代と文化」によって、「神もしくは絶対者」の認識が放棄されるにいたった。啓蒙の絶対的な立場はむしろ、「人間と人類」になってしまった、と彼は言う。だが哲学は、こうした経験的な人類とその内実なき理想なるものにとどまるこ

とはできない。「人気のある人類」を唱えて、絶対者を放棄することはできない。一般に人々が人間と呼んでいるものは、一個の「固定した有限性」にすぎず、「宇宙の精神的焦点」ではない。感性の世界と感性を越えた世界という分離の結果、超感性的世界は「感性的世界からの逃避」にすぎなくなり、人間は、感性とは無縁な超感性のしっくいを塗って飾り立てた感性的存在にすぎないものとなる。そのさまは、「芸術が……その理想として、平凡な表情もなおあこがれを引き起こし、その口元にも敬虔な微笑をもたらすことを求めつつ、あこがれや憂愁を越えた神々を描きだすことは、無理だとするのとおなじであり、……哲学が人間の理念ではなく、狭隘さのうちに取り込まれた経験的人類という抽象物しか描き出さず、感覚的と超感覚的という絶対的対立の杭を打ち込まれたまま動けないとするなら、そして感覚的なものへの限定を自ら自覚しつつ、……その際に超感覚的というペンキで自分を飾り立て、信仰のうちでより高きものを指し示すだけなのとおなじことである」(3)。人間の経験的存在と絶対的本質は一致しなければ「ならないはず」だが、啓蒙された悟性の哲学が理性の思弁的理念を「人間的形式」という鋳型のうちに流し込んでいるかぎりは、そういうことができるわけがない。「人間なるものを永続的に思い起こしている」にすぎないと、人間性 Humanität という言葉は「およそ浅薄平板なもの」という意味をもってしまうのだ、とヘーゲルは言う。それに対してヘーゲルは、「人間が人間であるゆえんは、ただひたすら精神によるのだ」と強調する。(4) この文章は、『宗教哲学』の最初のページに記されている。こうした外面的なことだけでも、ヘーゲルにおける精神の概念は、人間学的なものではなく、神学的なものであることを、そしてキリスト教的なロゴスであり、それゆえに「超人間的」(5) なものであることを示している。

人間をヒューマンな存在として定義することへのヘーゲルのこうした批判には、絶対的な宗教としてのキリスト教こそがはじめて、人間の絶対的定義、つまり精神的定義を生み出したのだ、という積極的前提がある。つまり、神が人と成りたもうたという教えによる人間の定義のことである。(6) キリストは〈神の息子〉として、同時に〈人の子〉として、人類一般に属しており、「いかなる特定の部族」にも属する存在ではない。まさにそれゆえに、キリスト以後は、人間についての普遍的で真の、そして精神的な概念が存在するのだ、とヘーゲルは論じる。「それ以外の点ではきわめて教養のあったギリシア人といえども、神をその真の普遍性において知ることはなかったし、人間の真の普遍性も知らなかった。そしてギリシアの神々は、精神の特定の諸力にしかすぎなかった。アテナイ人たちにとって普遍的な神は……まだ隠れた神であった。このことは、ギリシア人にとってすら、彼らとバルバロイ〔異国人〕のあいだに絶対的な区別が存在したことからもわかる。つまり、人間それ自身がその無限の価値と、その無限の権利において承認されてはいなかったのだ。……キリスト教こそは絶対的自由の宗教であり、キリスト教徒にとってのみ人間はそれ自身として、その無限性と普遍性において存在するのだ[7]」。こうして、人間についてのヘーゲルの定義から、彼にとっては有限な存在としての人間だけではいかなる意味でも問題にならないことがわかる。なぜなら彼の絶対哲学の最高の審級は、ただ有限なだけの人間的なそれ以上のものだからである。「無限という名称とともに」はじめて、「精神には自らの光が現れ、精神は自らを悟るのだ」。人間を人間たらしめているものがなんであるかを絶対的な確実性で知っているとヘーゲルは、自信を持って言いきっている。なぜなら、絶対精神という彼の概念においてこそ、精神そのものであるキリスト教の神が思弁的なかたちで捉え込まれているからである。ヘーゲルは、なおもなんらかの絶対的な存在の立場から人間を規定するという、この人間の本来的に形而上学的な定義を行う。それは、フォイエルバッハ以降の哲学のように、有限な存在としての人間という限定された立場から人間を人間学的に規定するものではなかった。実際には、この自己自身とかかわるようになった人間とともに、人間の本来的な問題性がはじまったのだ。

ところが、もしも人間がその普遍的本質からして神的な精神であるとするなら、人間についての通常の人間主義的な考え方、つまり人間は人間以外のなにものでもないとする考え方は、ヘーゲルにとってどういう意味を持つことになるのだろうか？『法哲学』のなかで、市民社会の精神を分析しているある箇所で、ヘーゲルはこれについて述べている。「法における対象は人格である。道徳的立場においては主体である。家族において対象は、家族の一員である。市民社会においてはそもそも対象は市民（ブルジョア）となる。この欲求という立場に立つことではじめて人間と呼ぶときの想念が具体的になる。本当のところは、ここではじめて、そしてここでのみこうした意味で人間という言い方ができるのだ[8]」。つまりヘーゲルにおいて本当の意味で人間と言えるのは、自らが欲求の主体であるブルジョアだけなのだ。本人の内面にある普遍性に比べたら単なる特殊性にすぎないブルジョアだけが人間なのだ。ヘーゲル以後の、フォイエルバッハ、ルーゲ、マルクス、シュティルナー、そしてキルケゴールの哲学における意味での人間について、ヘーゲルにあっては、市民社会の観点においてのみ論じうるのだ。たしかにヘーゲルは、「人間一般」とか「人間それ自身」といった考え方を、法や社会の領野においても用いるのをはっきりと否定することはなかった。とはいいながら、人間なるものを本当に認めていたのは、市民の権利を持った人間との関連でのみである。そしてまさにこの点にこそ、ヘーゲルのきわめて現実的なまなざしがあるのだ。ヘーゲルの言うところでは、たしかにどんな人間も、たとえ人種、民族、信仰、身分、職業がいろいろ異なっていようとも、まずは人間であるにはちがいない。そしてただ人間であるというこのことは、決して「平板で抽象的な性質」のことではない。だが、と彼は続ける、人間であるという性質の本来的な実質というのは、「人間に市民的な権利が認められることによって、市民社会において法的人格として通用するという自信の感情」が、そして、「ものの考え方や心性における必要とされる釣り合い」が生じることにある。[9] それに対してヘーゲルは、人間としての人間にのみ絞った人間の定義を絶対化することには明白に反対している。なぜなら、人間がそもそも一般に「人間」としてのみ（つまり、イタリア人とかドイツ人とか、あるいはカトリックとかプロテスタントとかいうことではなく）通用するという点では、たしかにどんな人間もおたがいに平等であるかもしれない。だが、こうした〔ただ同じ人間であるという〕自己意識は、もしもそれが――「たとえばコスモポリタニズムなどとして」――硬直して、国家という公的なあり方に対抗した基本的で独立した存在となるなら、それは「欠陥」のあるものとなる、とされる。ようするにヘーゲルの哲学的神学においては、人間の普遍的な本質規定は、人間とはキリスト教的に理解された精神（ロゴス）なのであり、単にこの地上で欠乏に苦しむ人間なのではない、という点にあることは変わらないのである。[10] このキリスト教的意味での存在「論理的な」人間の規定、つまり人間の「概念」となる規定の下位にあるのが、人間は市民的で権利を持ち、この地上の欲求にしたがう主体として「想念」の上で「人間」であるという事態なのだ。

人間の理念と、神であり人であるというキリスト教の教えとの伝統的なつながりに依拠しながら、他方では、宗教としてのキリスト教と対立するかたちで、人間の自立化が発展させられている。だが、人間 Mensch の概念も人間性 Humanität の概念も、元来はキリスト教と結びついていた以上、人間性 Menschlichkeit からキリスト教的内実が消えてしまったならば、単なる人間性 Menschlichkeit に訴えかけるのは、怪しげなものとならざるを得ない〔ここではキリスト教的人間性 Humanität と信仰や文化を問わない単なる人間性 Menschlichkeit を分けている〕。十九世紀〔の思想家〕は、当初はキリスト教の代わりに人間性 Humanität を中心にしようとした〔フォイエルバッハ、ルーゲ、マルクス〕。しかし、結果は、人間性 Humanität をも不信の目で見ることになってしまった〔シュティルナー、キルケゴール、ニーチェ〕。キリスト教から解放された人間性 Humanität がさらに怪しい問題となった現在に起きているのは、人間の「脱人間化 Dehumanisierung」である。[11] この発展の内的な帰結は、十九世紀の歴史的運動に即して、その特徴的な担い手を見ることによって一歩一歩辿ることが可能である。その運動の本来のはじまりは、フォイエルバッハである。

第二節　フォイエルバッハ ——人間の最高の本質としての肉体を備えた人間

フォイエルバッハが意図したいっさいは、精神の絶対哲学を、人間の人間的哲学へと変貌させることだった。だが当初（一八四三年）めざされていたのは、人間を肯定的に「描く」ことではなく、まずは人間を観念論の皮膜の「外に引き出す」ことだった。課題は次のとおりとフォイエルバッハは書いている。「絶対者の哲学、つまり、（哲学的）神学から、人間の哲学の必要性を、つまり人間学 *Anthropologie* の必要性を導き出し、神に関する哲学への批判を通じて、人間に関する哲学の批判を根拠づけること」(12)。今や重要なことは、人間を哲学の中心問題とし、哲学を人類の中心問題とすることである(13)。

哲学的神学における原則は無限者 das *Unendliche* であったが、それに対してフォイエルバッハが将来の哲学のために要求するのは、有限という「真の措定」である。真の哲学の原初となるのはそれゆえ、もはや神でも絶対者でもなく、死すべき有限の人間となる。「法、意志、自由、人格についてのいっさいの思弁は、人間がないならば、あるいは、人間の外で、あるいは遥か上でなされるならば、統一も、必然性も、実体も、根拠も、現実も欠いた思弁でしかない。人間こそは、自由の実存、哲学の実存、法の実存なのだ。人間だけがフィヒテ的自我の、そしてライプニッツ的モナドの、また、絶対者の基盤であり土台である」[14]。「人間」という名前は通常は、欲望や感情や心情をともなった人間を意味するだけだ。つまり、その精神とは区別された人格としての人間のことである。だからこそ、誰かが「人間として」どうあるかを、彼が例えば思想家として、芸術家として、裁判官としてなどなど、ようするにおよそ公的な役職上なんであるかと区別する。こうしたさまざまな役職上の特性としての人間を理論的に分けて固定化してしまった。それによって職業という抽象的な性質を絶対化してしまった。だがヘーゲルは、人間そのものとしてのありかたから的な意義を重視しながらフォイエルバッハは、ヘーゲルが人間を職業で規定したことを批判する。先に引いた『法哲学』の定義を取りあげながらフォイエルバッハは、市民社会の枠内ではじめて、「こうした意味で」人間という言い方ができるのだ、と述べるヘーゲルに論駁《ろんばく》を挑んで、法的「人格」とか、道徳「主体」とか、「家族の一員」とかいった言い方がなされているが、それらのどの場合にも本当のところは、同じ人間のことが常に問題となっているのではなかろうか、ただそのつど意味が異なっているだけではないか、と批判している。なぜなら、そのつどの事情によって、こうした仕事上の人間、ああした地位の人間と定義されることそのものが、人間ということの本質的特性なのだから、と彼は論じる。いっさいの可能な述語がつけられうる主体〔主語〕こそが、生きて身体をもった人間のありようなのだ[15]。

　哲学のこうした人間化は、フォイエルバッハから見れば、プロテスタンティズムの延長上にあるものだった。なぜならプロテスタンティズムこそは、神の人間化を宗教面において実現させたからである。彼自身はプロテスタンティズムよりさらに一歩先を行き、キリスト教の真の本質を神の子キリストのうちに見ずに、真の本質は人間そのものであると宣言した。ここからフォイエルバッハにとって、宗教的かつ哲学的神学が「普遍学」としての人間学へと完全に解体することになる。三位一体というキリスト教のドグマおよびヘーゲルの弁証法的三段階に代わって、われとなんじの、人間と共同存在としての別の人間との本質的な同質性という原則が登場する[16]。

　だが、この人間を人間としているものが何であるのか、解放され、自立した人間性 Humanität の内実が何であるのか、それを展開することはフォイエルバッハにはできなかった。具体的な人間についての抽象的な原則のゆえに、センチメンタルなもの言いにとどまり、それを越えることはできなかった。エンゲルスは、『フォイエルバッハ論』で次のように述べているが、まさにそのとおりである。「ありとあらゆるページで具体的なものへの沈潜についてフォイエルバッハは……お説教してくれているが、話が人間と人間のただの性行為より先の交渉の問題にいたると、まったく抽象的になってしまう。性交渉の話は彼にただひとつの側面しか、つまり道徳の側面しか論じさせない。ヘーゲルと比べるとこの点でのフォイエルバッハの驚くべき貧弱さにわれわれは驚かされる。ヘーゲルの倫理学、もしくは人倫についての教えは彼の『法哲学』であり、それは(一)抽象的法、(二)道徳、(三)人倫を包括している。しかも(三)は、さらに家族、市民社会、そして国家を含んでいる。形式はこのように観念論的であるが、内容はまたこれほどに現実的でもある。法、経済、政治の全領域が、道徳とならんで取り込まれている。フォイエルバッハにあってはまさにその逆だ。フォイエルバッハは、形式面では現実的で、人間から出発している。しかし、そのなかで人間が生活している世界については、まったくなにも述べられていない。それゆえ、この人間なるものも、いつもおなじ抽象的な人間のままであって、宗教哲学の中で発言の主導権を握っているだけだ」。

だが、このフォイエルバッハが宣言する「人間としての」人間への傾向とは、もしもそれが、哲学の原理へと高められた人間が自らを規定する裁定機関を頭上にはもはや持たない、というだけのこと以上だとすれば、それはどういう意味なのだろうか？　絶対者が今では人間のうちにのみ「根拠と基盤」を持つようになれば、人間は必然的に他の人間との関係のうちにあることになる。フォイエルバッハの立場に立った哲学を、さらに数歩進めたのがルーゲとマルクスである。

Ａ・ルーゲは、フォイエルバッハを基盤として、キリスト教的人間性の心情的残滓《ざんし》を通俗的であるが、また同時にこみいった体系にまとめ、それによってシュティルナーの破壊的批判とマルクスの建設的批判の必要性をあきらかにした[17]。ルーゲは、ヘーゲルによる人間の部分的定義のうちに単なる人間性を論じることへの批判が込められていることを認識しなかった。それの代わりに『法哲学』の一九〇節への批判で、「とはいえ」市民社会になって「人間的な」社会がはじめて生まれた、なぜなら、市民社会においてこそすべての市民が労働者だからである、という結論を出している[18]。今はこの労働者が、人間の本来の、また普遍的な身分である。〔誰もが働かねばならないという意味で〕労働が普遍的になった点にこそルーゲは、古典古代のポリスに比べてわれわれの時代の決定的な「進歩」があると見た。フォイエルバッハにおける心情的で私的な人間性なるものは、ルーゲにおいてこのように社会的＝政治的内容を獲得した。「哲学と革命」は協力して「ヒューマニズム」の体系を生み出さねばならない。「哲学は、天上の〈精神哲学〉から、生ける人間の地上の自由を発展させた」。解放された人間と人間化された世界こそは、ヘーゲルの精神と自由の哲学の実現ということになる。真の人間性による政治形態は、社会＝民主的な国家である。なぜならこうした国家こそが、神の前ではなく、法の前での人間の統一と平等を前提とするからである。ヒューマニズムの体系を証明するのは、黒人も人間であることだ！「君たちは、黒人を人間であると思うか？　ドイツにいる君たちは、黒人も人間だと考えるだろう。なぜならドイツには黒人はいないから。しかし、今でも黒人を所有している人々がいて、そうしたたくさんの人々は、黒人は人間でないと言い張っている(19)」。

第三節　マルクス
——類的人間の可能性としてのプロレタリア

当初はルーゲの協力者だったマルクスは、彼に宛てた手紙で「人間を人間にする」という課題に尽くすと述べている。というのも、「歩いたり止まったりしている生身の」人間は、自己自身から根本的に疎外された商品生産者だからだ、というのである。「真の人間」を再獲得する計画にあたって当初のマルクスは、フォイエルバッハの

「現実的ヒューマニズム」なるものに帰依していた[20]。それに応じて『資本論』でも、ことのついでといった調子ではあるが、フォイエルバッハやルーゲと同じ方向で、ヘーゲルによる人間の部分的定義に反論している[21]。マルクスは、市民社会の人間を商品と比較している。商品と同じに人間は、問題をはらんだ「二重性格」を帯びている。つまり、〈価値形態〉と〈自然形態〉の両方の性格を帯びている。商品形態としてある物は、これこれの金額の価値がある。その物がその自然なあり方からしてどのようなものであるかは、その商品価値と比べたらどうでもいいことになっている。任意の複数の商品は商品としてまったく違う価値を持つこともありうるが、同じ自然的ありようをしている場合もある。おなじくこうした商品世界の人間は、その市民社会的な価値形態のうちに存在している以上は——例えば「将軍として、あるいは銀行家として」、およそその対象的活動によって決められ、分裂している人間として——自分に対しても、他の人々に対しても大きな役割を演じている。ところが、人間それ自身として、そして人間そのものとしては——いわば自然形態としては——きわめて「みじめな」役割しか果たしていない。この箇所でマルクスは注をつけて、ヘーゲル『法哲学』の一九〇節をはっきりと示唆している。この注の箇所は次のように解釈すべきだろう。ヘーゲルは人間をそれ自身として、欲求の市民的＝正当な主体という特殊なものと見ている。もしそうならば、こうした理論的限定のうちには、現実における精神の欠如が、もしくは現在の人類の実際の生活状況の非人間な事態が反映している。なぜならこうした理論的細分化は、それ自身としての人間の無視・抽象と見合っているからだ[22]。人間「そのもの」を無視しているがゆえに抽象的な人間のこのようなありようは、マルクスから見れば、なによりも市民やプロレタリアという階級的人間であり、知的および肉体的労働をする労働人間であり、市民社会の人間がいたるところで、二つの、相互共属的でありながら同時に矛盾し合う生活形式に分裂している事態であった。その二つの生活形式とは、私的人間とその私的道徳、そして公的な国家公民とその公的道徳のことである。人間のこうした部分的なありかたのいっさいには、それ自身としての、そして全体としての人間が欠如している。こうマルクスは論じる。そして人間は本質的になんらかの個別性によってなにものかとなる以上、こうした個別的存在となるのも、それとは別の個別的存在との関連においてのみなのである。人間が職業人であるのは、家庭人との相違においてであり、私人であるのは、大衆のなかの存在との相違においてである。それに対して、このような社会にあっては、人間「そのもの」は決して基本的な役割を果たすことがない。そしてそのつど固定されたなんらかの個別的存在は、彼の社会的地位と成果によってそうなのである。そして、こうした地位や成果は経済関係によって、つまりヘーゲルが「欲求」と名づけたものによって本質的に規定されている。それゆえ人間は具体的にはブルジョアのことであるというヘーゲルの定義は、近代のブルジョア資本主義世界の現実の生活状況における実際の「非人間性」をそれ自身としてよく示す理論的表現なのだ。つまり、人間の自己疎外のあらわれなのだ、とマルクスは論じる。

　ようするに、ヘーゲルの精神の哲学では、人間はそもそも単なる個別性としてしか含まれておらず、人間的かつ哲学的に基本的な存在としての人間は無視されているという、こうした確認はフォイエルバッハとマルクスが共有するところだった。だが、フォイエルバッハにおける「人間」といえども、現実にはブルジョアだけである。つまり公共の政治的共同体を欠いた私人でしかない。マルクスはヘーゲルおよびフォイエルバッハに対抗して、ヘーゲルの精神の哲学において発見されていながら、他方で隠蔽されてしまっている市民的特殊性をそのまったき十全な意味において明らかにしようとした。ブルジョアはそもそも「人間」とされながら、実際にはただのブルジョアでしかない、という——市民社会の人間にとっては——見たところ自明の事態の内実をあきらかにしようとした。ブルジョアというこの特定の歴史的人間をその個別性から解放し、人間の疎外を止揚するためにマルクスが要求するのは、〔歴史的〕人間の、経済的かつ政治的な次元に尽きない、「〔真の〕人間への」解放である。この解放はしかし、「エゴ」としての、また「別のエゴ」としての人間に関するものではなく、人間の世界そのものの解放なのである。なぜなら人間自身が彼の人間的世界として存在するのだからである。人間は本質的に「社会的な類的存在 gesellschaftliches Gattungswesen」もしくは「政治的動物 zoon politikon」であるというのが、その理由である。それゆえに市民社会の人間に対するマルクスの批判は、その社会と経済に対する批判となる。だがその際に、批判の基本的に人間学的な意味を捨てているわけではない。(23) だが、個人が社会的な類的存在もしくは政治的動物でないかぎり、つまりは、自分の公共のことがら res publica としての共和国に参与していないかぎり、私人としての市民こそが真の人間であるかのように見えかねないのである。単に私人にすぎないあり方の止揚が、おなじく単に国家公民にすぎないあり方の止揚をもともなうためには、私的かつ公的生活の全構造の根本からの革命を行う必要がある。「現実の個人としての人間が、抽象的な国家公民を自己のうちに取り戻し、個人としての人間がその経験的生活において、その個人的な労働において、そしてその個人的な生活状況において類的存在になったあかつきにこそ、そして、人間がその〈固有の諸力〉を社会的な力として認識し、組織化し、それゆえに、社会的な力を政治的な力のかたちにして自分たちから切り離さなくなったあかつきにこそ、人間の解放は完成するのだ[24]」。

市民社会の単に政治的なだけの国家から人間を最終的に解放し、自らの政治的共同体と一体化した共産主義的人間に変革するために、マルクスはプロレタリアートに呼びかける。なぜならプロレタリアートこそが、現存の体制に全面的に対立する社会として、全面的課題を持っているからである。人間性を完全に奪われた存在としてのプロレタリアートのみが、人間の統一性と全体性を全面的に再獲得することができるのだ、と彼は論じる。まさに市民社会のこの例外的存在としてのプロレタリアートからマルクスは、新たで普遍的な、まったく人間的な人間という理念を汲《く》み出している[25]。

『ヘーゲル法哲学批判序説』にすでに次のような文章がある。「特別な身分としてプロレタリアートは社会の解体を果たす」。プロレタリアートは特別な身分であるが、現存の社会の外部に存在する社会である以上、市民社会の内部の階級として存在するのではない。そういう存在であることを通じてのみプロレタリアートは、解体を積極的な方向に向けることができるのだ。プロレタリアートをこのように理解することによってマルクスの哲学はその自然な武器を見いだした。他方でプロレタリアートも、マルクス主義のうちにその知的武器を見いだすことになる。「この解放の頭脳は哲学であり、その心臓はプロレタリアートである」。

それ自身として見るならば、プロレタリアートも有産ブルジョアジーも同じ共通の疎外現象を見せているにはちがいない。しかし、ブルジョア階級は、疎外の中で気持ちよく満足しており、疎外についての意識をもつことはない。逆にプロレタリア階級は、疎外を自覚し、それゆえ自らの疎外を止揚しようとする。プロレタリアートだけが、普遍的に広がっている疎外についての批判的＝革命的意識を発展させる、というのだ。まさにそれゆえにプロレタリア階級は、ブルジョア階級ほどには非人間化されていない。もちろん彼らの非人間化も明白だが、とはいっても、自分たちに認識できない、隠れたかたちにおいてではない、というのだ(26)。そしてプロレタリアートは、それ自身の生活状況のうちにそれ以外の社会分野を「その非人間性の最先端において凝縮している」ので、現在の社会全体の問題を見る鍵となるのだ。そしてこの社会をプロレタリアートは自己自身とともに解放しなければならないのだ。プロレタリアートのこうした普遍的意義は、『ドイツ・イデオロギー』のなかで現代において交通が世界大に拡大したことと関連させて次のように論じられている。「いっさいの自己活動から完全に排除された、現代のプロレタリアートのみが、生産力の全体を獲得することによって自分たちの狭い限界に閉じこもらないような自己活動を……遂行できるのだ。これまでのいっさいの獲得にもかかわらず、大量の個人がたったひとつの生産手段の下に服属せしめられていた。プロレタリアートが獲得するにあたっては、大量の生産手段がひとりひとりの個人に服属し、所有物もすべての個人に服属するようにならなければならない。現代の世界大の交通は、すべての個人に服属せしめられることによって以外には、個人に服するようになることはない(27)」。

プロレタリアートは、「神々」であるがゆえではなく、人間の類的存在のあり方を、その疎外の極点において体現しているがゆえに、世界史的な役割をもち、歴史のいっさいのプロセスにとって根本的な重要性を持っていることになる。賃金労働者は「等身大のこの地上の問題」によって疎外され、もはや「人間」ではなく、自らの労働力の売り手でしかない。そのことによって賃金労働者というこの身分は、普遍的な機能を帯びることになる。プロレタリアートは「商品の自己意識」であり、彼らにおいて、経済は人間の運命として現われる。それゆえに経済学こそは、市民社会の解剖となるのだ。徹底して「普遍的な身分」であるプロレタリアートは、なんらかの特別な、自己中心的な利害をもたないものであり、その自己解放が起きれば、同時にブルジョアジーの私的な人間性も解消するとともに、私有財産と私的＝資本主義的な経済のあり方が、つまりは公共圏から切り離された私的ありかたというブルジョアジーの基本性格そのものが解消する。こうした私的あり方は、積極的に止揚されて、全員に共通したあり方、つまり共同の所有と共同の経済という政治的共同体の普遍性へと上昇しなければならない。マルクスの理念における真の「デモクラシー」とは、コスモポリスへと完成したポリスのことである。つまり、自由な人々の共同体であり、その個人個人はブルジョアではなく、政治的動物であるような共同体である。

ところが、こうした人間を人間にするものはなにかということを考えてみると、そこに見えて来るのは、決して新しいヒューマンな内実ではなく、市民社会の原則のラディカルな実現でしかないことがわかる。人間の普遍的ありようがただ〈欲求の主体〉でしかなくなってしまっている以上は、人間を人間にするものとは、たとえ、反資本主義的なやりかたではあっても、生産そのものでしかない[28]。こうした市民的＝プロレタリアート的世界に対抗して、シュティルナーの絶望した軽率さは、「自己の関心事を無の上に据えたのだ」。自分でもいまなお本質的と思える人間を、彼自身のまっさらな自我によって置き換えるためである。

第四節　シュティルナー
——人間の所有者としての唯一者の自我

シュティルナーが基本的に明らかにしようとしたのは、人間を最高の存在へと高めること自体が、神の人間への化身というキリスト教信仰の最後の変装だということである。「人間は人間にとって最高の存在である――とフォイエルバッハは述べている。今ようやく人間が発見された――とブルーノ・バウアーは述べている。この最高の存在なるものを、この最新の発見なるものを今少し丁寧に見てみようではないか」と「人間 Der Mensch」と題した第一章のモットーに記されている。第二章は「自我 Ich」(〈われ〉)と題されている。

たしかに、精神であるキリスト教の神は次第に蒸発して、「人類の精神」へと変じたにはちがいない。だが実際には、この完全に人間化されたキリスト教のうちに、この宗教の本来の起源が、つまり、人間そのものが、キリストとして歴史の超人間的な端初と目的であった人間そのものが回帰しているのだ、とシュティルナーは論じる。だが、最高の存在という尊称が人間それ自身のうちに移行するにつれて、この絶対的人間なるものは、かつての絶対的神、あるいはかつての精神と同じに私にとって無縁なものでありつづけることを、〈われ〉はますますはっきりと発見せざるをえない。

だが、人間も死んでしまってこのかた、自我はなにをしているのだろうか？　自我の活動はそのつどの自分自身と自分に属する世界の「無駄使い」と利用以外のなにものでもなくなる。なぜなら、〈われ〉の課題は、普遍的＝人間的なるものを実現することではなく、自分自身を満足させることだからである。〈われ〉として人間はいかなる「天職」もいかなる「使命」も無縁であり、人間はそのつどありうるところのものである」。それ以上のものでも、それ以下のものでもない[29]。所有者は唯一者 der Einzige において、もともと彼がそこから生まれた「創造的無」に立ち戻る。「私がこの唯一者である私のみを頼りにするならば、私は、自分自身を消費するこの過ぎ去り行く創造者に依拠することになる」。

フォイエルバッハもバウアーもマルクスも人間そのものを作ろうとした。だが、その際に現実の人間を無視してしまった——なぜなら実際に存在するのは、ひとりひとりの、生きた生身の人間だけだからだ。この人間、あの人間として存在するひとりひとりの人間だけだからだ。彼らはみなフランス革命の糞坊主たちとおなじに、人間そのものの真理を信じ、人間たちの頭をちょんぎるという原則にしたがって人間そのものに仕えようとした。こうした精神の批判者たちがとらわれていた精神は、たしかに絶対精神でも、聖なる精神でももはやなくなっていて、人間性 Humanität の精神だった。だが、この最高の普遍的人間性なるものは、現実の自我とは異なり、普遍的理念が、無に等しいこの個別的な実存、私自身がそれであるところのこの自分の生活と遠いのと同じに遠かった。

このニヒリスティックな自我は、普遍的人間を唱える人々には、エゴイスティックな「非人間 Un-mensch」に見えるかもしれない。だが実際には、誰もが、それぞれ別々の自己であるエゴイストなのだ。なぜなら誰にとっても自分自身がすべてに先立って重要なのだから。シュティルナーはもはや自由や解放について「夢見る」ことはない。彼は、自己の個性へと決断する。[30] ひとりひとりの自我は、そういうものとしては市民的国家のなかに生きてもいなければ、共産主義社会にも生きていない——濃い血の結びつき〔民族〕によっても、薄い人類という結合によっても縛られるものではなく——、エゴイスト「連盟」において結びついているのだ。こうしたエゴイストたちは、比較不能な唯一無二の存在であることによって、相互に同じなのだ。この「われ」こそは、キリスト教的人間性が無となった終結であり、この人間性の最後の人間は「非人間」となる。キリスト教の最初の人間が「超人 Übermensch」であったのと同じに。自我は神とか人類といった「思い込み」にとらわれることなく、「好きなままに生を存分に楽しむ」。

第五節　キルケゴール——絶対的人間性としての単独の自我

唯一者というシュティルナーのテーゼは、同時代史的に見て、「神の前で自己自身に甘んじる」「単独者 der Einzelne」というキルケゴールの基本概念と相応している。ふたりとも、彼らが見る現代の人類が人間的であるとは見ていないし、彼らが見る近代キリスト教がキリスト者にふさわしいとも思っていない。だが、無の上に据えられたシュティルナーの自我は、キリストの説教とともに始まり、人間についての現代のおしゃべりとともに終わるキリスト教の円環を破ろうという試みだった。それに対してキルケゴールは、千八百年間のキリスト教の時間がなかったかのように、原初に帰ろうとする。原初のキリスト教の「絶対的人間性」、それは現在の人間主義から見れば、「非人間的」なのであるが、そうした絶対的人間性といまいちど同時的に存在しようとするものだった。

ルーゲにとってキリスト教の「完成」は、現代の人間主義 Humanismus だった。シュティルナーにとって、この人間主義こそは、キリスト教の最終形態であり、終焉を意味するものだった。キルケゴールにとって、真のキリスト教のあり方は、歴史的時間のなかでキリスト教が変貌した結果の人間性 Humanität と教養の正反対のものとなるべきだった。「かつてはキリスト教に対する反論は(そしてそれは、キリスト教がどういうものであるか、最もはっきりしていた時代のことだった。そしてこの反論は、感覚的に最も鋭く見る能力を持った異教徒たちからなされた)、キリスト教は人間のあり方に反するというものだった。ところがいまやキリスト教は、人間性だというのだ。かつてキリスト教はユダヤ人にとっては癪《しゃく》の種だった。ギリシア人から見れば愚鈍そのものだった。そしていまやキリスト教は教養となってしまった！」

〈単独者〉というキルケゴールの概念は、人間としての、またキリスト者としての基本概念だった。それゆえに彼の現代批判は、フォイエルバッハ、ルーゲ、そしてマルクスが原則に掲げた、解放された「人類」なるものに抗しているとともに、神から解放された「キリスト教世界」なるものにも対抗するものだった。彼の単独者は、社会民主主義的になった人類、そしてリベラルで教養のあるキリスト教世界に対する「矯正剤」として考えられていた。差異を無視した水平化に向かって進む世界の動きに抗して今必要なのは、既存の社会的かつキリスト教的普遍性のうちから単独者を断固として救出することであり、個別性を強調することである、とされる。

　精神（ヘーゲル）といった、あるいは人類（マルクス）といった普遍的「体系」は、世界史的な散漫状態のなかで、「人間であるということはどういうことなのか」を忘れてしまった。「人間一般が問題なのではない。そうではなく、君が、そして私が、また彼が、それ以外のすべての人と同じに、自分として人間であるということが、どういうことなのかが問題なのだ[31]」。それに対して「純粋な人類」などというのは、純粋に

「否定的な共同体」でしかない。そういうものは、単独で自己として存在する人間を画一的な大衆の動きに同化させる役しか担わない。「社会主義の理念、共同社会の理念が時代の救いになるなどということはありえない。……。われわれの時代にあってアソシエーション〔結社〕の原理は、建設的でなく、否定的である。つまり、逃避であり、まやかしであり、欺瞞《ぎまん》である。この欺瞞の弁証法は、個人を〔生活水準において〕強くしながら、〔性格において〕弱体化させるところにある。つまり、団体を作ることによって数の力で強くしてくれるが、倫理的には弱体化なのだ(32)」。

キルケゴールはたしかにヘーゲルの「体系」に、そして「人類」というまとまりに根本的に論駁を加えたにはちがいない。とはいいながら、彼は赤裸々な自我というシュティルナーの考えにははまらなかった。この露骨な自我は人類一般 Menschheit im allgemeinen とともに、普遍的＝人間的なるもの das Allgemein-Menschliche をも放棄するからだ。「普遍的な人間 der allgemeine Mensch が私自身の自我の外にあるとするなら、私は自分の生活において、たったひとつの方法にしたがう以外にない。つまり、私に関する具体的なものすべてを脱ぎ捨てることしかない。自己を抽象して無視するという、この抑えのはずれた情熱は、それほど稀なものではない。フス派〔十五世紀初頭のチェコを中心とする異端運動。宗教改革の前身でもあった〕のある種の教派では、ノーマルな人間になるには、楽園のアダムとイブのように裸体で歩かねばならない、と言われていたほどだ。今日にでも少なからぬ人々が、精神的な問題に関して同じようなことを触れ回っている。つまり、ノーマルな人間になるには、自分に関する具体的なものを、いわば素っ裸になるまで脱ぎ捨てねばならない、と言っている。だが、そういうものではない[33]。それに対して、キルケゴールが自らに課した課題は——それを果たすことはできなかったが——、むしろまさに単独者の自我として、人間であることにおける普遍的なものを実現することだった[34]。

自己 das Selbst となったこのわたしというのは、決して抽象的になったばらばらの自己ではなく、その生の全体において普遍的＝人間的なものを表現するのだ。自己自身を見かけのうえではまったく普通の人間に作り上げる。つまり、結婚生活、職業、仕事において「普遍的なもの」を実現している普通の人間になる。真に実存している人間というのは、「まったく似た存在のない徹底した個性の人間」であると同時に、普遍的な人間」である者のことだ[35]。彼は「自分で学ぶ者 *Autodidakt*」であるとともに、「神に学ぶ者 *Theodidakt*」である。

神の前に実存することで普遍的なものを実現する人間として、彼は、普通に「ひと」が生きている生き方とは異なっている。「人が生きているのとおなじように生きることのうちに普遍的＝人間的なものを見ようというのでは、通俗や凡庸を神格化することになってしまう。普遍的なものを実現するその極点にあって、普遍性を精一杯に現実化させるあの例外者は、普通の人々よりはるかに高いところに立っているのだ。……。より高貴な意味で尋常ならざる人間になった者は、普遍的なものを完全に自分の生活に取り込むことこそより高いことだとかならずや認めるだろう[36]」。

しかし、普通に非凡な人間とされている理由は、通常のありかたの安っぽい例外でしかない。ようするに、ちょっとしたなんらかの点で他の人間よりすぐれていることに変な自信を抱いている人間のことである。「だれかが海峡を泳ぎ渡れるとか、あるいは別のだれかは二十四カ国語をはなせるとか、さらに別の人は、逆立ちで歩けるとかいう話がある。そういうのも、お気に召すならば、誉め讃えるがいいだろう。だが、今述べたこうした人が普遍的な基準に照らして偉大とされるならば、……そうした賞賛は、偽りのあり方だ[37]……」。それゆえにキルケゴールはたしかにどんな人に向かっても訴えかけるが、それは単独者としてのすべての人に対してということなのだ。ちょうどニーチェが「だれのためにでも、そしてだれのためにでもない」（『ツァラトゥストラ』の扉のモットー）本を書いたのとおなじだ。

der Einzelne（ひとり）という単語に備わる、ばらばらの人々という意味と単独者という二重の意味に相応して、人間の平等の問題もふたつの異なった側面から規定される。人間は世界外の神の前では平等である。だが、人間すべてに共通したこの世界においては、差異の要因として不平等である。世間である人は別の人よりも優先される。神の前では人は相互に隣人なのだ。(38)

こうして見ると、現存の社会と文化の崩壊にあってなおも人間の普遍的本質を表わしている〈例外者〉には三種類あることが特徴的である。つまり、第一に、市民社会から排除されたプロレタリアート大衆（マルクス）であり、第二に、いかなる共同体からも自己を切り離した自我（シュティルナー）であり、第三に、キリスト教世界を自ら出た自己（キルケゴール）である。この三つの例外者こそは、市民的＝キリスト教的人間性が崩壊するなかでなおも人間の普遍的本質を示すものだった。

ところが、「真の人間」（マルクスの理念）であれ、赤裸々な自我（シュティルナーの理念）であれ、あるいはまた真のキリスト者（キルケゴールの理念）であれ、そうしたものを再建しようとしても、それに逆らう多くの障害がある。その障害とは、現在ではどんな人間も、かりに彼がただのブルジョアでしかなくとも、自分はそのあるがままの状態で、一個の「人間」であると考えるところにあるし、また単に人類の精神に取り憑かれているだけなのに、自分はそのあるがままの状態で、一個の「自我」であると考え、さらには、キリスト教世界の世俗のメンバーにしかすぎないのに、自分はそのあるがままの状態で、ひとりの「キリスト者」であると考えるところにある。マルクスに言わせれば、古典古代においては、人が自由人であるかどうかは、はっきりしていた。なんとなれば奴隷がいたからである。キルケゴールに言わせれば、原始キリスト教においては、人がキリストを受け継いでいるかどうかははっきりしていた。なんとなれば、まだキリスト教に立ち向かうユダヤ人と異教徒がいたからである。マルクスは人間の再建のために、極度に社会化された類としての人間を要請した。シュティルナーがそのために要請したのは、極度にエゴイスティックな人間である。キルケゴールがそのために要請したのは、宗教的に孤独に単独者となった自己である。マルクスのアソシエーション〔結社〕原則にもシュティルナーの孤立原則にも対抗して、「絶対的人間性」であるべき自己である。マルクスの到達点は、私的にはもはやなにも所有しない共産主義的人間であった。シュティルナーのそれは、人間であることもほかのさまざまな特性のひとつとして見るような、非人間であった。キルケゴールのそれは、人間が未来永劫にわたってみずからの超人間的基準をそこに見るキリストであった。

それとともに人間の新たな規定に関するさまざまなラディカルな試みをヘーゲルが

相互に結びつけた鎖の輪が断ち切られてしまった。精神のラディカルな運動が色あせた一八五〇年以降に相応するのが政治的反動であり、その反動の時代にショーペンハウアーが人々の心をつかむようになった。

その後ニーチェになってふたたび、もちろん背景は異なるが、いったいこの「なにものなのか決まっていない」人間とはなになのか？　という問いが提示されることになる。

第六節　ニーチェ――人間の超克としての超人

「以下のことは、いくどとなく襲ってくるわれわれの疑惑であり、問いである。誰も……聞いてくれないかもしれないが、われわれのスフィンクスである。このスフィンクスの横にはひとつならぬ深淵がある。……わたしの考えるところ、今日ヨーロッパにおいて、われわれが〈人道〉〈人間性〉〈共感〉〈同情〉などという名をもつ御大層な価値として敬うことに慣れているいっさいは、たしかに、ある種の危険で強力な本能的衝動をやわらげ鎮めるものとして一定の表面的価値をもっているかもしれない。とはいえ、長期的に見るならば、そういうものは〈人間〉というタイプ全体を矮小化する以外のなにものでもない、つまり人間の凡庸化以外のなにものでもないのではなかろうか[39]……」。

「人間のスケール」を狂わせてしまう、世俗化されたキリスト教のこうした人間性なるものに抗議の声を上げることで、ニーチェは近代的人間全般への批判を展開する。最終的結論は、キリスト教的人間性の全体を解消する「人間の克服」である。そして人間は〈超人〉において克服されたとニーチェは思いこむことになる。超人こそは、神の殺害者である「最も醜い人間」と「ましな人間」の悲痛の叫びに対する返答である〈いずれも『ツァラトゥストラ』第四部に登場する〉。「ましな人間」のましなところは、彼らがまだ自分を軽蔑することができるところにあり、それに対して、「おしまいの」人間、つまり人道的な現代の人間はもはや自分を軽蔑する能力すら持っておらず、まさにそれゆえに軽蔑にあたいするとされている。「おしまいの人間」は超人の対極にいる存在である。この「おしまいの人間」と同時にニーチェは超人を創造したのだ。「そのときは大地はすでに小さくなり、その上に、一切を小さくする〈おしまいの人間〉がとびはねている。その種族は地蚤《じのみ》のように根絶しがたいものだ。〈おしまいの人間〉はもっとも長く生きのびる。……かれらはもう貧しくもなく富んでもいない。どちらにしてもわずらわしいことだ。誰がいまさら人々を統治しようと思うだろう？ 誰がいまさら他人に服従しようと思うだろう？ どちらにしてもわずらわしいことだ。

牧人はいなくて、畜群だけだ！　だれもが平等だし、また平等であることを望んでいる。それに同感できない者は、みずからすすんで精神病院にはいる」〔『ツァラトゥストラ』の序説五、氷上英広訳〕。

しかし人間は、そもそもなぜに人間の克服を必要とするのだろうか？　その答えは――シュティルナーとおなじに――キリスト教と人道性、神と人間という伝統的な枠組みからあきらかになる。シュティルナーにおける唯一者としての自我は、無から自己自身を創造する。ニーチェの超人は、人間の、目的を失った生活を克服するべく、永遠回帰の鉄槌《てっつい》を創造する。このふたつは、キリスト教的人道主義がはらむ問題性の究極の帰結なのだ。

ニーチェにおけるキリスト教と人道主義の内的連関は、神が死んではじめて超人が登場する点にあきらかである。この神の死によって、神はもはや人間になにをすべきかを言わず、人間は自己自身を意欲するようになる。そして神の死は、神がいなくなるとともに人間の超克をも要請することになる。これとともに人間は、神と動物のあいだの存在という伝統的位置を失う。自分自身だけを頼りにしなければならなくなった人間は、無の深淵の上に張られ、虚空に据えられた一本の綱に乗った存在となる。彼のありようは、『ツァラトゥストラ』の序の綱渡り師とおなじに、本質的に危険に曝されている。そして危険が彼の「天職」となったのだ。問題となった人間の「定義」は、いまではもう危険に曝されているとしか言いようがない。幸福、理性、徳、正義、教養、同情(40)——伝統的な人道主義のこうした概念のいっさいが、ニーチェによる人間の新たな自己定義にとってはもう力を失ってしまった。

このように人道主義を「本能がたるんで退化した」と批判するとはいえ、ニーチェは、政治的飼育のために人間を悪用することとはまったく無縁だった。「現在では地上のほとんどすべては、きわめて粗野で悪辣《あくらつ》な勢力によって支配されている。つまりは、業務に明け暮れる連中のエゴイズムと軍事的暴力の支配者たちによって支配されている。こうした軍事的支配者の手にある以上国家は、業務に明け暮れる連中のエゴイズムとおなじに、すべてを自分たちで新たに組織し、あの危険な勢力のための絆と圧力になろうとする。人々がかつて教会にたいして行っていたような偶像崇拝を、こんどは国家にたいしてすることを望んでいるのだ。しかもどんなに成功しているかだって？　われわれはその度合いをみずから知ることになろう。いずれにせよわれわれは今もなお、流氷が流れる中世という河の上を漂っているのだ。この氷はたまりにたまって、いっさいを破壊する猛烈な動きがはじまっている。氷塊は重なり合い、岸はことごとく洪水に覆われ、危険に曝されている……。このような時代が近づくとともに、崩壊と混乱の渦巻きのとき以上に人間的なものが危険に曝されることは、そして、不安な期待と分きざみの強欲な利用がいっさいのいくじなしを、そして我欲の本能を誘い出すことは疑いない……。われわれの時代のこれほど危険な状況にあって、さまざまな世代が時間をかけて集めた人間性 *Menschlichkeit*、この侵すべからざる神殿の宝物を守るべき護衛の騎士の仕事に身を捧げようとする者はどこにいるだろうか？皆が皆、自分のなかに飽くなき我欲のうじむしがうごめくのを感じ、犬のごとくおびえて震え、神殿の宝物のような人間性のイメージからこれほど遠くなってしまい、獣欲に、それどころかがちがちの機械になりさがっているときに、だれが、人間のあのイメージを押し立てる気があるだろうか？[41]」(『反時代的考察』第三論文の第四節)。

ニーチェはこうして、キリスト教的人道主義と人間の一致と平等というその理念に対するラディカルな戦いを挑み、古代に戻ろうとした。つまり、自由人と奴隷という生まれによる相違が「自然によって」法的に正当とされた古代に戻ろうとして、このような神殿の宝物としての人間性というイメージを立てようとした。だが、キリスト教の歴史的影響を古代へと後ろ向きに飛び越すことによってなかったことにしようというのは、不可能である。それゆえ――まさに人道主義に対する批判のゆえに――ニーチェの提示したこの問いはそのまま生きている[42]。

その問いとは、次のようなものである。そもそもわれわれは、人間の一致と平等についての基準をなおもっているのだろうか？　つまり、多様な人種と諸国民、そしてさまざまな人間のあいだの相対的な共通性をはかるだけのものでない基準をもっているのだろうか？　「そのつどの自分の」、あるいは「そのつどのあり方に相応した」だけではない、普遍的な人間の自己規定に向けての地平というものをわれわれははたしてもっているのだろうか？　キリスト教的人道主義という、いささか極端な基準はギリシア的宇宙を破壊したが、この人道主義は今では、人間の新たな取り締まりと画一化のあり方に取って代わられようとしている。この新たな方式のもつ具体的な暴力性の前では、まだかすかに残っている人道主義は、あたかも「特性なき男」であるかのような印象を与えるほどだ。(43)とはいいながら人間性というのは決してなんらかの「偏見」ではない。その気になれば脱ぎ捨てられるような偏見ではなく、人間の本性に属するのだ。ただし、人道主義的な「人間性」なるものは、その反対の、みずからを英雄的と思い込む非寛容とおなじに、真の人間のあり方、つまりその愚劣さと偉大さ、その弱さと強さをおなじように見損なっているにはちがいない。

寛容についてゲーテは、寛容とは心情にすぎず、やがて消えて〈承認〉が表に出てこなければならない、そしてこの承認のうちにこそ「真のリベラルなあり方」が潜んでいると述べている。(44) 彼自身は他のいかなるドイツ人よりも成熟した承認の文化にまで自己自身を形成した。つまり、暴力的な摂取とも他者の拒絶ともおなじように遠くはなれた承認のあり方である。自分自身に自信を持っているだけに、彼は、他の考え方をする人々、他のあり方をする人々をもそれとして認めていた。人間とのつきあい方についての箴言《しんげん》にはこうある。「本も新たな知己を得た場合でも同じようなものだ。最初は、全体として意見が一致していると、また、われわれの生活のなんらかの中心的な面で親しいふれあいがあると、とても楽しい。しかし、もっとよく知るにつれて、まずは差異が明らかになってくる。そういうときの理性的な態度にとって重要なのは、若い頃によくありがちだが、すぐに引き下がるのでなく、まさに一致する部分をよく確認し、それからどういう違いがあるかを完全に明らかにし、しかも、空しく同一化したりしないことである」(45)。ゲーテは、イギリス人のローレンス・スターン*を、人間的なものを承認することにおいて優れた教師として評価していた。「この好意に溢れた高等なイロニー、全体をよく見渡しながらのこの公正さ、いやなことがたくさんありながらのこの温和さ、変化がいろいろありながら同じ態度でいられること、その他こうした類似の美徳にはいろいろ名前があるでしょうが、ともかくこうしたいっさいが、きわめて感謝すべきかたちで私を教え育ててくれました。そして最後のところ、人生のありとあらゆるまちがいからわれわれを元にもどしてくれるのは、こうした心のあり方なのです」[46]。人間的なものを認識し、かつ承認するということはゲーテにあっては、人間のあいだで「ときにあちらと思うと、またこちらに揺れ動く」過誤と真理のあいだの第三項を重視することである。「それは個人的特質」と呼んでもいいかもしれないと、ゲーテは述べる。「これこそが個人を作るものなのです。普遍的なものはこうした個人を通じて特殊化され、最も不可思議ですばらしいもののうちに、つねにある程度の悟性が、理性が、そして好意が光っており、それらがわれわれを魅了し、とらえるのです」[47]。「人間のなかのこうした人間的なもの」をスターンはきわめて繊細な感覚で見いだし、また覚醒させてくれている、とゲーテは述べる。スターンの「自由な魂」[48]を見ることでゲーテは、感謝をいだきつつ多くの教訓を得た。しかし、その際に、スターンのシャンディズム（スターンの作品『トリストラム・シャンディの生活と意見』全体の調子や雰囲気）なるものをそのままドイツ語に引き写すのが無理なことは、わかっていた[49]。自分自身の書いたものと自分の人生についてのゲーテの最後の言葉は「純粋に人間的なものの勝利」というものだった。こうしたことはもちろん、ゲーテを「常套句で息詰まらせてしまう」ような、ドイツ民族の、興奮に震えた不健康な感激詩人たちには理解できないことだったのだが。ロシア人のストロガノフ伯爵との対話でゲーテは、ドイツ民族のうちには、「感涙にむせぶ」気質といったものが支配していて、それは自分には合わない、と述べている。続けて対話相手のストロガノフ伯爵は、ゲーテが彼の人生と作品でめざしたこと、つまり人間における人間的なものを承認すること、特にドイツにおいてそれを歪めているさまざまな偏りから解き放つということ、このことをドイツは理解していないと書いているが、あながち不当なことではないようだ[50]。

「それではわれわれは、人道性ということばにとどまろうではないか。古代でも近代でもわれわれの知っている最良の文章家たちが、この言葉にあれほど高貴な概念を結びつけてきたのだ。人道性こそは、われわれ人類という種族の性格なのだ。だがわれわれは、そうした性格を持って生まれてきただけなので、われわれに即してさらに育て形成しなければならない。できあがったかたちでこの世にもってきたのではない。……人道性こそは、いっさいの人間的な努力の宝であり、その産出物なのだ。いわばわれわれ人類という種族のわざとでもいうべきものだ。人道性へ向かっての形成は、たゆまなく継続しなければならない仕事なのだ。もしもそれを怠るならば、われわれは残酷へと……立ち戻ることになる。人道性〔Humanität はラテン語由来の外来語〕というこの言葉がわれわれの言語を醜悪にするということなどあるだろうか？　すべての教養ある諸国民はこのことばを彼らの言い方のなかに受け入れている。そしてわれわれのこの書簡が異国の人の手にはいることがあるなら、少なくとも、害のないものと彼らの目に映るにちがいない。なぜなら、残酷さを促進する書簡などは、名誉を重んじる人間ならば誰も書かないだろうから」(ヘルダー『人道性促進のための書簡』第三集)。

第五章　キリスト教の問題

「キリスト教的生活のすべての可能性は、真剣なものもいい加減なものも含めて……また浅いものも、深く考えられたものも含め、すべて試されてしまった。そろそろなにか新しいものを発明すべき時期だ」　ニーチェ〔一八七三年秋から冬の遺稿〕

およそ人間の顔を持った者はだれでも、それ自身として人間であることの〈尊厳〉と〈使命〉を持っているという〈先入見〉が生まれた歴史的世界は、今や退潮しつつある単なる人道性の世界ではない。なぜならこの世界はルネサンスの〈普遍的人間〉にその源をもっているが、おなじくルネサンスの〈恐るべき人間〉にも由来しているからだ。むしろこの〈先入見〉が生まれた世界は、キリスト教の世界である。この世界で人間は、自分自身とその隣人に対する位置を神人キリストによってはかったからである。ヨーロッパ世界の人間 homo をそもそも人間に zum Menschen 高める際の模範像は、キリストが自分自身を神の似姿と見たその考え方によって根本的に規定されている。それゆえ「われわれは皆」人間であるという命題は、キリスト教がストア哲学と結びついて作り上げた人間性のあり方のみをさしていることになる。単純に人間であることに関するこうした歴史的背景はまた、キリスト教が消滅してはじめて、人間性も問題となった事態に間接的に読み取ることができる。しかしまた、ヨーロッパ世界におけるキリスト教の消滅は、なんといっても批判の成果なのだ。つまり、前世紀〔十九世紀〕にその極限の帰結を見た批判がもたらしたものである。

キリスト教に対する哲学的批判は十九世紀においてヘーゲルにはじまり、ニーチェにおいてその終結に達した。この批判は、特殊ドイツ的な事件である。なぜならそれはプロテスタントに固有の事件だったからである。しかも、批判する側においても、批判される宗教の側においてもそうだった。われわれの哲学的批判者はすべて神学教育を受けたプロテスタントであり、キリスト教に対する彼らの批判の前提は、プロテスタント型のキリスト教であった。批判とは区別することであるが、この区別は、結合とともに、分離に関してもなされうる。批判的区別における結合と分離という、この二つの形式的可能性は、キリスト教の哲学的批判のこの最後の段階における哲学と宗教の具体的な関係を指すものである。結合と分離のふたつの極点は、ヘーゲルの哲学的神学およびニーチェのアンチクリストの哲学である。だが、ヘーゲルにおけるキリスト教との宥和からニーチェにおける断絶へと変わる決定的な転換点は、ヘーゲル左派のキリスト教批判だった。この転換を歴史的に理解するためには、そもそものはじまりのヘーゲルにおける両義性を確認する必要がある。

第一節　ヘーゲル——宗教を哲学へと止揚

ヘーゲルの哲学上の仕事は、「民族宗教とキリスト教」「イエスの生涯」「キリスト教の実定性」「キリスト教の精神とその運命」という神学的初期論文とともにはじまる。十八世紀の最後の十年に書かれたこれらの論文は、その後のヘーゲルの哲学的発展にとって示唆するところの多いものだが、当時は出版されず、「ヘーゲルの青年時代」についてのディルタイの論文(一九〇五年)に触発されてヘルマン・ノールが手稿をもとに編集・出版し(一九〇七年)、テオドール・ヘーリングがのちに(一九二九・一九三一年)注釈をつけている。青年ヘーゲル派の人々はこの諸論文を知らなかった。あとからこれを見るわれわれには、若きヘーゲルがすでにいかに青年ヘーゲル派からの批判を先取りしているかがわかって、一層奇妙な感に打たれるのだ。[1] これらの断片的論文の内容は、キリスト教の解釈である。キリスト教を実定的宗教 positiv-religiösen〈制度化された既成宗教〉のかたちから哲学的なかたちに翻訳したことだけで、ヘーゲル自身の解釈はその意図だけですでにキリスト教の批判となっているのだ。

キリスト教に批判的な区別をつけるヘーゲルの解釈を支えている視点は、みずからのうちで分裂している〈生〉の〈全体性〉を再建するのは、どのようにして可能なのかという問いである。ヘーゲルの見るところ、イエスの世界史的課題は、ユダヤの律法宗教の〈実定性〉〈制度化された既成性〉もしくは〈掟がらみ〉と反対に、全体性を内面において再建したこと、しかも〈掟〉を克服する〈愛〉の宗教によって再建したことにある。[2] 神に対する人間の愛という〈生きた関係〉、あるいは人間の人間に対する、そして我の汝に対する愛という〈生きた関係〉においてこそ、掟と法によって規制された対立関係が止揚される。つまり、ひとつの全体的な生がおたがいに敵対し合う対立項に分離している状態が止揚される、とヘーゲルは考える。自己自身と一体化したこうしたひとつの生こそが、全体的な存在ないし生であるがゆえに真の生なのだ。それに対して、自己のうちで分離した生は、真ならざる偽りの生である。真なる存在とは、常に一体化した存在のあり方であり、一体化は、誰もが他者によってのみ自己自身であることができる、愛という生きた関係においてこそ作り出されるのだ。「一体化と存在は同じ意味である」。さまざまな一体化のあり方があるのとおなじに、それだけ多くの存在の仕方がある。このヘーゲル特有の存在概念を表わす言語表現は、繋辞《けいじ》としての「である Ist」である。(3) それゆえ『イエスの生涯』のヘーゲルの方法は、精神の媒介運動を先取りした概念としての生きた愛の関係という概念に即して、「いっさいの実定性の止揚」を、つまり、いっさいの単に外面的に設定されたあり方としての実定性の止揚を示そうとすることにあった。このようにしてヘーゲルは、新約聖書の奇跡の物語を哲学的に解釈する。その解釈は、物語の具体的実定的な意味でのいぶかしさを止揚することによってなされる。たとえば、最後の晩餐《ばんさん》におけるイエスの教えの不思議さを止揚するのだ。客観的に、あるいは外形から見れば、つまりはそれに対する生きた関係を無視すれば、イエスが配ったパンは「ただのパン」であり、注いだワインは「ただのワイン」である。しかし、「このパンもワインも即自的には、それ以上のもの」なのだ。だが、この「それ以上」というのは、現実のパンやワインになにか比喩をつけ加えるといったことにあるのではなく、イエスの体と血は、現実のパンとワインと全く異なるところがない。両者は、いわばおなじであり、相互に比較可能というだけではなく、とりあえずまったく違って見えながらも、「深く」結びついているのだ。外面的につけくわえるだけの「頭」にとってのみ、また感覚的な「想像」にとってのみパンと体は、あるいはワインと血は、異なった、相互に比較可能なものだが、パンとワインを精神的な何物かであると感じるならば、あるいは、内的な関係に即して感じ取るならば、そうではないのだ。この両者が、単に身体的にではなく、イエスとともにあることにおいて、そしてイエスの名前において精神的かつ霊的に食されるならば、パンやワインという対象はその存在のあり方からして単に身体的に食される対象ではなく、精神における共同性が対象へと変じたものとなるのである。この「客観化された愛、このモノとなった主観的な存在は……食することにおいてふたたび主観的となる」。つまり、パンとワインを食することにおいて精神が本当に生きてくるならば、パンやワインという単なる客観的な物体は主観にとっては「消えうせる」。それらは対象物としては「神秘的な」客体なのだ。つまり、感覚的＝超感覚的な事物となるのだ。

客体の単なる〈実定性〉が消失するということは、そうした客体を根源において構成している〈主観性〉もしくは〈理念性〉に回帰することを意味する。根源へと立ち戻ることの運動をのちにヘーゲルは、原則的に見ると〈実体性〉の〈主観性〉であるというように論じた。実体性と主観性というヘーゲル哲学のこのふたつの基礎概念に青年期の神学的論文で相応するのが、〈理念性〉と〈実定性〉の対立である。すなわち単なる実定性がその性格を変えて、主観の理念性へと止揚・解消されるのである。つまり、宗教は〈実定的〉宗教としては精神的な存在となることはありえないし、哲学的に概念化されることもありえない。宗教はその〈単なる〉実定性が止揚されてはじめて精神的存在となり、哲学的に概念化されるのである。逆に、いっさいの硬直化した実定性に対しては、たとえそれが、宗教的崇拝の対象であろうと、あるいは戒律であろうと、カントのように道徳律であろうと、われわれは「憤激」せざるをえない。ヘーゲルがどんなことがあっても達成しようと望んだのは、もろもろの〈死せる対立〉を生きた関係へと変貌させ、根源的な全体性を再建することであった。それゆえヘーゲルにとってイエスとは、神人として人間を神と一体化させようとすることで「人間をその全体性において再建しようとした人間」ということになる。

ヘーゲルはまた「信仰と知」（一八〇二年）についての論文でも、初期の神学的諸論文と同じ議論を展開する。そこでは、カント、ヤコービおよびフィヒテに対抗して、信仰と知という〈実定的な〉対立を、より高い、そして同時により根源的な統一性のうちに止揚・解消しようとした。なぜなら、もしもわれわれが神についてなにも知らないままに、ただ神を信じるだけならば、つまり、理性が「神を認識する」ことができないならば、純粋な信仰も真の知も存在しなくなり、あるのはただ、信仰と知という啓蒙の死せる対立だけとなるからである、とヘーゲルは論じる。ヘーゲルに言わせれば、カントが規定する「反省哲学」といえども、こうした啓蒙の不十分な立場を越えられず、そこにとどまっていることになる。「最近の文化は、理性と信仰、哲学と実定的宗教という旧来の対立を越えるところに達している。結果として、信仰と知という昔の対立は、まったく異なった意味をもつようになり、哲学自身の内部でもその位置が変わってしまった。昔よく使われた表現では、哲学は信仰の婢《はしため》であるとされ、それに対して哲学は自らの絶対的自律を勝ち目のないままに主張するとされたが、このような考え方や言い方は、消え去ってしまったのだ。そして理性は、もしも自らにこの名称を与えるものが理性であるとするなら、実定的宗教のうちにきわめて深く浸透しており、実定的なもの、奇跡やそういったたぐいのものに対する哲学の戦いといえどもすでにかたづいたもの、蒙昧なものとされるのである。また宗教の実定的形態を自らの哲学によって意味づけ生命を吹き込もうとしたカントといえども、成功しなかったといえるのだ。その理由は、実定的形態の固有の意味がそれによって変わったことにあるのではなく、こうした実定的形態は、〔哲学的精神によって生命を吹き込まれるという〕こうした名誉を受ける価値がもはやないと思われたからである」[4]。

ヘーゲルが宗教を批判するのは、宗教が宗教的信仰と哲学的知を切り離して区別するがゆえではない。彼が批判するのは、もっぱら、宗教が反省哲学の内部においてすらもっている〈実定的形態〉だけである。この批判の目的は、こうした実定的形態を原則的に止揚・解消することである。それも、〈実定的〉なキリスト教を哲学的に変容させることによってである。哲学への宗教の止揚・解消の帰結は、ヘーゲルの宗教哲学である。彼の宗教哲学講義において、宗教と哲学ははっきりと一体化する。真の哲学はそれ自身が「神への礼拝」となる、というのだ。「摂理の計画を見抜こうというのは、傲慢であるとする批判は……よく耳にすることだ。こうした批判は、今ではほぼどこでも公理にまでなってしまった考え方、つまり、神を認識することはできないという考え方の帰結と見ることができる。しかも、神学自身が、神を認識できないという絶望に至ってしまっているなら、神を認識したいと思えば、まさに哲学へと逃げ込む以外にない。……もしも神が認識不可能なら、精神には自らの興味を引くものとしては、神的でないもの、限定されたもの、有限なものだけが残ることになる。もちろんのこと人間は有限なものとつきあい、それに満足せざるを得ない。だが、生の日曜日ともいうべきものも、人間にとってのより高い必然性なのだ。つまり、週日のあいだの仕事を高く越えて、真実なるものと交わり、そうした真実を意識に上らせるのが日曜日なのだ[5]」。

それゆえヘーゲルは「宗教哲学」の講義の冒頭ですぐに、「宗教哲学」というこの表現はいささか誤解を呼びかねない、と述べている。なぜなら、こうした言い方は、なんらかの対象について語るかのような幻惑を招く、つまり、ちょうど幾何学にとって空間が対象であるように、宗教が哲学にとっての対象であるかのように聞こえてしまいかねない、と述べている。だが、哲学の「内容、欲求、関心」は神学のそれとまったく「共通したもの」なのだ、とヘーゲルは述べる。「宗教の対象も、哲学のそれも、永遠の真理の客観性そのものなのだ。つまり神であり、神以外のなにものでもなく、神についての詳述なのだ。哲学は宗教を詳しく述べることによって、自己自身を詳しくのべることになるのだ。また自己自身を詳しくのべることによって、宗教を詳しく述べることになるのだ。哲学は宗教とおなじく神というこの対象とかかわることなのだ。哲学はこの対象、つまり真理に深く参入する、思惟する精神なのだ。主観的自己意識がこの神にかかわることにおいて、またそれによって生命であること、楽しむこと、真であること、そして自己を浄化すること、これが哲学なのだ[6]」。

ヘーゲルによれば、宗教と哲学をひとつのものとすることがもつ「難しさ」、またそれに対する疑念は、両者がそれぞれ異なった固有の仕方による神への礼拝であり、それゆえにそのふたつがそもそも異なるものであるかのように見えてしまうことから生じるにすぎない。だが、両者の結びつきは歴史的には大昔から保証されているのだ。教父たちは、新プラトン主義者やアリストテレス主義者であった。そして一部は、哲学に動かされてキリスト教に帰依したほどである。逆にまた、哲学を吸収することによってキリスト教のドグマも成立したのだ、とヘーゲルは論じる。スコラ哲学はすべて神学と同一のものであったし、〈自然神学 theologia naturalis〔啓示に依拠せず、理性のみによって被造物から神の認識に至ろうとする神学〕〉もヴォルフ哲学の正当なる対象であった。哲学と神学の相違の問題は、両者にとっておなじであるはずの内容とは別に、それぞれの異なった形式にのみ還元されるはずだ、とヘーゲルは言う。

　この形式なるものをヘーゲルは三つに分ける。同じ精神的内容でも三つの形式で表現可能というのだ。まずは、単に偶然的で主観的な感情という形式で現れうる。さらには、感覚的表象という、すでに客観化されて、よりことがらに適切となった形式である。そして三つ目は、「精神的」内容に本来的に適切な、その本性からして「普遍的な」思考という哲学的形式である。この哲学的形式においてはじめて、神もしくは絶対者という内容は、真に理解され概念化され、その本来の形式に到達したものとなる。「神は思惟において本質的に存在する」。逆に、シュライエルマッハーのように、信仰の知の根拠として感情を挙げ、「ただ感情のみを記述する」神学は、ヘーゲルから見れば、どうしても経験的な歴史という偶然的な段階にとどまらざるを得ない。こうした感情という形式は、内容を与えるものとしては最悪の形式である。「たしかにいっさいの精神的なもの、つまり、意識のいっさいの内容、思考の産物であり対象であるいっさい、なによりも宗教と人倫〔風俗・習慣・文化〕、これらは感情というあり方で人間のうちにあることもたしかだろう。まずはそういうかたちで存在することはまちがいない。だが感情というのは、こうした絶対者という内容が人間に流れ込んでくる源泉ではない。感情は、この内容が人間のうちに見いだされるひとつのあり方にすぎず、しかも最も低いあり方なのだ。人間が動物と共有しているあり方なのだ。……内容が感情として入ってくると、誰もが自分の主観的立場に縮減されてしまう。……ある人が、私は宗教を気持ち〔感情〕としてもっているといったとする。ところが別の人が、自分の気持ちのなかに神は存在していない、と言うならば、そのふたりとも正しいのだ。このように神的な内容を、つまり、神の啓示を、そして神に対する人間の関係を、人間に対する神の存在のありかたを、単なる感情に縮減してしまうならば、特定の主観性の立場に限定してしまうだけである。恣意であり、好みにしてしまうだけである。そういうことをすれば、即自的かつ対自的に存在している真理を、実際には自らから遠ざけることになる」[7]。

また感覚的に、イメージとして神を考えた場合でも、絶対者という内容はまだ真に形式に捉えられているわけではない。ただ、感覚的形象として象徴的に表象されているだけであり、十分に考え抜かれ、概念化されているわけではない。宗教哲学においてはじめて、単なる感情という形式、また表象という形式が概念という形式へと変じる、とヘーゲルは論じる。実定宗教が必然的に哲学に変容することに対する非難は誤解にもとづくもので、あたっていないが、そうした非難は最終的には、「哲学は、表象に属する形式を脱ぎ捨てる」ということに尽きる。「通常の思考はこの相違についての意識をもっていない。通常の思考から見れば、真理にはこうした表象の諸規定が不可欠だからである。つまり、表象の諸規定がなくなれば、真理も取り去られてしまう、と考えてしまうからである」[8]。

だが宗教的内容をこのように別の形式に〈翻訳〉するのは、現実には、この宗教的内容の破壊ではなく、よりよくなるという意味で、他のありかたへと変貌することなのだ、とヘーゲルは言う。宗教にとっても、このようにその精神的内容へとさかのぼって翻訳されるのは、きわめてよいことになる。宗教をこのように「哲学的存在」へと高めるその頂点は、「信仰と知」の最後の文章である。そこでは、神の死が「思弁的

自由の契機として把握されねばならない、とヘーゲルは論じる。(9)

な聖金曜日」へと変容されている。なぜなら、神自身が〔十字架の上で〕死んだという歴史的＝経験的な感情、「新約の時代の宗教が依拠している」このかぎりなき苦痛感こそ、「最高の理念の契機」として概念的に把握されねばならない、つまり、絶対的自由の契機として把握されねばならない、とヘーゲルは論じる。(9)

宗教と哲学をこのように区別し、そのうえで感情と表象という形式から概念の形式へと宗教を高めることによって、ヘーゲルはキリスト教の積極的な正当化を果たす。と同時にまたキリスト教への批判も行っている。批判的区別のこうした両義性とともに、ヘーゲル以降のすべての宗教批判がはじまった。またヘーゲル左派と右派へのヘーゲル学派の分裂もそこから生じることになる。一八三〇年代に争われた問題は、まだ国家や世界史とヘーゲルとの関係をめぐるものではなく、宗教に関してであった。つまり、神をペルソナとして、あるいは、世界過程として理解したのか、また不死性を一般論として、あるいは、個人的に理解していたかどうかをめぐるものだった。(10)教会の正統派は、ヘーゲルによる概念への翻訳は非キリスト教的であるとした。実定的な信仰内容を破壊するものだというのが、理由である。逆に青年ヘーゲル派は、いまだにヘーゲルが概念という形式でドグマ的キリスト教に固執しているとして違和感を唱えた。ローゼンクランツはこの対立から、(11)真理はヘーゲルの媒介にあり、彼の哲学にはまさにそのキリスト教との関係によって「特別な未来」があると推論した。実際このことは、もちろんローゼンクランツが考えたのとは違うかたちにおいてではあるが、そのとおりとなった。というのも、ヘーゲルの両義的な〈止揚〉から歴史的に生じたのは、キリスト教的哲学およびキリスト教の決定的な破壊だったからである。

第二節　シュトラウス――キリスト教を神話へと還元

シュトラウスの『イエスの生涯』（一八三五年）[12]は、シュライエルマッハーの影響下に、ヘーゲルの宗教哲学から生まれた。ヘーゲルの宗教哲学を神学にいわば応用したものである。それに対してヘーゲルは逆で、神学と〈イエスの生涯〉から哲学へと到達するやりかただった。シュトラウスの神学的思考の中心にあったのは、宗教自身が表象の形式で有しているものを哲学は概念の形式へと高めるというヘーゲルのテーゼだった。シュトラウスに言わせれば、キリスト教のドグマはたしかに真理を含んでいるには違いないが、まだ真理にふさわしくない形式をとっている。それゆえに、このドグマの教会における歴史的バージョン〔解釈の変遷〕を概念にそう簡単に引き移すことはできない。それに対して、ヘーゲル右派のように歴史的事実を越えて理念へと飛び出し、そうした理念から歴史的事実に立ち戻ろうとするならば、それは批判的自由を実行しているふりをしているにすぎない、とシュトラウスは述べる。このように存在論的な思弁を拒否しながら、シュトラウスは同時に、ヘーゲル自身が福音書の物語に対する批判を決して忌避していなかったことを、ヘーゲルのうちからあきらかにしようとする。それどころか、シュトラウスに言わせれば、ヘーゲルの宗教哲学は、歴史的事実を表象の形式でしかないとすることによって、すでに福音書の物語へのこうした批判を宿していることになる。[13] とはいえ、ヘーゲルが宗教的〈表象〉を概念にまで高めているのに対して、シュトラウスは、それを勝手に作られた神話なるものに還元している。そこに両者の方法論的対立がある。キリスト教の信仰箇条に関するシュトラウスの神話[14]的解釈の最終的結論は、「神人は人類である」というものだ。たしかにこの文章はヘーゲルにも根を持っている。つまりヘーゲルも神人を偶然的な歴史的事実としているのでなく、神そのものである絶対者をひとつの現象として把握し、概念化しているからである。神話を生み出す無意識的なファンタジーへと宗教を還元するならば、シュトラウスから見れば、聖書の奇跡の物語とともに信仰そのものが説明されることになる。なぜならば、信仰は本質的に奇跡への信仰だからである。この点はシュトラウスにとってもフォイエルバッハにとってもおなじであったし、キルケゴールもその点は彼らに劣らなかった。[15]

シュトラウスはその最後の著作『古き信仰と新しき信仰』(一八七二年)で、当時の自然科学的な実証主義の影響下に、ヘーゲル哲学とともにキリスト教も放棄するという最終的な一歩を踏み出している。彼の「新しき信仰」とは、「近代的」人間における、宗教的な雰囲気に満ちた「道徳論」である。「われわれはまだキリスト教徒だろうか?」という「古き信仰」に向けた最初の問いの答えは「ノー」である。第二の「われわれはまだ宗教を持っているだろうか」という問いには「半分だけイエス」というのが答えである。「われわれは世界をどのように捉えているのだろうか?」という第三の問いおよび「われわれはわれわれの人生をどのように秩序づけたらいいのだろうか?」という第四の問いの答えは、科学の進歩の精神に即して「近代的に」というものであり、さらにふたつの特徴的な付則(「われわれの偉大な詩人たちと音楽家たちについて」)が付け加えられている。「新しき信仰」は、キリスト教が「ヒューマニズム」へと進展することにあるとされる。シュトラウスはそのあまり幸せでなかった人生の全体を通じて『イエスの生涯』を書ききろうとしたが、最後は、この解決不能な課題を前にして、文化への懐疑的な楽しみで終ってしまった。[16]「神」の代わりに「広大無辺」とか「宇宙」とかが登場した。シュトラウスが神学から哲学へ、そしてやがて哲学から実証主義へと変化して行ったことをよく示しているのが、その著作の第一巻でまだ

「哲学博士および神学校講師」と称していたのに、第二巻になると、「哲学博士」の称号しか使わなくなっていたことである。もちろんのこと彼は、第一巻ですでに、自分が神学でしようとしていることは、「こうした向こう見ずな仕事でしかない」ということを書いているのだが。

シュトラウスの「神学」をめぐる論争の激烈さは、今日ではもう想像がつきにくい。ヘーゲル哲学の助けを借りて行われたプロテスタント神学のこうした自己解体は、今日起きている解体と比べると、遥か昔のことのように思われる。だが同時代者の証言によれば、『古き信仰と新しき信仰』は、「火薬の詰まった樽《たる》」に火花が走ったようなものだった。そしてこの著作は、巨大な、そして解放的な効果をもったのだ。

第三節　フォイエルバッハ
——キリスト教を人間の自然的本質へと還元

以上の点は、フォイエルバッハの『キリスト教の本質』(一八四一年)についても言える。フリードリヒ・エンゲルスが、彼の『フォイエルバッハ論』で書いているとおりである。「この本の解放的な力がどれほどのものであったかを想像しうるためには、みずからそれを経験していなければ無理である。いたるところ大変な感激が広がっていた。その瞬間はわれわれ皆がフォイエルバッハ主義者だった。マルクスは、この新しい考え方を感激して迎え入れ、この本に……大きく影響された。そのさまは、『聖家族』のうちに読み取ることができる」(17)。

フォイエルバッハの『キリスト教の本質』は、B・バウアーやシュトラウスの宗教批判と異なって、キリスト教神学やキリスト教の批判的解体をめざしてはいなかった。この著作はむしろ、キリスト教の本質的な部分を、宗教的な〈人間学〉のかたちで維持しようとする試みだった。それに相応して、この二人からフォイエルバッハ自身が距離を取っている。「私の名がいつもいっしょに挙げられるシュトラウスとブルーノ・バウアーと私の関係について言えば、すでに対象の違いのうちに……われわれの著作の違いが見て取れるはずだということに……注意をうながしたい。バウアーが批判の対象とするのは、福音の物語、つまり、聖書のキリスト教である。もっと言えばむしろ、聖書神学である。シュトラウスは、キリスト教の信仰箇条とイエスの生涯を批判する。イエスの生涯は、キリスト教の信仰箇条という名称のもとにまとめてもいいだろう。つまり彼が批判するのは、ドグマ的キリスト教、もしくはもっと言ってよければ、ドグマ神学である。私の批判の対象は、キリスト教そのもの、つまりキリスト教という宗教であり、キリスト教的な哲学と神学への批判は、その帰結でしかない。だからこそ、私は、その人にとってキリスト教が理論的もしくはドグマ的な対象、つまり神学の対象であるだけでなく、宗教であるような人だけを引用するのだ。わたしの主たる対象はキリスト教であり、人間の直接的な本質である……この宗教なのだ」[18]。

だがしかし、シュトラウスとの距離よりも、バウアーとのそれの方がなんと言っても大きい。なぜならバウアーはキリスト教を批判したが、やはりヘーゲル主義者であることに変わりはなかったからである。シュトラウスとフォイエルバッハは、ヘーゲル主義者から、ヒューマンな「唯物主義者」に変わり、それとともに既成の意味での哲学を捨てた。彼らの批判は、多かれ少なかれ、概念の欠如したあいまいな人間学への還元である。

宗教の「神学的本質」なるものを、その真なる人間学的本質へと止揚するやり方は、フォイエルバッハにあっては、ヘーゲルがただの「感情」と冷やかし気味に形容している、精神なき形式へとさかのぼるかたちをとっている。この感情の形式こそ、フォイエルバッハは、直接的に感覚であるがゆえに本質的な形式であると論じ、再生させようとした。フォイエルバッハにとっては、宗教の超越性は、感情の内在的な超越性に依拠している。「感情とは宗教の人間的本質である」。「感情は、君の最も心の奥の、しかも同時に君とは切り離された独立した力である。感情は君のうちにありながら、君を越えたところにある。感情は君の固有の本質なのだ。しかも、この感情は君をなにか他の存在として、あるいは君が他の存在であるかのように襲うのだ。一言で言えば、それは君の神なのだ。したがって、君のうちなるこの存在から、なにか別の対象的な存在を、君自身を越えることができるかのような存在を、どうやって区別できるというのか？」[19]。これに相応して、フォイエルバッハは、感情神学に対するヘーゲルの批判には異をとなえる。「私は、シュライエルマッハーが、宗教を感情のことがらとしたことを批判するものではない。私が彼を批判するのは、彼が神学にとらわれるあまり、彼の立場から必然的に出てくる帰結にまで至らなかったことを批判するのだ。つまり、もしも主観として感情が宗教の重要なことがらであるとするなら、神は客観的には、感情の本質にほかならない、と見抜き、認める勇気がなかったことを批判するのだ。むしろシュライエルマッハーは、感情の本性から導きだしたわたしの主張に役立つのであって、その点で私は、シュライエルマッハーに対してなんの含むところもない。ヘーゲルはまさに抽象的な思想家として感情の本質に入り込むことができなかったがゆえに、宗教の独特の本質に入り込むこともできなかったのだ[20]」。

フォイエルバッハの宗教批判の最も普遍的な原則は、「神学の秘密は人間学である」というものだ。つまり、宗教の根源的な本質は、人間の本質である、ということだ。

宗教は人間の根源的な本質的欲求の「対象化」である。だが、宗教は特別な固有の内容はもっていない。したがって正しく理解するなら、神を認識することは、人間が自己を認識することなのだ。とはいえ、この自己認識は、今なお自分がそういうものであることをわかっていない自己認識なのである。「宗教とは、人間の最初の、しかも間接的な自己意識である」。人間が自分自身に到達する迂回路である。というのも人間は、自己自身の本質をまずは自分の外に出してから、やがてそれを発見するようにできているのだ。「宗教、少なくともキリスト教は、人間の自己自身への関係のことである。あるいはもっと正確に言えば、自己の本質への関係のことである。だがそれはまた、他の存在としての自己の本質への関係でもあるのだ。神的本質は、人間的本質以外のなにものでもない。あるいはもっとうまく言うならば、人間の本質以外のなにものでもない。現実の、肉体を備えた個人としての人間の枠組みから切り離され、対象化されて、つまり直観され、自己自身とは区別された独自の本質存在として尊崇されたものなのだ。神の本質のいっさいの規定はしたがって人間の本質のそれなのだ」[21]。聴きとられ、信仰される神の精神は、聴きとる精神と同じ精神なのだ、とヘーゲルでは言われている。

それゆえ宗教の「発展」は、フォイエルバッハから見るならば、人間が「神からますます多くのものを、神のものでないとして奪い取り、ますます多くを人間のものとして認めるところにある。その途上にあるのがプロテスタンティズムである。なぜならこのプロテスタンティズムこそは、神の人間化の宗教的あり方だからである、とされる。「人間である神、つまり人間的な神、ようするにキリストのみがプロテスタンティズムの神なのだ。プロテスタンティズムは、カトリシズムと異なって、神がそれ自身として即自的になんであるかは問題にしない。プロテスタンティズムが重視するのは、神が人間にとってなんであるか、ということだけである。それゆえプロテスタンティズムは、カトリシズムと異なって、思弁的傾向、もしくは瞑想的傾向はもはやもっていない。プロテスタンティズムはもはや神学ではないのだ。プロテスタンティズムは本質的に、キリスト論、つまり宗教的人間学 religiöse Anthropologie なのだ」[22]。

人間学としての哲学と宗教との批判的な差異は、もっぱら「形象というあり方」にその理由をもつ。つまり、人間が自分自身について抱く対象的形象を宗教は、形象としてではなく、つまり、自立した「事物」のように受け取る。ヘーゲル哲学は逆に、それらを単なる表象として、つまりそれ自身としてはまだ真理性を欠く形象として受け取る。しかし、フォイエルバッハは、こうした形象をヘーゲルのように「思想」へと翻訳する(それによって宗教的ドグマを哲学的に正当化する)気もなければ、翻訳せずにそのまま形象的な事物としてほうっておくつもりもない。そうではなく彼がめざすのは、「こうした形象を」人間の本質の外化の「形象として」見るようにすることである。それとともに神学は、「こころの病理学」へと変貌する。いっさいの宗教的表象は、それがもともと発している感覚的確実性へと逆翻訳される。つまり、象徴としてのパンは、感覚に感じられる現物のパンへ、象徴としてのブドウ酒は、現物のブドウ酒へと。「私は、実際問題として、そして真理としても、不毛な洗礼水の代わりに、現実の水という慰めをとる」。宗教的な表象をこのように「単純化」して、「その単純で、人間に内在的な要素に」還元することはたしかに「トリビアル」にはちがいない。しかし、宗教の真理が、いやそもそも真理一般が、究極のところトリビアルであって、なぜいけないのだろうか？　ヘーゲルは、キリスト教のドグマと哲学とが一致することを示そうとした。それに対してフォイエルバッハは、ヘーゲル以上のことを、また同時にヘーゲル以下のことを明らかにしようとした。つまり、哲学はそれ自身として、即自的かつ対自的に宗教であること、それも両者とも人間学に還元すればそうであることを示そうとした。「それゆえ、……新しい哲学は、古いカトリックの、また近代のプロテスタントのスコラ主義と異なって……、自らが宗教と一致することを、自らとキリスト教の教義学との一致によって証明しようなどという誘惑におちいることなどありえない。それどころか、この新しい哲学は、宗教の本質から生まれたものであり、そういうものとして宗教の真の本質を自らのうちに含んでおり、哲学として即自的かつ対自的に宗教でもあるのだ[23]」。

逆にフォイエルバッハにとっては、キリスト教の歴史的解消は、のちのニーチェにとってとおなじくすでに決まったことがらであった。なぜなら、キリスト教は、近代世界の事象全体と矛盾しているからである。いまだにキリスト教にしがみつきながら、聖書も信経（使徒信条、アタナシオス信条、ニカイア信条、プロテスタントの場合はさらにアウクスブルク信仰告白などを含む信仰告白文の総体）も、また教父たちももはやキリスト教の基準としては通用し得ない事実を同時に無視している人々すらも、本当はキリスト教をもう否定しているのだ、とフォイエルバッハは論じる。実人生において、科学において、そして芸術や産業においてキリスト教は否定されている。「なぜなら、人間たちが、人間的なものを自ら体現しはじめたので、キリスト教は批判的対抗勢力としての力を奪われてしまったからである[24]」。こうして実際問題として、人間とその労働が、かつてのキリスト教と祈りに取って代わることになった以上、理論的にも人間的本質が神の本質に取って代わることになったとしてもおかしくはない。キリスト教は縮小して、日曜日だけのものとなり、人々の日常生活から消えてしまった。なぜなら、キリスト教はもはやただの「固定観念」にすぎないからである。そしてこの固定観念は、「われわれの火災保険会社、生命保険会社、われわれの鉄道と蒸気船、われわれの絵画美術館 Pinakothek と彫刻博物館 Glyptothek〔ミュンヘンにあるこのふたつの名前の美術館を指していると思われる〕、われわれの兵学校と実科学校、われわれの劇場と自然科学博物館などと決定的に矛盾する」[25]。この矛盾を感じるという点ではフォイエルバッハもキルケゴールも同じだった。ただキルケゴールは、フォイエルバッハと反対に、しかし同じく徹底的に、まさにこの矛盾のゆえに学問、とくに自然科学を宗教生活にとっては、まったく無意味なものと言い放ったのである[26]。ふたりとも、世俗世界における科学上の、あるいは政治上の、また社会の利害とキリスト教の矛盾は宥和不可能であると認識している点では、同じである[27]。

とはいえ、近代世界のなかでキリスト教が体現している「欺瞞」は、キルケゴールやニーチェと異なり、フォイエルバッハをそれほど怒らせるものではなかった。キリスト教に対するフォイエルバッハの攻撃は彼ら二人に比べればもっとずっと他愛のないものだった[28]。この攻撃は致命傷というものではなく、キリスト教を好意的に「人間性」のうちで守り抜こうするものだった。その手段は、あの批判的「還元」である。この還元を通じて哲学が宗教となるのだ。「人間学に……副次的な意義を認めようなどということではまったくない――人間学は、神学が人間学の上に、あるいは人間学に抗して君臨していた時代には副次的な意義しかなかった――しかし、今では私は、神学を人間学へと貶《おとし》めることによって、人間学を神学へと高めたのだ。……したがって人間学という単語は、……ヘーゲルの意味で、あるいはこれまでの哲学の意味で用いているのではまったくない。むしろそれよりもはるかに高い、はるかに普遍的な意味で使っているのだ(29)」。

フォイエルバッハに言わせれば、ヘーゲルはまだ哲学の「旧約」の時代に属している。なぜならば、ヘーゲルの哲学は今なお神学の立場に立っているからである。彼の宗教哲学は、キリスト教と異教〔ここではギリシア精神のこと〕の、キリスト教の神学とギリシア哲学の対立を、aufheben という言葉の二重の意味で「保存・克服」〔止揚〕するべくなされた最後の大いなる試みだった。キリスト教の否定をキリスト教〔の肯定〕と同一視する近代の両義性がヘーゲルにおいて頂点に達している、とフォイエルバッハは論じる。「これまでの哲学は、キリスト教の没落の時代に属する。しかし、このキリスト教の否定は同時にまたキリスト教を積極的に肯定する立場にも立とうとするものだった。ヘーゲルの哲学はこのキリスト教の否定を、表象と思想の矛盾の下に覆い隠そうとする。つまり、ヘーゲル哲学はキリスト教を積極的に肯定し、初期キリスト教と完成したそれとの矛盾を背後に覆い隠しながら、キリスト教を否定する。……だが宗教というのは、その……原初の意味を維持することによってのみ存続しうるのだ。宗教というのは、最初は、火であり、エネルギーであり、真理である。どんな宗教も最初は、絶対的に厳格である。しかし時とともに、宗教はたるみ、ゆるみはじめ……習慣というものの運命の力に服従することになる。宗教からの堕落というこの実態が宗教と矛盾することを媒介によってつぎはぎするために、伝統に、あるいは修正に逃げ場を求めることになる」[30]。こうした〔ヘーゲル的な〕中途半端な否定と反対に対抗して今こそ、宗教の完全な、かつ意識的な否定を措定しなければならない。この完全かつ意識的な否定こそは、新たな時代を、そして決定的な非キリスト教的な哲学を、それ自身が宗教である哲学を根拠づけるのだ。

ところが、フォイエルバッハは、哲学自体が宗教であると明言することで、彼の「無神論」なるもの自体は、――シュティルナーが彼を非難するように――今なお「敬虔なる」無神論でしかなくなる。だが、こういう非難はフォイエルバッハには痛くもかゆくもなかった。なぜならフォイエルバッハは、宗教的な述語の付与される「主語」である神を排除しようとしたにすぎず、そうした宗教的な述語そのものの人間的な固有の意味を捨て去る気はまったくなかったからである。

「それゆえ真の無神論者、つまり普通の意味での無神論者は、例えば愛、知恵、正義といった神的な存在に附せられるもろもろの述語がなにものも意味しない人間であり、こうした述語がつけられる主語〔神〕だけが存在しないというだけでは、本当の無神論者ではない。だが、主語の否定は、そのまま同時に必然的に述語そのものの否定となるわけでは決してない。述語というものは、それ自身の、自律的な意味を持っている。こうしたさまざまな述語はその内容を通じて、人間がそれを認めざるをえなくしているのだ。これらの述語はみずからのあり方を通じて直接的に人間に、それらが真であることを明らかにしている。自らが自らを認め、自らが自らの正しさの証拠なのだ。慈愛、正義、知恵などは、神の存在がキマイラと同じ妄想であるからといって、おなじくキマイラ的な妄想であるとは言えないのだ。さらには、こうした述語が真理であるのは、神が真理であるからではないのだ。神という概念は、正義、慈愛、知恵といった概念に依存しているのだ。慈愛深くない神、正義でない神、知恵でない神、そんなものは神であるわけがない。その逆であるのではない[31]」。

ようするにフォイエルバッハは、「普通の」無神論者ではなかった。彼が無神論者であったとすれば、それは、彼が主張していること、つまり、キリスト教的な神の述語を、主語は否定しながら守ろうとすることが普通に無神論とされているゆえなのである。

彼の宗教批判は敬虔そのものという批判を受けねばならなかったが、そのこと自身が、ヘーゲル以後の次々と先行の思想を呑み込んで行く知的激動のさまをよく示している。フォイエルバッハにとっては無神論と思えたことが、すぐあとから来る者からは、今なお神学にとらわれ、宗教的でキリスト教的なものとして暴露されることになったのだ。シュトラウスはバウアーから見れば「坊主」であり、フォイエルバッハはシュティルナーから見ると、「敬虔な無神論者」にすぎず、バウアーはマルクスから見ると、批評家ではあっても、神学に対してだけ批判的だった批評家でしかなかった。そして、他の誰をも乗り越えたと思い込んでいたシュティルナーでも、マルクスから――「聖家族」(バウアー)と並んで――「教父」であり、「聖マックス」と揶揄された。逆にフォイエルバッハは、シュティルナーの「無」のうちに今なお「神につく述語」が、そして「唯一者としての我」のうちに「キリスト教的な個性が好き」であることが現れていると見ていた。[32] 誰もが他の人のうちにキリスト教の痕跡があると、証明しようとしていた。痕跡は、批判的論争自体がその相手であるキリスト教によって規定されている以上、キリスト教に対するどんな批判にも、当然のことながら認められることだった。こうした述語の交換の可能性を、フォイエルバッハは、ユダヤの律法宗教と福音の違いに求めていた。キリスト教は、ユダヤ教の実定性とは異なってそれ自身がすでに「批判と自由の宗教」であった、とフォイエルバッハは論じている。「イスラエルの宗教の徒に比べれば、キリスト教徒は……自由な精神に満ちている。だから事態はどんどん変わるのだ。昨日まで宗教であったものは、今日はもう宗教ではなく、今日はまだ無神論とされていたものは、明日になると宗教だったということになる[33]」。

フォイエルバッハによる神学の人間化が、プロテスタンティズムの歴史に由来していることは、彼自身が自らの宗教批判の原則をルターから導きだしていることにもあらわれている。『キリスト教の本質』の、信仰を扱った第十四章[34]で彼はルターの次の文章を引いている。「汝が神を信じる度合いに応じて、汝は神をもつことになる」「信じれば、それをもっていることになる。信じなければ、なんにもないことになる」「だから、我らが信じる度合いに応じて、あることになるのだ」「この神を我らの神とみなすなら、この神は当然、我らの悪魔ではないだろう」「これをもし我らの神とみなさないならば、もちろんそれは我らの神では……なくなるだろう」。フォイエルバッハはこれを次のように解釈している。「つまり、私がある神を信じるなら、私はそのひとつの神をもっていることになる。すなわち、神への信仰とは、人間という神なのだ」。なぜなら「神は、私が信じるそれであり、私が信じるようなものとしてあるならば、神の本質とは、信仰の本質以外のなにものでもないのではなかろうか?」。神を信じることにおいて、人間は自己自身を、自らの信仰の神的な力を信じている、ということなのだ。神は人間にとっての本質的存在なのだ。神は本質的にわれわれの神なのだ(35)。そして神への信仰は、「人間の自己信頼」をあらわす宗教的表現なのだ。信仰の世界とは、「無際限の主観性」の世界なのだ。「ルターの意味での信仰の本質」(一八四四年)という独自の論文でフォイエルバッハは、ルターの信仰概念と『キリスト教の本質』との、まさに同一性を証明しようとした。なぜ同一かと言えば、ルターの信仰概念の中心は、カトリック的な実定性の拒否だからであり、キリストは、われわれにとって存在することによってのみ存在する、そしてキリストはわれわれの信仰のためにのみ存在するという主張こそがルターの信仰概念の積極的な側面だからである、というのだ。フォイエルバッハはルターの次の文章を引いている。「もしも神が孤独に自分に対峙するだけで、でくの坊のように天に座ったままでいるなら、そういう神は神ではないだろう」。そして彼は続ける。「神という言葉の意味は、人間でしかあり得ない」。「信仰において神は人間の汝なのだ」。このようにしてフォイエルバッハは、ルターによる信仰の内面化もしくは実存化をきっかけに、「神に属するもの」

と「人間に属するもの」との、究極においては人間ということになる、ルター的な「関係性」を固め、神の前提には人間がいる、というテーゼに到達する。[36] なぜなら、そもそも宗教の神学的な本質は、宗教の人間学的な本質だからである。原則で見れば、フォイエルバッハの批判はすでにヘーゲルにも存在しているにはちがいない。なぜなら、ヘーゲルから見ても、人間の規定は「人間自身のうちで」なされねばならないことを、ルターが勝ち誇って確認したことこそ、宗教改革の解放的行為だったからである。とはいえ、ヘーゲルに言わせれば、ルターはこの解放の内実を、今なお、外部から啓示によって与えられたものとして受け取っていた。[37] さらにA・ルーゲは、「プロテスタンティズムとロマン主義」(一八三九／四〇年)という論文で、この連関から生じざるを得ない危険を次のように明確に表現している。「ロマン主義の原則というのは、……自己のものとして獲得するというプロテスタント的なプロセスのなかで、主体がただこの自己の所有、つまり自我、獲得を果たす自我だけを保持することになる。すなわち、普遍的なもの、客観的なものに対する否定にとどまってしまう」。フォイエルバッハの宗教批判は、これで終わりというわけにはいかなかった。またそのつもりでもなく、暫定的な段階にとどまらざるを得なかった。とはいえ、その行き着く先もやがて実現せざるを得ないだろう、と彼は述べている。この宗教批判の基本的考え方は残るだろう。「だが、この考え方が目下表明されている方式で、つまり、現代の時代状況のなかで語られているようなかたちで残ることはないだろう」。

第四節　ルーゲ——キリスト教の代替としての人間性

アーノルト・ルーゲの宗教批判は、ヘーゲルから出発しながらフォイエルバッハの基盤の上でなされている。ルーゲの見解では、ヘーゲルにあっては、教育で植え付けられた信仰との戦いに直面していた。この戦いをヘーゲルは、まずは正当化し、その上で放棄したとされる。たしかにヘーゲルは、キリスト教においては絶対精神が人間として認知されることを強調しているが、その際に、キリスト教のドグマ論に、またユダヤ人の神に哲学的存在を付与してしまうことで、みずからの洞察を忘れてしまっている、とルーゲは論じる(38)。唯一正しい考え方はフォイエルバッハが採用したもので、彼は、神学とは人間学「以外のなにものでもない」ことを明らかにした。「ヒューマンな宗教(39)」になってはじめて、過去のいっさいの謎が解かれ、ギリシアからキリスト教への発展が成就されるのだ。「教皇精神とルターのドグマ論こそが、キリスト教の理念を堕落させた。それに対して、宗教改革の宗教性、〔フランス〕革命の倫理的感激、啓蒙の真剣さ、哲学、そして社会主義、こうしたものこそは、キリスト教の人間性原則の本当の継続なのだ」[40]。この原則こそが内在的でかつ普遍的である。それに対して、キリストはいまなお超越的で唯一者のままだ。宗教的発展の最終目標は、人間性がキリスト教に取って代わることにある、とされる。

『われわれの時代における宗教の体系』というルーゲの通俗的な体系は、もろもろの歴史的な宗教からヒューマニズムの宗教を導きだそうとしたものである。この体系は、その様式から見ても、内容から見ても、シュトラウスの「新しき信仰」の先駆けとなるものだった。だが、ルーゲのヒューマンに希薄化されたプログラムですら、キリスト教的表象を概念に高めて精神化したヘーゲルの直接の帰結といえる。しかも左翼のジャーナリズムだけでなく、老年ヘーゲル派の博学なローゼンクランツですら、ルーゲの本が出てから十年経っても、キリスト教はヘーゲルによって精神化され、現代のヒューマニティと文明のうちで「完成される」という見解を述べるほどだった[41]。

第五節　バウアー――神学とキリスト教の解体

バウアーは、その深みのある重厚な人格を通じて、ベルリンの「自由論者」たちの精神的中心だった[42]。マルクスとシュティルナーも最初は、バウアーのラディカルな批判のとりこになっていた。彼は禁欲主義者で、かつストイックだった。晩年の著作群は、「リックスドルフの仙人」と称して住みついたベルリン郊外の田舎で、馬小屋を改造して作った茅屋《ぼうおく》で書かれた。

彼の神学上の著作は今ここでは論じないが、最初から公共の議論の場で激しく批判された。オーファーベックですらまだ、彼を世間の非難から守る必要を感じていたほどである。アルベルト・シュヴァイツァー*は、バウアーの仕事の印象を次のようにまとめている。「我々にとっては、問題が存在しないかのようにすべてをたいらかに均《なら》してしまう人々が偉大なのではなく、偉大なのは、問題を発見する人々である。福音の物語に対するバウアーの批判は、イエスの生涯を描いた一ダースもの本に匹敵する価値がある。なぜなら、半世紀も経ってやっと分かるようになったのだが、この批判は、イエスの生涯の、およそ存在するもののなかで最も天才的で、かつ完璧な再現だったからである。残念ながら彼は、問題を論じる際のきわめて落ち着いた、あまりにも悠揚迫らぬやり方のゆえに、その思想が同時代の神学に影響を及ぼすことはなかった。自らが山中に切り開いた坑道を自分で埋めてしまったのだ。彼が発見した鉱脈を再び白日の下に曝すために、世代全体が苦労しなければならなかったほどである。バウアーの解決策の非凡さは、彼が問題を捉えたその深さにあるのだが、そのことに世代は気がつかなかった。バウアーは歴史をきわめて鋭く見たために、自分が逆に歴史が見えなくなってしまったことにも気がつかなかった。こうしてバウアーは同時代者から見れば、ただすばらしいだけの幻想的存在だった。だが、彼の幻想的すばらしさのなかには深い認識が隠れていた。この卓越した書き方のゆえに誰も気がつかなかったのは、原始キリスト教ないし初期キリスト教は、イエスの説教の単純な帰結ではなかったということである。原始ないし初期キリスト教は、教えを実践に移した以上のものだったということである。それはキリストというあの人格を体験することには、世界の魂 Weltseele の体験が結びついていたためである。しかも、その魂の身体、つまりローマ帝国の人類が死の痙攣《けいれん》にもだえていた時期にである。パウロ以来誰も、超人格的なキリストの体の神秘 σῶμα χριστοῦ をこれほどに激しく捉えたものはいなかった。バウアーはこの神秘を歴史へと翻訳し、それによってローマ帝国を〈キリストの体〉にしたのである[43]」。

　バウアーはまずはベルリンでマールハイネケ（ヘーゲルの『宗教哲学』の最初の編者[44]）、シュライエルマッハーおよびヘーゲルの下で哲学と神学を学んだ。彼の著作上の経歴はシュトラウスの『イエスの生涯』への批判とともにはじまった。思弁的神学雑誌の編集者として彼は、はじめのうちはヘーゲル正統派の立場を取っていた。ヘーゲルに対する批判的立場を最初に宣言しているのが、匿名で出た『無神論者と反キリストであるヘーゲルへの最後の審判ラッパ——最後通牒』(一八四一年)というタイトルであり、またルーゲと一緒に書いた『宗教と芸術についてのヘーゲルの理論——信仰の立場からの判決』(一八四二年)であった。キリスト教神学に対するバウアーの批判の明確な特徴もやはり、ヘーゲルを彼なりに受け継いでいる点である。彼はシュトラウスやフォイエルバッハよりもラディカルにヘーゲルの宗教哲学と対決した。結論部分を彼はアイロニカルに隠蔽したかたちで表現したが、それだけにその正体に人々が気づいた時の影響は強かった。こうした著作のなかでバウアーは、正統派の経験主義者の衣装をまとって、「信仰の立場から」聖書およびヘーゲルを数多く引用しながら、無神論者になった過激な青年ヘーゲル主義者がはじめての「無神論者」ではなく、彼らの父親であるはずのヘーゲルがすでに「無神論者」であった、しかもドグマ論の哲学的正当化という見かけをしながら、実際は「無神論者」であったと論じている。「宗教と哲学の対象は、永遠の真理の客観性そのものであり、神であり、神以外のなにものでもなく、神の叙述である——こういったささやきにだまされているかわいそうな、不幸な人々よ！　宗教と哲学は合流すると聞かされてきたかわいそうな人々よ、宗教は絶対精神の自己意識であると聞かされ、そう思い込んできたかわいそうな人々よ」。このかわいそうな人々は、耳があっても聞こえないのだ。目があっても見えないのだ。ヘーゲルによる宗教の解明は、宗教の破壊をめざしているのだ。この破壊はキリスト教的なベールをまとっているように見える。そして、ヘーゲルも、生きた神、世界がある前から存在している生きた神、人間の愛をキリストのうちに啓示している神について語っているかに見えるかもしれない。だが、そうではない。これ以上に明確な事実があるだろうか？　ヘーゲルの冷たい頭脳は、人間において自己意識に到達する世界精神という一般存在しか認めない。シュトラウスのような無邪気な弟子は、それを「汎神論」だと思い込むにすぎなかった。だが、神の位置に自己意識を設定するのは、決定的な無神論である、とバウアーは論じる。たしかにヘーゲルが、実体は主体であると論じているにはちがいない。しかし、そこで彼が考えているのは、天と地を作りたもうたひとつの特定の主体のことではない。まったく逆である。彼は複数の精神が住みついた王国が必要だったのだ。無数の主体が必要だったのだ。時間の経過とともに最後にヘーゲルにおいて実体が自己意識にいたるためには、こうしたものが必要だったのだ(45)。彼における思考の運動の結論は実体ではなく、「自己意識」、それも実体という普遍性を自己の本質として自らのうちに持っているような自己意識なのだ。こうした神を無視する自己意識にヘーゲルは神的という属性を付与したのだ。だが、信じやすいお人好しの人々は、ヘーゲルの悪魔的な計略を見抜けず、ヘーゲルが実は革命家であることを、しかも彼の弟子のすべてをあわせたよりも巨大な革命家であることを見なかった。ヘーゲルこそが、実体性をもったいっさいの状況をラディカルに解体したのだ、と、バウアーは述べる[46]。

このことをごまかして見えないようにしているのが、シュライエルマッハーの「感情神学」に対するヘーゲルの批判である、とバウアーは「信じやすい人々」にありとあらゆる手を尽くして言い聞かせている。実際にはヘーゲルは感情批判を通じて主観性それ自体をつぶそうとしたのではなく、主観性の不十分な形態だけを叩こうとしたのだ。ヘーゲルにとっても宗教は、その点では芸術や学問とおなじなのだが、精神の自己意識の産物なのだ。それゆえにバウアーは、「お人好しの連中」に対して、「思考する精神と宗教との宥和」というヘーゲルの魔術的表現に気をつけるように言っている。「何年か前に広く流行した……この魔術的表現によっていったいどれほどの人々が、真の神から引き離され、無神論の方へと連れて行かれたことだろうか！　なんというごまかしの八百長ゲームであることか！　自我は表向き、生きた人格神とかかわっているのだ、と……思っているが、そういう神などいないのだ、そして自我は宗教において自分自身とのみかかわっているのだ。このことを見抜くことが、ヘーゲルから見ると、理性と宗教の宥和ということなのだ。自己意識の実現というのは、八百長仕掛けなのだ。つまり、自我が一方では、鏡に映した場合と同じように二重になり、この自分の鏡像を何千年のあいだ神だと思い込んできたあとで、今ようやく、鏡の中のあの像は実は自分なのだと分かったとする仕掛けなのだ。とするなら、怒れる神、刑罰を下す神というのは、自我が自分でこぶしをにぎりしめ、自分自身に脅かしをかけている以外のなにものでもないことになる。宗教は鏡に映ったこの姿を神と思い込み、哲学はこの幻想を解消し aufheben、この鏡の裏側には誰も隠れていないのだ、これは自我が映っているだけなのだ、そしてこの映った姿と、人間の自我はこれまでつきあって……きたのだ、と人間に明かすのだ[47]。次に書いた『宗教と芸術についてのヘーゲルの理論』は、『最後の審判ラッパ』と部分的には同じところもあるが、それよりもさらに思いきった議論を展開し、ありとあらゆる文体や印刷術（隔字体、ゴチック体、難詰する人差し指の絵）を使って「信じやすい人々」に刺激的に訴えかけ、自分自身の神学的論述に対して警告を発するというイロニーを駆使しつつ、ヘーゲル攻撃のイロニーを強めている。

バウアーに言わせれば、宗教と哲学を結びつけてひとつにすることはできない。むしろ、信仰は概念の高慢を追い払わねばならない。そうしないと、高慢な概念によって自分の方が追い払われてしまう。聖書に対するヴォルテールの攻撃とヘーゲルによる宗教の解体のあいだに違いがあるように見えても、これは見かけだけの違いであって、根本のところ両者はおなじことをやり、またおなじことを述べているのだ。フランス人のヴォルテールは機知に富んだ冗談で仕掛け、ドイツ人のヘーゲルはまじめに教え諭す調子でやったのだ。それどころかヘーゲルは、模範のヴォルテールを上回ることになった。なぜなら、ヘーゲルは瀆神《とくしん》的発言を悠然と講じ、普遍的な哲学的規定を与えることで、自分の言葉にヴォルテールよりも持続的な力をもたせることになったからだ、とバウアーは論じる。ヘーゲルは信仰をもうまったく知らないがゆえに、いっさい動じないのだ、と。「ヴォルテールは、……人々を神の御心にしたがって攻撃する。それゆえにまだ〔保守派からの〕憎しみの……最初の熱を感じ取り、それに対抗して怒り狂っている。ところが、ヘーゲルは、心の動揺などいっさい見せずに、問題を哲学的カテゴリーで処理し、彼の違反行為には、コップ一杯の水を飲むほどの苦労もかかっていない(48)」。ヘーゲルはまたヴォルテールから、ユダヤ人は分裂と劫罰の民であることを学んだ。さらにバウアーは論じて、それゆえヘーゲルには、ギリシア神話の方が聖書よりもずっと人間的で自由であり、また美しいと見えた。そしてヘーゲルは旧約聖書について考えているのとおなじことを新約聖書についても考えていた。さらには、「唯一の神としていっさいを要求する」エホヴァの神は、ヘーゲルから見れば、「限定された狭さ」を越えて、精神的普遍性に達するとは思えなかった。そのうえヘーゲルはオリエントの宗教を軽蔑すると同時に、キリスト教の啓示も軽蔑していた。なぜなら、啓示は、主体の無神論的自立性に今なお到達していないからである。いやそれどころかバウアーから見ると、ヘーゲルは、偉大なる性格の「名誉」は、罪を負うことにあると主張するまでにいたった。なぜなら彼は、キリスト教の聖人たちに代わって、ギリシアの英雄を思い、殉教に代わって、〔ギリシア悲劇という〕「無神論的悲劇」を賞賛するからである。悲劇における枢要な対立は、キリスト教的とはいえない、家族と国家の対立であるとヘーゲルは見た。ヘーゲルから見ると、オリエントの人々はまだ精神が、そして人間がそれ自身として自由であることを知らなかった。たしかにそうだが、彼らはそれでよかったのだ。そしてヘーゲルから見て、信心深い者たちはすべて、オリエントの人々、シリア人やガリレア人と同じであるならば、「彼らが無神論的な意味で自由であろうとしないのは、正しいことだ。我々は自分たちのもとにいようとはせず、神のみもとにあろうとするのだ[49]、と彼らは考える」。こう述べながらバウアーは、だが精神というものは〔ヘーゲルのそれと異なって〕、憧れを抱き、希望をもち、信頼し、そして嘆くものでなければならない。それなのにヘーゲルは、「ここがロドスだ、ここで飛べ hic Rhodus, hic saltus」と言うのだ〔上巻第一部

第五章訳注〔2〕参照〕、つまり、ヘーゲルはこの地上の世界、ここで踊ろうというのだ、と述べる。そしてバウアーに言わせれば、ヘーゲルがキリスト教に対する憎悪を最も明確に繰り広げているのが、彼の『美学』である。そもそも聖書の物語をその美的側面から攻撃しているのだから。この『美学』において彼はキリストとマリアの前では跪《ひざまず》かないと、臆面もなく白状しているのだ。そもそも彼は、いかなる意味でも頭を下げることを軽蔑している。彼は常に「自己意識」を広げ、世界全体をみずからの所有物に変容させようとしている。自己意識と理性こそが彼にとってすべてであり、それ以外のいっさいは「異質なもの」として否定する。なぜならそうしたものは、いまなお概念へと解放されていない力だからである。自己のもとにある自由 die Freiheit des Beisichselbstseins こそがヘーゲルにとって、歴史の手段であり、目的であるのだ。だがキリスト教徒にとっては、ただひとつの歴史的力しか存在しないはずで、それは、神の力である。またただひとつの目的しか存在しないはずで、それは、主の栄光である。それゆえまた主の実現に向けてのただひとつの手段 Mittel しか存在しないはずで、それは、キリストである。神と人間のあいだを結ぶただひとりの仲介者 Mittler キリストである、とこのようにバウアーは論難する。

　キリストという、真の解放をもたらすこの唯一の仲介者と比べるなら、ヘーゲルの仲介〔媒介〕はいったいなにをめざしているのだろうか？　とバウアーは問う。ヘーゲルは、キリストを排除するために聖書を神話として説明しようとするのだ、とバウアーは言う。根本で言うなら、ヘーゲルはシュトラウスよりラディカルなのだ。というのも、シュトラウスは新約聖書のうちに、個別的にのみ神話を認めるだけだが、ヘーゲルによれば、新約聖書の全体が神話なのだ。なぜなら、この新約聖書は、宗教的な表象と叙述にしたがった宗教だからだ[50]。さらにはこうした見方に満足するどころか、ヘーゲルはかててくわえて、ギリシアの神話や叙事詩こそ、創造的な個性の、つまり、伝統を自由に自分のうちで消化する創造的個性の所産であると考え、それに比べると、福音の物語は、自由を放棄して所与の伝統を詳述しただけのもの、「外面的な作り」にすぎないと見ていた、とバウアーは論じる。

だが、神話というものが、神々の話を人間的につくりあげる芸術であり、それによって人間に自由なヒューマニティを許すものとするなら、聖書の物語は、神の行為と我々人間についてのみしか語っていないがゆえに、本当の意味で神話的であるとはいえない。聖書の物語はそれゆえヘーゲルから見るなら、ギリシアのような芸術作品の形式にまでいたることはありえない。なぜなら人間の脆《もろ》さと劫罰、唯一者の行為の一方的で決まりきったあり方などを考えると、いっさいの精神的運動の可能性、現実の衝突と、この衝突の自由で人間的な止揚の可能性が欠如しているからである。「唯一者がすべてであり、他の者たちは皆奴隷であるならば、基本的にはいっさいの歴史と歴史観の可能性は、消滅してしまう」[51]。他方で、聖書の物語を象徴として受け取るわけにもいかない。なぜならこの物語において神的なものは、厳格な個性として確定されており、エホヴァは、〔イエスとなって〕死に至るまで人間の運命を受苦するからである。もし象徴的であるとすれば、それは、聖書におけるいっさいの自然的かつ人間的現象が、みずからによってその意味を得ているのではなく、主なる神との関係においてのみ意味を得ているという点においてである。聖書の物語はそれゆえ、ヘーゲルの解釈によるなら、東洋的な表象と西洋的なそれとのまざりあった両性具有みたいなものである。すなわち、象徴と神話の濁った混合物である。だが、この聖書の物語が、語られていることと要求されている筋書きが必ずしも相応していないがゆえに、これを、シュトラウスのような凡庸な意味で神話的と見ていいのかどうかを問うならば[52]、ヘーゲル大先生は、こういう問いを愚劣きわまりないとして笑い飛ばすだけだろう。この大いなる手品師は、「両刃の剣」(「ヘブライ人への手紙」四章の十二節)[1]で、神の言葉を使うふりをしながら、この剣を誰もこわがることのないようにと、自らの喉元に突き刺すのだ！　こうバウアーは難詰する。

このようにしてバウアーは、彼自身による神学の破壊をヘーゲル解釈のうちに反映させる。そうすることで、神学の破壊こそがヘーゲルの宗教哲学の唯一正当な帰結であるとするのだ。「信心深い人々」に、彼バウアーの方がシュトラウスよりもヘーゲルの弟子としてずっと危険であると示唆している。なぜならシュトラウスは聖書の物語を多くの点で承認しているからである。つまり、シュトラウスは、純粋な神話と、歴史の神話を区別し、後者の歴史の神話には現実の事実が基盤としてあると認めているのだ。バウアーは自ら「暴走」してもっと激しく先に行き、福音書自身がすでに神学による人の手の入った産物であると主張している[53]。「シュトラウスは、福音の話が伝説なのか、と問い、そのことを調べようとする。……バウアーはこの福音の話のうちに意図的な反省と神学的プラグマティズムの痕跡を探し求める。シュトラウスは、福音書のうちに多くの歴史的データがあることを認めてしまうので、その原則の弱点のゆえに、……最終的には、福音が報告し物語っている奇跡が本当に可能であったのかどうかと問わざるを得なくなっている。……それに対してバウアーは、……こうした問いを発することは決してしない。なぜなら、福音の話は反省の所産であると証明することで、この物語を……解体してしまうからである。彼の方が自分の議論にずっと自信を持っているので、シュトラウスよりも福音書のうちにずっとたくさんの奇跡を承認するほどである。こうした奇跡は福音史家の著述による奇跡なのだとして、バウアーは特に好んで論じる。こうした奇跡の物語は、あまり思慮のとどかないプラグマティズムの産物でしかないと論じて片付けられる……と彼は期待したのだ[54]」。

当時バウアーは『無神論および有限な主体の可死性』という標題の雑誌を計画していたが[55]、このバウアーから見るならば、シュトラウスですらまだ「批判陣営内部の」「*ヘングステンベルクの類」だった。つまり、正統派の保守反動ということである。それに対して、彼バウアーは実際にヘーゲルの教えをくぐった「無神論者であり、反キリスト」であった。そして「信心深い人々」に対して、自分の師ヘーゲルをこうした無神論者かつ反キリストとして紹介したのだ。彼は自分のことを皮肉をこめてシラフの神学者の比喩で描いている〔2〕。シラフと同じにバウアーは、知恵に忍び寄る。知恵の窓から覗き込み、戸口に立って聞き耳を立て、壁際に自分の小屋を立て、自分の子供たちを知恵の屋根の下に入れこむ。そして最後に最内奥の神殿を襲ってひっくり返し、神の知恵という建屋全体が実は世俗の産物であるとして貶めたのだ。それどころかバウアーは、聖書の神学的解釈は「イエズス会的〔3〕」であらざるをえない、と主張する。なぜなら解釈者は一方では聖書の永遠の真理を前提するが、他方で、自分たち自身の時代傾向や人間性のうちに認める前提を、それが聖書の前提と矛盾するにもかかわらず、永遠の真理という前提に抗して押し通さねばならないからである。神学者は、彼の近代的な教養と並んで、護教論的関心をもっている。古めかしい聖書と自らの近代的で野蛮な教養をなんとか一致させなければならない。だがそういうことは、聖書と自分の教養の両方をごまかすことによってしかできないはずだ。

バウアーの思想は同時代の神学や哲学になんの影響も及ぼさなかった。オーファーベックの場合ですら、「神学的意識」に関するバウアーの分析が、オーファーベック本人と神学の関係に直接の影響を与えたかどうか疑わしい。バウアーのラディカリズムは同時代者に対してほんの短い危機的な瞬間にのみ影響を与えた。シュトラウスは、自分の『イエスの生涯』に対するバウアーのあまりにも鋭い批判を受けて、彼から離れてしまい、その状態が変わることはなかった。世間からは最初『最後の審判ラッパ』の著者と思われたフォイエルバッハは、バウアーの書いたものがヘーゲルを支持しているように思えたので、すでにそれだけの理由でバウアーを拒否した。逆にルーゲはバウアーの著述をヘーゲル主義からの決定的な断絶であるとしてフォイエルバッハに読むように勧めている。[56] フォイエルバッハは、このバウアーを「ベルリンの詭弁家」と形容して、はじめから距離を取っていたが、ルーゲは、バウアーの批判的な仕事をヴォルテールやルソーのそれに比するものと見るほどだった。ルーゲに言わせれば、バウアーは「無神論のメシア」であり、「神学のロベスピエール」であった[57]。だがそのルーゲでも、いくらも経たないうちにバウアーを疑わしく思い始めた。バウアーは、否定に強いだけだ、というのが理由である。なぜなら、人間の生活における共同体的性格、あるいは政治的性格をバウアーは見誤っているからだ、というのだ。バウアーの「軽薄で生意気な体系」からは、歴史的にも政治的にもなにも出て来ようがない、とルーゲは言う。のちにルーゲは、『逸話集』で、バウアーの「否定性」を今少し厳密に定義しようと試みている。つまり、無神論という帰結を取り出すことによって、ヘーゲル自身の整合的ならざるところを明確にすることにバウアーは成功しているに違いないが、新たなものを基礎づけるにいたっていない、というのだ。「過去のうちに時代の進歩を証明するだけでは十分でない。新しいものは、その新しいもの自らの足の上に立たねばならない。新しいものを古いものから解釈によって導きだそうというういっさいのやり方は失敗するに決まっている。まさにそれこそがヘーゲルにおける両義性、彼の曖昧なところが示す誤謬《ごびゅう》なのだ。つまり、こうした哲学は、すでに克服したキリスト教の……世界観へ入り込み、そうすることで、自己自身も、またあの精神段階をも、まちがって解釈する誤りを犯しているのだ[58]」。さらにルーゲは、バウアーの『最後の審判ラッパ』は本当のところはフォイエルバッハの〔思想の〕帰結なのだが、論争のための論争という性質のために一歩後退しているように見える、と述べている。一八四六年のルーゲの最終的評価は、基本的にはマルクスやシュティルナーのそれと同一である。つまり、バウアーは「最後の神学者」である、すなわち神学を神学的ファナティズムで追求する全面的異端の神学者、それゆえに自分が倒そうとする信仰から完全には自由になっていない神学者だというものである。[59]

キリスト教に対するバウアーの直接的な批判を含んでいるのが、『キリスト教の発見――十八世紀の思い出と十九世紀の危機への論考』（一八四三年）という著作である。[60] バウアーの『発見』は、ローマ世界の政治的自由の崩壊からキリスト教が生まれたとするテーゼであるが、これによって若きヘーゲルに戻るとともに、ニーチェの『道徳の系譜』を先取りしてもいる。バウアーはもはやキリスト教の「本質」をヒューマンなものへと変容させる気はない。むしろキリスト教の「非人間性」を証明しようとする。キリスト教は、人間にとって自然なもののいっさいに対する逆説的な対立であることを明らかにしようとする。[61] バウアーにとってキリスト教はまったく単純に「世界にとっての不運」である。キリスト教は古代世界がもはや維持できなくなったときに登場し、この不運を人間の本質へと高めてしまった。そして人間を苦悩の存在として確定してしまった。だが人間はその本質からして自由であり、死に対しても、自分の自由を証明できるし、しなければならない。人間は、みずから、自分とは別の掟にしたがわねばならないと自分に信じ込ませる場合ですら、みずからの掟の設定者なのだ。神とは人間から出て、人間にとって疎ましいものとなった疎外された人間なのだ、とバウアーは論じるが、これはフォイエルバッハと同じ意味で言われているのではない。フォイエルバッハにとってこの疎外は、人間の本質が宗教の比喩のうちに対象化されただけであり、止揚可能である。だがバウアーにとって、この疎外は人間の完全な自己喪失であり、完璧なる脱キリスト教化を通じてのみふたたび止揚可能となるのだ。したがって、宗教からの完全な解放は、単なる解放以上のものとなる。それは、いっさいの宗教からの離脱、いっさいの宗教の放棄であり、自己自身を信頼して、いっさいの宗教から自由な存在となることである。この自由はなによりも、宗教批判そのものの自己止揚というかたちで表明される。「フランス革命は、それまで特権階層が反抗する者たちに使用した警察権力を、宗教と教会に対して、夢中のあまり用いてしまった。その点で失敗だった。……だが今は異なる。自己意識は自分の自由の確実性の意識に達した。そして決定的な瞬間に、自由を知らない人々に、もしも彼らが望むならば、自由を知らないままにいたい自由を与えるであろう。彼らに自由を強要することはないだろう。この自己意識は、自由を通じて世界を征服するだろう。この危機のあとでは、歴史はもはや宗教的でもなく、キリスト教的でもなくなるだろう。それでも、文明世界のはじっこにいられればいいと思う人々、自分たちの神々を保持し続けたい人々には、寛大な軽蔑を示すことになろう。ターラント〔イタリア半島最南端のイオニア海に面した都市。当時はタレントゥム〕を占領したファビウス〔第二ポエニ戦争のローマ側の将軍〕に配下の兵士たちが、ぶんどったターラントの神々の像をどうしたらいいか尋ねると、ファビウスは、怒れる神々はターラントの人々に任せておこうではないか、と言った話がある。……我々もそのひそみにならって、キリスト教徒に彼らの怒れる神々を残しておいてやろうではないか(62)」。

第六節　マルクス――キリスト教は倒錯した世界とする説明

これまで見てきた宗教批判は、マルクスとともに新たな転回を遂げ、シュティルナーとともに終結する。マルクスは、エンゲルスと共同で執筆した『聖家族あるいは批判的批判の批判――バウアーとその仲間たち』(一八四四年／一八四五年)でかつての協力者バウアーを攻撃した。この闘争的な著作の時点でマルクスは今なお、フォイエルバッハの「現実的ヒューマニズム」に味方している。「わたしとあなた」というフォイエルバッハのコミュニズムは、まだ人間を社会的な類的存在としてその「プラクシス」〈実践〉において認識していないにせよ、現実の人間に目を向けたものとマルクスは考えていた。それに対して、〈自己意識〉と〈大衆〉というバウアー的な対立の作り方は、フォイエルバッハの土台に据えられた悪しきヘーゲル主義とされた。というのも、そこから〈大衆〉を批判する自己意識なるものは、もはやヘーゲル哲学の全面的かつ絶対的な主体ではなく、有限な人間学的主体でしかないからである。そうした主体が、絶対的意味を自負しているだけである。マルクスから見るとバウアーは「神学者」のまま、「ヘーゲル主義者」のままであり、すでにユダヤ人問題に関する論考でも、問題を神学的問題として扱っているうちは批判的だが、政治的問題になりかかると非政治的になってしまう存在である。社会的かつ政治的現実から見るとバウアーの絶対的〈自己意識〉なるものは、シュティルナーの〈唯一者〉と同じに、市民社会の原理をイデオロギー的に絶対化したものでしかない。こうした市民社会の本質的ありようは「私的ありよう」であり、その事実上の原則は「エゴイズム」なのだ。それゆえ、マルクスがバウアーにおいて、そしてもっと執拗にシュティルナーにおいて敵視するのは、〈自己意識〉なるものの社会政治的な前提であり、帰結であった。こうした前提や帰結はすでにバウアーの対立の作り方にはっきりと現れている。なぜなら〈大衆〉に対抗することが、〈自己意識〉にとって構成的であるからだ。ちょうど〈群衆〉がキルケゴール

の〈自己意識〉を生み出しているのと同じである。(63)

「絶対的批判は〈はじめからあたりまえの自明の真理〉などという言い草をする。危険な素朴さでこの批判なるものは、絶対的な〈はじめからあたりまえ〉なるものを、そして抽象的で、普遍的な〈大衆〉なるものを捏造《ねつぞう》する。十六世紀における大衆の〈はじめからあたりまえの〉あり方と、十九世紀における大衆の〈はじめからあたりまえの〉あり方とは、絶対的批判の目の前では、この大衆そのものとおなじに区別を知らない。……真理なるものは、歴史と同じに、大衆から切り離された空気のような主体だから、それは経験的人間に向けられたものではなく、〈魂の最内奥〉なるものに向けられているだけで、人間の粗野な……身体に迫るものではない。それどころか、その観念論的な腸管をくぐって〈徹頭徹尾〉〈引きこもる〉のだ」。「一方では、歴史の受動的で没精神的かつ没歴史的な、物質的エレメントとしての大衆があり、他方では、精神、批判、そしてブルーノ氏商会が、そこからいっさいの歴史的行為が発する能動的エレメントとして大衆に対峙している。社会の変革の行為は、批判的批判なるものの脳髄の活動に縮減されている」(64)。

バウアーに対する批判をマルクスは、バウアーの〈最後の審判〉に対する明白な攻撃で閉じる。つまり、『最後の審判ラッパ』の文体で書かれた「批判的な最後の審判」

という一節で閉じるのだが、その際に「歴史的悪口」なるものを次のようにつけ加える。「我々は後から知ったのだが、没落したのは、世界ではなく、批判的な文芸新聞であった」。バウアーの自己満足的な、ただ「批判的」にすぎないだけの批判が本当に成し遂げたことはマルクスから見ればたったひとつ、つまり、ヘーゲルの〈自己意識〉なるものが観念論的性格をもつことを、これを経験的次元に適用することで結果として明らかにしたことである。

マルクスの宗教批判にとっては、バウアー攻撃よりも、神学を人間学に還元したフォイエルバッハとの対決の方が決定的だった。マルクスにとってこのフォイエルバッハとの対決は、人間の生活状況そのものに対するさらなる批判の前提となるものだった。こうした批判をめざすマルクスにとって、フォイエルバッハの宗教批判は不可逆的な「帰結」だった。「ドイツにとって宗教の批判は本質的に終了した。そして宗教の批判はいっさいの批判の前提である」というのは、『ヘーゲル法哲学批判序説』の導入部の最初の文章である。だが、政治的世界の批判に向かうマルクスの次の一歩は、それまでに果たした宗教批判をもうそれで終わりとするものではなかった。地上世界の批判へと進むなかで、マルクスは同時に、「天上の世界」つまり、宗教そのものであるこの世界を見る新たな立場をも獲得したのだ。宗教は「イデオロギー」論の構成要素となった。[65] だが宗教がイデオロギーであることがはっきりするのは、世界 Welt がそれとしてすでに世俗的 weltlich となってからのことである。だがまさにそれに引き続いて、現存する世界それ自身の批判が必要となる。つまり、今ある世界のありようと、あるべき世界のありようを区別することが必要となる。「天国という幻想の世界には……自分自身の反映しかないのだということが分かった人間は、自らの真の現実を探し求めるところ、いや、探し求めねばならないところに〔つまり、この地上の世界に〕自分自身の仮象のみを、ただ非人間をのみ、見いだすつもりはなくなるだろう」。[66] 他方で、この地上の世界を越えた世界の存在というのは、この世界の現実の窮乏からのみ理解できるものとなるのだ。

フォイエルバッハと同じに、宗教的世界は、人間世界の地上の生活という芯を包む皮にしかすぎない、と考えるならば、どうしても次のように問わざるを得なくなる。それではこの芯は、いったいなぜ自分とは無縁なこの包皮で自分を包んだのだろうか？　いったいなぜ、宗教的・イデオロギー的世界というこのような上部構造が生まれたのだろうか？　この問いとともにマルクスは、フォイエルバッハの宗教批判を越えて行っただけではない。同時にこの批判の背後に回り、この批判の由来を問うたのだ。このような問いを立てないならば、いっさいの宗教批判は、マルクスから見れば批判とは言えない。なぜなら「分析によって宗教的な幻影の地上的な芯を見いだすのははるかに簡単で、それよりもっと重要なのは、逆の方向である。つまり、そのつどの現実の(つまり、社会的かつ歴史的)生活状況からそれの天上化されたもろもろの形態が出てくる仕組みを解明することである。これこそが唯一の唯物論的な、それゆえ学問的な方法である」。つまり、抽象的な自然科学的唯物論とは異なった学問的方法である。自然科学的唯物論にとっては、歴史過程というものが存在しないからである。(67)フォイエルバッハは、宗教のいわゆる地上的な芯だけを暴露しようとした。それに対してマルクスにとって重要なのは、逆の方向である。つまり、地上の生活状況の歴史的分析から、この世の内部のどのような困窮と矛盾が宗教を可能とし、また必要とさせたのかを解明し、論述することであった。この地上の土台がそもそもなにゆえに地上から切り離され、高みへと上昇し、この地上の世界と別の世界に入っていくのかという問いが解明されねばならなかった。フォイエルバッハはこの点を解明できなかった。なぜならフォイエルバッハにとっては、宗教のうちにたとえ「間接的に」であっても表現されているのは、人間の〈本質〉であり、人間の中のある本質的なものであるということは、今もなお変わることなく確実であるとされていたからである。もしもこの世の生活がいかなる場合でも基盤であり、宗教というものは非本質的なものであるとするなら、まさにこの問い、つまり、フォイエルバッハにとってはいかなる意味でも問題とならなかったこの問いにこそ、マルクスが答えねばならなかったのだ。そこから次のような批判が出てくる。「フォイエルバッハは、宗教的自己疎外という事実から出発する。つまり、宗教的世界と地上の世界へと世界が二重化している事実から出発する。彼の仕事は、宗教的世界をその世俗的基盤へと解体することであった。しかし、世俗的基盤が自己自身から浮き上がり、雲上高く独自の御国を作ったことは、この地上の土台自身の自己分裂、その自己反論からのみ説明可能なのだ。この世俗的基盤そのものがそれ自身において理解されねばならないし、同時にこの基盤そのものが実践を通じて革命的に転覆されねばならない。例えば、この地上の家族が聖家族の生じた秘密だとするなら、まずはこの地上の家族自身が理論的にも実践的にも絶滅されねばならないのだ[68]」。

それゆえマルクスは、フォイエルバッハとともに、「人間が宗教を作った」のであり、その逆ではない、と言うだけではあきたりない。彼はさらにそれ以上に次のように続けるのだ。「しかも宗教は人間の……、自己自身を今なお獲得していないか、いったん獲得してもまた失ってしまった人間の自己意識なのだ」。「自己自身」ということは、「その世俗的および社会的関係のうちにある」自己自身ということである。宗教はそれゆえマルクスにとっては、人間的本質の単なる「対象化」にすぎないのではなく、「自己疎外」という意味での物象化なのだ。宗教とは「倒錯した」――世界なのである。(69) そしてこの倒錯は、共同存在として人間の本質がまだ真の現実になっていないかぎり、必然的に生じるのである。それゆえ彼岸を描く宗教に対する闘争は、間接的にはこの此岸の世界、つまり、自己の補充と美化のためにそもそも宗教を必要とするようにできているこの地上の世界に対する闘争なのだ。逆に言えば「宗教的貧困」(つまり、宗教的意味における悲惨)は、「現実の悲惨の表現であるとともに、……それに対する抵抗なのだ」。宗教とは「心を失った世界における心情」であり、「精神を失った状況における精神」であり、「人間が自己自身を中心に回転できないかぎり、人間の周りを周回する幻想の太陽」なのだ。宗教の幻想的「浄福」の止揚はそれゆえ、地上の幸福の要求なのだ。(70) マルクス的な社会主義はこうして幸福への意志を通じて、宗教の死滅へと至ることになる。だがその際に、「宗教に抗する政治的戦争という冒険」にはかかわらないのだ。(71)

つまり、マルクスの宗教批判の「積極的」なところは、宗教の人間化(シュトラウスとフォイエルバッハ)に存するのではない。また宗教を単に排斥するところ(バウアー)にあるのでもない。そうではなく、そもそも宗教などを自己のうちから生み出してしまうような状況を捨て去るべきであるとする要請のうちにある。だがこうした状況そのものは、社会的かつ普遍的状況である。「真理の彼岸が消滅したのちには、此岸の真理を設営することこそが歴史の課題となる」。「人間の自己疎外の聖人像」がそれとして暴露されたあとは、このおなじ自己疎外の、聖ではない、卑俗な、経済的および社会的ありかたを、批判を通じて暴露し、革命を通じて変革することこそ重要となる。これを通じてはじめて宗教と神学に対してこれまでなされた批判は、法と政治への、つまり人間の共同存在〔国家〕のありかたに対する批判へと変わるのだ。

おなじく〈無神論〉の意味も変わってくる。無神論は神学上の問題であることをやめて、現実の無神論的な関心の対象となる。つまり、地上の生活をこの世で作って行こうという動きのなかで解消するのだ。マルクス主義的な無神論者は神を信じないというだけでは充分でない、それ以上に人間を信じるのだ。マルクス主義的な無神論者が戦いを挑むのはもはや神々ではなく、偶像なのだ。近代の資本主義世界におけるこのような偶像としてマルクスが『資本論』において描き出したのが、商品の〈フェティシュ的性格〉、つまり、近代において使用されるさまざまな物体が商品形式をとっている事態である。商品というフェティシュにおいて〈物〉が、それを生産する〈人間〉に優越した力をふるっている事態、つまり、創造する人間が自分自身の作った物に従属してしまう事態があきらかになる。今やなすべきは、この商品の力を剝奪することであって、人間に対する宗教的力はもはや剝奪の対象ではなくなっている。「宗教において人間が自分自身の頭脳が作った産物に支配されているのとおなじに、資本主義的生産において人間は、自分自身の手が作った産物に支配されてしまっている」。自分の仕事によって産出された物の世界は近代人の手元にはなくなってしまっているnicht zuhanden。それどころかこの世界は独自の力を獲得して、近代人にとってただ無縁に手前にあるvorhandenにすぎなくなっている〔zuhandenとvorhandenはともに『存在と時間』におけるハイデガーの用語。マルクス的に言えば、使用価値と交換価値と類比されている〕。つまり、私的経済関係による生産のありかたのゆえに、自分の手で作った産物が自分から失われてしまうからである。自分の頭脳と手によって産出された物が、彼の頭上を越えてどこかへ行ってしまい、彼の手を離れてやはりどこかへ行ってしまうのだ。しかもそれに終わるのではなく、完全に地上化した近代的人間の世界自身がまたしても神話を作り出すのだ。「キリスト教の神話がローマ帝国で可能だったのは、まだ印刷術が発明されていなかったからにすぎないと、これまで人々は思い込んできた。だが事態は逆なのだ。みずからの捏造した話を瞬間的に地球の隅々まで広げる日刊新聞と電報は、昔なら一世紀かかって広げた以上の量の神話を……たった一日ででっちあげるのだ」。[72] これを見ればわかるとおり、神学をただ理論的にのみ、〈自己意識〉とか〈人間〉に還元しただけでは十分でないのだ。人間の状況に対する批判のたえざる革新こそが必要なのだ、とマルクスは論じている。

第七節　シュティルナー――神と人間の体系的な破壊

バウアーの『最後の審判ラッパ』に対する書評でシュティルナーは、ヘーゲルの弟子たちは本当に新しいものをなんら提示していないと述べている。彼らは、大先生が自分の主張を包み込むのに使った透きとおったベールを――恥かしげもなく――取り払っただけだ、とシュティルナーは言う。[73] そしてシュティルナーは、このようにベールを取払ったことにかんしてバウアーの著作をそれなりに評価しながら、しかしこの著作のラディカリズムは決して彼一人のものではなく、ドイツ人に一般的な基本性格であるとする。「ドイツ人こそは、そしてドイツ人のみがラディカリズムという世界史的な使命を表現しているのだ。ドイツ人だけがラディカルであり、ドイツ人だけがそれなりに正当なかたちでラディカルなのだ。これほど容赦せずに徹底しているのは、ドイツ人をおいて他にいない。なぜならドイツ人は現存する世界を突き倒して、自分は落ちないでとどまっているだけではない。さらには、彼は自分自身をも突き倒すのだ。ドイツ人が暴れて引き倒すところでは、ひとつの神が地に落ち、ひとつの世界が消滅しなければならない。ドイツ人にあっては絶滅が創造であり、時間的なものの碾《ひ》きつぶしが、永遠性なのだ[74]」。このようにしてバウアーは、ヘーゲルの世界精神を、キリスト教の神を、教会を、そして神学を破壊したのだ。バウアーはこれまで神を恐れた人々に一度としてなかったほどに「まったくなにも気にしない有能な」存在だ、とシュティルナーは述べている。

シュティルナーは、ヘーゲルの弟子たちのさらに上を行こうとする。つまり、フォイエルバッハ、バウアー、マルクスが宗教の本質としたもの、すなわち、人間、自己意識を、あるいは人類のうちでなおも人間を越えたなんらかの「宗教的なもの」を、つまり、そのつどの「われ」でしかない実際の一人一人の人間についていまだ存在している固定観念を、発見することによって、ヘーゲルの弟子を越えようとした。

「自我」とその「独自性」を論じた彼の著作の積極的部分には次のようなモットーが掲げられている。「新しき時代の入り口には神人Gottmensch〔人となった神〕が立っていた。その出口では神人のうち、ただ神だけが消失したのだろうか。もしも神人のうちの神の部分が死んだだけなら、神人が全体として本当に死んだと言えるのだろうか？　人々はこの問題を考えてこなかった。そして、啓蒙の仕事である神の克服を現代の日々において終わりまで果たし、勝利したとき、この問題もかたづいたと考えてしまった。だがその際に、人間が神を殺害したあとに、自ら唯一の神として高みに鎮座してしまったことには気づかなかった。〈我々の外部の彼岸〉は、もうとっくに吹き飛ばされてしまった。啓蒙主義者たちの大いなる企ては完成した。だが〈我々のうちなる彼岸〉が新たな天空となってしまった……。神は席を譲らねばならなかったが、我々に席を譲ったのではなく、人間に譲ってしまったのだ。神だけでなく、人間も死ななければ、神人が死んだなどと、君たちはどうして信じていられるのか?」。

ようするにシュトラウス、フォイエルバッハ、そしてバウアーの宗教批判によって果たされた神の克服は、さらには人間の克服を必要とするということである。なぜならば、これまで人間がどのようにあるべきかを神がさだめてきたからである。だが私の関心は神にもなければ人間にもない。そもそも普遍的なものは私の関心ではなく、私の関心は唯一そのつどの私である。なぜならば、自我はそのつどの私の〈所有〉とともに常に〈唯一者〉だからである。私はキリスト教徒かもしれない。あるいはユダヤ人、ドイツ人、ロシア人などかもしれない。さらには「市民」や「労働者」などかもしれないし、単なる「ヒューマンな」意識を持った存在かもしれない。だが私がこうしたさまざまな存在でありうるのは、常に自我としてである。なぜなら自我のみがこうし

たいっさいの一般者を自己のものとしうるのだから、とシュティルナーは論じる。(75)

ヘーゲルの哲学的神学においては神が人となることが、人間的本性と神的本性の統一を意味していた。次にフォイエルバッハは、神の本質存在を、最高の本質存在としての人間に還元した。さらに、マルクスにとってキリスト教とは転倒した世界であった。そして最後にはシュティルナーが、最高の存在に高められた人間こそは、神人の最後の水増しされたものであること、それは、神だけが死んで、人間はまだいっしょに死んでいない状態であると、喝破することになる。

シュトラウス、フォイエルバッハ、バウアー、そしてマルクスにとって基本的な意味を持っていた神学と人間学の批判的区別は、シュティルナーになるとさらにそれを越える区別へと移行する。つまり、人間についての普遍的な(神学的および人間学的な)本質の規定と、そのつどのわれ固有のありうるありかたとの区別である。なぜならば、シュティルナーに言わせれば、原則的な区別は、ある人にとってこれやあれやが本質的なものとされるかどうかではなく、人間が自分自身以外のなにものでないものの上に立ちうるかどうかにあるからである。「当然のことだが、なにを最高の存在として敬うかについての論争に意味があるのは、相互に激しく対立し論争しあう者どうしが、崇敬にあたいする最高存在があるという主要テーゼを認めるかぎりにおいてである。スンニ派とシーア派の大論争を聞きながらキリスト教徒が空疎な論争と思ってにやにやしているのとおなじに、もしも最高存在をめぐるいっさいの闘争を、かわいそうなことと思ってにやにやする人がいるなら、……そういう人にとっては、最高存在という仮説そのものが空疎であり、この空疎な土台の上でなされる論争は、すべて空しいゲームでしかなくなる。ひとつの神、あるいは三位一体の神、あるいはルターの神、もしくは最高存在 être suprême〔フランス革命の時の祭典の対象〕など、あるいはそういったいっさいでなく人間こそが最高存在を表わすとしようが、そんなことは、最高存在そのものを拒否する者にとってなんの違いにもならない。なぜなら彼の目にとっては、最高存在に奉仕する者は誰であれ、信心の人々だからである。怒り狂う無心論者であろうと、敬虔なキリスト教徒であろうと、信心深いことに変わりはないのだ(76)」。

シュティルナーに言わせれば、フォイエルバッハは絶望のなかの馬鹿力で、キリスト教の全内実をつかみ取ろうとした。「だが、それは、キリスト教をつかんで吹き飛ばすためではなかった。違う、キリスト教を自分の方へ抱き寄せるためだった。最後の力を振り絞って……キリスト教を天から引きずりおろし、永遠に自分の手元に置いておくためだった。これこそ最終的な絶望のなかで虚空に手を伸ばすことではなかっただろうか？　生死を賭けて手を伸ばすことではなかったろうか？　これはまた彼岸への……キリスト教的なあこがれそのものではなかったろうか？　勇者は、彼岸へと行く気はもうない。しかし、彼岸を引き寄せ、彼岸が此岸となるように強要するのだ。そしてそれ以降というもの世界中が次のように叫んでいないだろうか……重要なのはこの世なのだ。天こそが地上に降りてくるべきだ、そしてこの世で天国を味わえねばならない、と？」(77)。

この世の人間へのこうした縮減ないし還元は、政治的・社会的な、そしてヒューマンな「リベラリズム」において完成したが、シュティルナーから見るならば、この終局はまだほんの出発点にすぎない。それも、全人間がそうであらねばならない本質なるものと、実際の人間のありようという区別を克服するための出発点にすぎないのだ。シュティルナーに言わせれば、古典古代の世界にとって「世界」はまだ真理であった。キリスト教世界にとっては、それは「精神」であった。そしてこの精神化された世界をヘーゲル左派の連中は、「人類」の精神なるものへの信仰によって終結させている。だが未来の世界にとっては、ニーチェの言葉を借りるなら、「なにものも真理ではなく」「いっさいが許されている」。なぜなら、この未来の世界にとっては、それによって自らが疎外されずに自己の所有とできるものだけが真となりうるからだ。自我の立場から見て人間的に「真」でありうるのは、本人が事実としてそうであるありよう以上でも以下でもないのだ。キリスト教に対するシュティルナーの考え方もこうした思想にもとづいている。つまり、シュティルナーはキリスト教を攻撃することも擁護することもしない。そうではなく、一人一人がはたしてキリスト教を自分のものにしうるか、そして自分のために「利用」しうるか、あるいはどの程度それができるか、それはそれぞれの個人次第だ、というのだ。

フォイエルバッハは、シュティルナーの攻撃に対する返答で[78]、人間についてなにかの陳述を行うにあたって、本質的と非本質的、必然的と偶発的、可能性と現実性といった区別を自分の中で行わずに済ますこと、それをしないで「人間」であろうとすることはできない相談だということを示そうとした。なぜなら人間は決して完全で一義的単純な存在ではなく、いつも自己のうちに区別を含んでいるからだ、というのだ。神と人間という宗教的区別は、「人間の内部でなされている区別」に由来している。我々は自分を他人と比較するときにもうすでに我々のなかで区別をしているではないか、とフォイエルバッハは述べる。人間は自己自身のなかで、自己自身を越えて行くのだ。人生のどんな瞬間も、自己についてのなんらかの人間的な考えを内在させているではないか。「それゆえ人間は、いつも自分があるよりも、あるいは自分が持っているよりもより上の存在であろうとし、より多くのものを持とうとするのだ」。そして同じ私のものでも、そこには本質的な区別が存在する。「私のもののなかには、失われたからといって、私自身が消えないですむものもあれば、失われれば私自身も消えてしまうものもある。ここには違いがある」。

　このフォイエルバッハからの批判に対する返答でシュティルナーがあきらかにしようとした[79]のは、彼の完全なる「エゴイスト」なるものは、なんらかの内容的な定義を持った「個人」ではないこと、またなんらかの絶対的原則でもないこと、むしろ、内容的に見るならば、「絶対的決まり文句」であること、正しく理解するならば、「いっさいの決まり文句の終焉」であることである。この「エゴイスト」というのは、自己と世界の、そのつどの自身による獲得の仕方のさまざまな可能性を示す形式的な名称だというのだ。このように理解するならば、ある者にとって本質的なことと本質的でないことの区別そのもの、つまり、彼のものとなるそれぞれ違ったありかたという区別自身が、もはや本質的なことではなくなる。なぜなら、こうした区別が今なお本質的であるのは、人間が人間についてのなんらかの定まった理念に固定されているかぎりにおいてだからである。もっぱらこうした理念との関連でのみ、私のあるありかたと別のありかたとのあいだになされる区別が本質的な区別かそうでない区別かという違いが可能となるからだ。だから、フォイエルバッハが、「恋人」への愛の方がそれ自体として「娼婦」への愛よりも高等で人間的であると考え、その理由として、人間は恋人と一緒にいてのみその「十全でまったき」本質を満たすことができるのだ、と言うならば、その際は、そのつどのひとりひとりが他者を自己のものとするそのつどの可能性から議論を始めていない、それどころか、「真の」愛とか、愛の「本質」とかいうなんらかの固定観念、それによってあのオンナとこのオンナを区別する、こちらを娼婦、あちらを恋人というように区別するような固定観念から出発している。しかし、個別的な関係として、つまりこの男とこの女性との関係としてみるならば、それは相手が娼婦であろうが、いわゆる恋人であろうが、当人を自分のものとして、自分を満足させる度合いには多い少ないという差はないはずである。なにが本当にそのつど自己のものであるかは、なんらかの普遍的な理念によって当初から区別が可能ということはおよそありえないのだ。ただ、事実的な自己所有の度合いによって明らかにしうるだけなのだ。一人の人間にとって本当に自分のものになっているものがあるならば、それが本質的であるとか、偶然的であるとかいうのは、なんの意味もない。そうしたものは、彼にとってそのつどの自己自身に合ったかたちで、つまり、根源的なかたちでふさわしいものなのだ。

いっさいの自己区別における本質性・非本質性なるものをこのように否定することによってシュティルナーは、人間的と神的という神学的な区別を取り払っただけではない。彼はこれによって、「本来的な」と「非本来的な」という人間学的な区別も除去した。彼の側から「理念」として前提したものといえば、それは、自我という「絶対的決まり文句」以外のなにものでもなかった。

第八節　キルケゴール——逆説的な信仰概念、既存のキリスト教のあり方への攻撃

〈唯一者〉というシュティルナーの決まり文句も、〈単独者〉というキルケゴールの概念もともに同じ問題を述べたものである。シュティルナーは世俗的な観点から、キルケゴールは宗教的な観点からこの問題を設定したところが異なるだけだ。彼らに共通したラディカリズムの問題は、極端な個別化 *Vereinzelung* から生じるニヒリズムの問題である。シュティルナーにおいては、「私は自分の問題を無の上に設定した」、つまり自分以外のなにものにも依拠しない、という軽薄のニヒリズムであり、キルケゴールにあっては、イロニーと倦怠《けんたい》、不安と絶望という憂鬱のニヒリズムであった[80]。イロニーその他の、こうしたさまざまな現象についてキルケゴールがなす分析は、どれ

もおなじ機能をもっている。つまり、人間をまったく自分自身にのみ依拠させること、すなわち無の前に引きずり出すこと、このようにして人間をおよそつき出すこと、つまり、絶望するか(能動的には自殺、受動的には狂気)もしくは、信仰への跳躍を敢行するか、の「あれかこれか」という決断を迫るというおなじ機能をもっている。信仰への跳躍というこの「宙返り」によって人間は、無の前に立つ代わりに、無から有を生み出した創造主としての神の前に立つことになる。シュティルナーは反対に、自我を無である、しかも創造的な無であると宣言した。

キルケゴールは『あれかこれか』のなかで、今日(一八四三年)にあっては少なからぬ人々が、抽象化の激烈な情熱に駆られて、完璧な無にいたるまで自己暴露を果たし、それを通じてまともな人間になろうとしていると述べている[81]が、こうした箇所はシュティルナーのような人と関連させて読んでいいだろう。だが、キルケゴールがシュティルナーの本を知っていたかは、わからない。また彼の著作でバウアーに触れた箇所もない。とはいえ、キルケゴールがバウアーとそのサークルについてなにも聞いたことがないというのも、まず考えられない。というのも、キルケゴールがベルリンにいた頃のヘーゲル左派は、シェリング批判にかかわっていたからである。そしてシェリングとの対決は当時のキルケゴールの関心事でもあった[82]。ただひとつ確実なのは、フォイエルバッハとの関係だけである。

キルケゴールが明晰に理解していたのは、フォイエルバッハによる神学の解体は、キリスト教を世界精神の歴史に取り込んだヘーゲルの正当なる帰結であるということであった。彼はフォイエルバッハの『キリスト教の本質』から、「神学の秘密は人間学である」とする一節を引用し、またときには、キリストの「実存的語りくち」をヘーゲルが形而上学的教理に変えてしまったことを批判するフォイエルバッハの文章を引いている[83]。そしてその際に、フォイエルバッハの側についている。ヘーゲルが神性と人間性をひとつに合わせたことが、この時代の矛盾である、つまり、不信仰と信仰を、キリスト教と異教を巧みに宥和させるという矛盾である、とキルケゴールは確信していた。「近代の思弁は、キリスト教とは別の側を遠くまで突き進む、あるいは、キリスト教の理解において、時代がおおよそ異教に立ち戻るにいたるまで突き進むという曲芸をやってのけた。人がキリスト教よりギリシアの異教を望むのは、それ自体としては特に頭がおかしくなるほどのことではない。しかし、そもそもキリスト教の中にある最高のものとして異教を取り出すなどということは、公正なことではない。こうすることによってかつてのあり方とはキリスト教が異なるものとなってしまうがゆえに、キリスト教に対しても公正ではないし、ギリシアの異教に対しても、もはやそれは、かつてあったあり方に戻ることができないがゆえに公正ではない。キリスト教を完全に理解したと称し、その際に同時に自分自身はキリスト教内部での最高の発展段階に到達したと宣言するようなヘーゲル的思弁は、奇妙なことに、彼岸など存在しないという発見を、つまり、〈上の世界〉とか〈彼岸の世界〉、あるいはそうしたたぐいのものは、所詮は有限でしかない悟性の弁証法的狭隘さにすぎない、という発見をしたことになる[84]」。だがキルケゴールがフォイエルバッハに共感を抱いたのは、両者ともにヘーゲルに対抗したことによるだけではない。さらには、既存のキリスト教に対するフォイエルバッハの攻撃に対して共感を抱いたことが直接の理由である。「実験者にとってはおよそベルネ、ハイネ、フォイエルバッハおよび彼らに似た物書きたちは大変興味ある存在だ。彼らは宗教的なものにしばしばきわめてよく通じている。つまり、このようなものとは決してかかわり合いになりたくないということを、彼らははっきりと自覚しているのだ。おかげで彼らは体系家たちとは明確に異なった存在、それも彼らにとって有利なかたちで体系家たちから抜きん出た存在である。この体系家たちと来たら、……宗教のことなどわからないくせに、宗教の説明にかかわって、いつも失敗ばかりしているのだから[85]」。逆に、明確に反キリスト教的な立場からも、キリスト教がどういうものであるかを、明確にキリスト教的な立場からするのにまさることも劣らず理解することができる、とキルケゴールは論じる。このテーゼを例で示すためにキルケゴールは、パスカルとフォイエルバッハを引き合いに出している。「こうして私は宗教というものを思考実験によって理解できた。私の理解が正しいことは、二人の専門家が正反対の立場から宗教と苦悩の関係をおなじように理解していることにも見て取れる。健康原則に帰依するフォイエルバッハは、宗教的生活(特にキリスト教のそれ)は、たえざる苦悩の歴史、受難の歴史であると述べている。パスカルの人生を見れば、十分にわかるというものだ、とフォイエルバッハは述べているではないか。パスカルも、苦悩〔受難〕はキリスト教徒の自然状態である(ちょうど、感覚を備えた人間の自然状態が健康であるのとおなじに)というように、まったくおなじことを言っているではないか[86]」。もっと原理的な表現では日記の中で、フォイエルバッハのような著述家は、「自由思想家の最後のありよう」だが、彼らはキリスト教にとってそれなりに十分に有益な存在となりうる、と記している。なぜならこうした人々はつまるところ、キリスト教を今日のキリスト教徒に対抗して擁護しているからである。今日のキリスト教徒ときたら、キリスト教がヒューマニティや進歩ではなく、倒錯した世界であることをもはや理解していないのだから、とキルケゴールは論じる。今日の世界はキリスト教的であると自ら称しているが、実はキリスト教の否定でしかない。そういう世界においてキリスト教を理解するためには、「敵からも助言を Et ab hoste consilium」という言い方のとおりフォイエルバッハが重要であると、キルケゴールは最後に記している[87]。

　フォイエルバッハに対するキルケゴールのこうした戦術的な高い評価よりももっと本質的なのは、二人ともカトリック教会に対するルターの批判を共有していることである。つまり、ひとりひとりがキリストを自分のものにすべきであるとする立場からなされたカトリック教会の実定性への批判である。フォイエルバッハは、ルターに依拠することによってキリスト教信仰の解体を果たしたが、おなじようにキルケゴールも、彼の「修練」と「反復」をルターの思想から発展させている。「キリスト的なものの獲得と体現を取り去ったら、なにがルターの功績として残るというのか？　彼の本を開いてみるがいい。そして、どのページにもキリストを体現する強い脈拍を感じるがいい。……教皇制度は、客観性、客観的規定、そして客観的なるものを溢れるほどに持ちすぎていないだろうか？　教皇制度になにが欠けているのだろうか？　キリストの体現、内面性、これが欠けているのだ[88]」。「わたしのため pro me」および「我々のため pro = nobis」というルターのことばからフォイエルバッハは、信仰の本質とは、自己を信じる人間であると結論するが、この言葉をキルケゴールは自分なりに「獲得」と「主観性」と訳している。またフォイエルバッハは、プロテスタンティズムは神を宗教的な形で人間化させる方式であるとしているが、おなじようにキルケゴールは、プロテスタンティズムの危険は、もしもそれ自身のための存続をめざし、元来「矯正剤」であったものが規範となってしまうと、「人間の利害」のためのキリスト教になってしまうことに、そして、「キリスト的なものに対する人間的なものの反応」となってしまうことにある、と記している。(89) キルケゴールは、この危険を、キリストを獲得し体現するという原則の徹底をめざすことで、回避しようとする。そのために彼は、「キリスト教の理念性」を「パラドックス」として展開せざるを得なくなる。つまり神をそのつどの自分が獲得するという態度と、異質な神という対象との、不釣り合いな関係という強烈な緊張こそ神との関わりであり、我々はそうした関わりのうちにあるというパラドックスである。(90) 神と人間とのパラドックスなこの関係におけるアクセントはしかし、主体の内面の側からの神の獲得にある。神とは真理である。しかしこの真理は、神の前の実存〔現実存在〕である人間の信仰にとってのみ真理なのだ。「実存する者が信仰を持っていないならば、神は存在しない。また神は現実には存在していない。もちろん神は永遠の相で理解すれば永遠に存在し続けているのだが」(91)。ヘーゲルは、神は本質的に「思考」のうちにのみある、なぜなら、知覚される精神は知覚する精神とおなじひとつの精神だからであるとする命題を立てた。このヘーゲルの命題は、フォイエルバッハにおいては、キリスト教的真理の人間学的本質に関する根本原則へと変じ、それを経てキルケゴールにおいては、神はそのつどの自身の「神との関係」のうちにおける主観性のうちにのみ、そして主観性にとってのみ存在するとする実存的テーゼへと変じたことになる。

こうした実存神学的な基本概念に依拠してキルケゴールは、歴史的に存在してきたキリスト教の客観性を破壊した。彼は、教会と国家へと俗化したキリスト教、神学と哲学へと俗化したキリスト教のあり方を批判したが、それは、「実定的」になった〈教会というかたちに制度化された〉キリスト教、それゆえに本来のあり方から疎外されたキリスト教に対する、内面性を基準とする立場からの批判だった。つまり、実存する主体によってキリストを自己のものとするべき内面性を基準にしての批判である。「真理の主体性」というこのテーゼ――いっさいの制度的なものの完全な否定にまで主体化され、同時にまったく独自の意味での真理ということであるが――によってキルケゴールは、フォイエルバッハが人間のうちに確認した神と人間のあいだの相関関係におけるちょうど境界線に立ったことになる。(92) この流れの全体を歴史的に見ると、キリスト教を感覚的人間の〈感情〉へと還元したフォイエルバッハは、キルケゴールの実存的実験にいたる前座、それも感覚に限定された前座にすぎないことがわかる。キルケゴールは、この彼の実験を通じて、キリストとの歴史的な距離を内面的な〈同時性〉によって抹消し、キリスト教の堕落の最後において、原初のキリスト教を自己の実存のうちへと取り込もうとしたのだ。(93) 彼は、その精神力によって、宗教的感情を反理性的な「情熱」へと凝集させたのだ。(94)「客観的な見方からすればキリスト教というのは、実定的な事実としてのことがらであり、人はそれが真実であるかどうかを問うだけのものとなる。だがその問い方は純粋に客観的な問い方でしかない。なぜなら、ここではちっぽけな主体は、あまりに客観的に理解されてしまっているので、自分を表に出すことができない、あるいは、ともかく信仰を抱いている者としての自分を参画させることができない。こんな風に客観的に理解されてしまうと、真理なるものも、第一には歴史的真実という意味になってしまう。さらに第二には、哲学的真理なるものになってしまう。歴史的な真実か否かとしてみるなら、〔キリストがいたという〕真理も、さまざまな情報を批判的に考察して見いだすべきものとなる。それ以外のいわゆる歴史的真実を探求するのと変わらない。また哲学的真理として探求するなら、歴史的に与えられ、妥当とされた教えと永遠の真理とがどのような関係にあるのかを問うことになる。研究する主体、思弁する主体、認識する主体はこのようなかたちで真理を問うのだが、そこでは主体的な真理に関する問いはない。つまり〔キリストの〕真理をこの自分が獲得することについての問いはない。研究する主体はたしかに関心は抱いているようだが、自分の人格において無限に情熱を抱くような関心ではない[95]」。

このように「情熱」がヘーゲルとの違いとして強調されているが、それでも、ヘーゲルとキルケゴールの決定的な対立点は、客観的理性に対抗して論争を挑む情熱的な主体という点にあるのではない。違いは、キリスト教と歴史の関係をどう見るかにある。キルケゴールは、永遠の真理と歴史的プロセスとの関係をジレンマとして捉え、なんとかそれを逆説的かつ弁証法的に解決しようとした。ヘーゲルは、キリスト教の絶対性を精神の普遍的歴史のなかへ組み込んだ。ヘーゲルにあってはそれゆえ、キリスト教と歴史のあいだの断絶は生じようがなかった。それに対してキルケゴールは、「永遠の浄福」が歴史的知に依拠するかたちで築かれねばならないということを矛盾として捉え、その矛盾を考え抜くことによって、キリストのあり方を自己のものとする主体の主体性を、キリスト教の歴史的な流布に対抗するかたちで意欲した。そして、歴史の客観的な力を無視し、かつ歴史感覚を転倒させた歴史概念を打ち立てようとした。キリストを自分のものとする目的で主体化されたこうした歴史から実存論的存在論の〈歴史性〉（ハイデガー）が、また実存哲学的な〈歴史性〉（ヤスパース）が生じてきた。

キリストを自分のものとして獲得するというキルケゴールの語りくちは、「千八百年の時間を、あたかもなかったかのように外して考える」こと、原初のキリスト教と「内面的に同時的になる」ことを課題としていた。しかし、それが可能となるためには、数千年存在し続けたキリスト教のあり方が、一般的な歴史上の現実であることをやめて、ひとりひとりの可能性へと変じる、つまり一種の「要請」となることが必要である。「このようにして神はひとつの要請となるが、要請と言っても、普通にこの言葉を使うときのろくでもない意味ではない。ひょっとしたら次のように言えばあきらかになるかもしれない。一個の実存者が神との関係に立ち至る唯一のやり方は、〔有限の人間が絶対者を自己のものとするという〕弁証法的矛盾が情熱を絶望にまでもたらす方式であり、そして絶望というカテゴリーのもとで、〔信仰は〕神を捉えうるかもしれない、とこのように言えばいいのかもしれない。こうして見ると要請というのは決して恣意的なものではなく、まさに正当防衛〔必然的戦い〕なのだ。それゆえ神は決して要請ではなく、実存者が神を要請すること、このことが一個の必然性なのだ[96]」。

それに対して字義通りの意味で「絶対的 absolut〔語源的には「切り」離された〕」つまり「自分とは無関係な客観的 losgelöst-objektiven」という意味でのキリスト教の真理などというものは、得ることができない、とキルケゴールは論じる。なぜなら、キリスト教の絶対性の「結び目 knotenpunkt」は、まさにそれとの「絶対的な態度・関係」にあるからである。逆に、千八百年間キリスト教が客観的に存続していたということは、「なにかを証明することとして」は、決断の瞬間にとって「まったくゼロ」でしかない。反対に「なにかに対する恐怖をかき立てることとしては」「きわめて優れた」事態である。なぜならもしも真理がキリストを自分のものとすることにあるなら、キリスト教の客観的な存続そのものは、主体である私自身にとっては、なんの意味もない、どうでもいいことでしかないからである、とキルケゴールは言う。

だが、真理をこのように定義すると、こうした定義の内部で、はたして狂気と真理をどうやって区別したらいいのだろうか？　そもそもこの両方ともが、おなじような「内面性のあり方」を示してしまうのだから。[97] こうなると情熱的な反キリスト者といえども、情熱的なキリスト者にくらべて「真なる」度合いが低いということは言えなくなるし、実存に依拠したどんなパトスもそれなりにすでに真理ということになろう。[98] キルケゴールはおそらくこのジレンマに気づいていたと思われるが、ほんの注釈的に触れているだけだ。彼は、「無限性」に依拠した情熱的内面性と「単なる有限性」に依拠した内面性とを区別しなければならないと述べて、このような条件づけによって自分のテーゼの正しさを確認しようとしている。だが内面性そのものにこのようなかたちでの区別をつけることは、はたして可能だろうか？　キリスト者の内面性における「無限性」なるものは、やはりそれ自身として、つまり自己の主体性に依拠しておのずから根拠づけられるというものではないはずではなかろうか。むしろやはりその対象、つまり神の無限性にその理由をもつのではないだろうか。とするなら、「この」無限性、つまり、神への情熱的な関係のあり方は、有限なものへの情熱的関係、すなわちそれとしては狂気にとらわれた関係のあり方とは神に関してのみ区別しうることになる。ということは、どんな場合でも有限でしかない自己の情熱に対峙するものとしてのみ区別しうることになる。逆に、情熱のうちに実存することこそが本当に「究極のあり方」であり、客観的なものは「消え去るもの」でしかないとするなら、そもそも有限の内面性と無限の内面性とを区別する可能性そのものが必然的に消えてしまう。それとともに狂気と真理を区別する可能性も必然的に消えることになる。実際にキルケゴールは、真理を内面性のうちへと設定することによって、こうした帰結に至ってしまった。「客観的に真理について問うならば、認識者は対象としての真理にかかわるかたちで、真理について反省を加える。すなわち対象との関係について反省するのではなく、自らが対応するのは真理であり、真なるものというだけのことだ。認識者が対応するのがただの真理であり、真なるものであるなら、主体が真理の中にあることになる。それに対して、真理について主体的に問うならば、個人の関わり方について主体的に問うことになる。真理との関わり方がどのようなものであるか、そのあり方こそが真理のうちにあるなら、そのようなときにのみ個人も真理のうちにあることになる。かりに、このように主体的に関わるものが非真理であったとしてもである」[99]。

「あるなにものか」に対して個人の「それとの関わり方が真に（つまり主体的に）神との関わりであるかどうか」「だけが」問題となるならば、神が現実に存在するかどうかは当然のことながらどうでもいいことになる。真理へのこうした道そのものがそれだけで真理であるならば[100]、真理へのこうした道をとおって到達しうる極限にあるのは「客観的な不確実性」でしかなくなる。なぜなら、自己自身の神との関わり方が客観的であるかどうか、つまり、神から見て真なる関わり方であるかどうかは、人間には決して確証できないからである。信仰のうちに「実存する者」にとって「最高の真理」とは、まさにそのつどの自己が獲得したものがそれ自身として客観的な不確実性でしかない、ということである。それゆえキルケゴールから見れば、一人の人間が実際に異教の神を拝んでいるとしても、「本当のところは」〔真の〕神に祈っているのかもしれない。逆に、キリスト教の聖堂で、真なるキリスト教の神を拝んでいるとしても、

「本当のところは」偶像に祈りを捧げているのかもしれない。というのも、真理とは「内面的に」どのような態度をとっているかにあるのであって、「外面的な」なにを信じるかにあるのではないからだ。とはいいながら、キリスト教的な主体性にあってこの「なにか」はなんでもいいのではない。もしも真理が妄想でよいのでなければ、重要なのは真のキリスト教のあり方でなければならないはずである。とするならば、信仰の真理は主体的な獲得の仕方にのみあるのではなく、「客観的な不確実性」をそれとして「確証する」ものでなければならないはずだ。信仰の客観性は、その客観性においてではなくとも、〔神に聞き入れられないという〕拒絶的な客観性として自己自身の献身が真理であるかどうかを決定するものとなる。信仰の客観性と自己の献身の両者があいまって信仰を「パラドックス」とするのである。「内面性の主体性こそが真理であるなら、この真理は、客観的に規定するならばまさにパラドックスである。そして真理が客観的に見てパラドックスであるということは、主体性こそが真理であることを証明するものである。なぜなら、客観性は拒絶してくるからであり、この拒絶こそが、あるいは拒絶の表現こそが内面性の緊張であり、力の基準だからである」[101]。この主体性こそはそれゆえ、それ自身において永遠である真理への真なる道である。だが同時にこの真理は実存者との関係においては必然的にパラドックスであらざるを得ない。つまり、拒絶しはねつけるとともに、魅惑して引きつけるというパラドックスであらざるを得ないのだ。

キリスト教の真理が主体的であることのひとつの行き着く先は、その伝達の形式にある。「このことを理解したわたしにとって、わたしがなにかについて伝達しようとするならば、そのときのわたしの叙述は、なによりも間接的な形式にとどまらざるを得ないということが同時にあきらかになった。というのも、内面性こそが真理であるならば、結果は屑《くず》みたいなものでしかないからである。おたがいにそんな屑をぶつけあってはならない。しかも結果を伝達するのは、人間と人間の間の交流としては不自然なやり方である。なぜならどんな人間も精神であり、真理とはまさに獲得の自立性であって、結果などというものはそうした獲得を妨げるからである[102]」。キリスト教において真理であるのは、現実に存在する奇蹟もしくはパラドックスのことである。つまり人間であると同時に神である存在者のことである。そうである以上、この真理は、本当のところその真であるあり方においてはパラドックスとしてのみ伝達可能であって、直接的に伝えることできない。それは、伝達を受け取る他者が、伝達してくれた話し手と関係を結ぶのではなく、伝達されたことに対して独自の獲得の仕方にいたるように伝達しなければならない。「キリスト教的な産婆術」の真理性は、実存する主体性に依拠している。この産婆術は、自分で獲得しなければならないがゆえに、間接的にのみ伝えうる真理をめざすのだ。伝達は、単に「示唆して注意を向ける」だけのこととなる。そのようなやり方を通じて、ひとりひとりの単独者が真理を獲得できるようになることをめざすのだ。「教権抜きに宗教的なものに、キリスト的なものに注意を向けさせること、これこそが、全体として見るならば、私の著述家としての活動のカテゴリーなのだ」。

とはいいながら、伝達を間接的にしたところで、おなじ矛盾が残るし、さらには、実存化とはいえ、あらかじめ前提された〔キリストという〕真理の実存化である以上[103]、やはり矛盾が残る。このことはキルケゴールも洞察していた。そこで彼は、この間接的な伝達を、最終的にはある種の直接性へと帰結させる。つまり真理の「証言」へと帰結させる。「キリストを伝達することは結局のところは、証人となることに尽きるはずだ。産婆術〔ソクラテスは自分の対話を真理の発見へと人を助ける産婆術として理解していた〕が最後の形式ということはあり得ない。なぜならキリストに即して理解するなら、真理は〔ソクラテスが理解したような〕主体のうちにあるわけはないからである。そうではなく、真理とは啓示 Offenbarung なのだ。そしてこの啓示は告げられねばならないのだ。キリスト教的世界にあっては、たしかに産婆術を使う必要のあることはまちがいない。なぜなら、たいていの人々はキリスト教徒であると思い込んで生きているにすぎないからだ。だがキリスト教とされているものが、キリスト教でない現状を鑑みるならば、産婆術を使う者はみずからキリストの証人とならねばならないことになる[104]」。

キルケゴール自身は「真理の証人」として登場してはいない。もちろん「真理の側につくがゆえに殴り殺される」目にあうことこそ、彼の最内奥の関心だった。とはいえ、こうしたことは「使徒」にのみ許されることで、「天才」には与えられないことは分かっていた[105]。それゆえキリスト者としての彼自身のカテゴリーは、「宗教的著述家」となること、それも文学的実存と宗教的実存の境界に立つ「宗教的著述家」となることだった。こうして彼は自分の名前で出した宗教的スピーチなるものを説教とは見ずに、「教化的文体」を用いたキリスト者としての「スピーチ」と理解していた[106]。それゆえに現実のキリスト教のあり方に対する彼の攻撃を、宗教的著述をすることから来る当然の帰結というように理解してはならない。この攻撃はむしろ、キリストの証人になろうとする意志の爆発と理解すべきである。デンマーク国教会の代表者たちに対してキルケゴールは、真理の証人として語る権限を彼らに認めないという激烈にスキャンダラスな発言をしたが、そのときも自ら使徒の教権を以てキリストの真理を代弁するのだとは、言わなかった。世間に出る時のキルケゴールは、「人間的誠実さ」を掲げるのみだった。「この誠実さのために私はあえて無理をするのだ。それに対して、私はキリスト教のためにあえて無理をするとは決して言わない。もしも犠牲になるとしても、いや、文字どおりの犠牲になる気になったとしても、キリスト教のために犠牲になる気はない。ただ単に、誠実さを望んだということの犠牲にならば、なる気があるだけだ」[107]。

この攻撃は、*アードラー牧師への攻撃[108]とおなじく〔4〕、深く両義的なままであった。なぜなら、この攻撃は、その際に、自ら確認するとおり、彼が「教権抜きに」擁護する真のキリスト教の内部の立場からなされているからである。こうした両義的な攻撃のアイデアをキルケゴールは、アードラーに向けた宗教裁判的な文章のなかで作り上げている。それはまたたとえば、フォイエルバッハのような、他のやり方、毒のない攻撃の仕方に意識的に対抗した攻撃でもあった。つまり、フォイエルバッハのような批判者は、キルケゴールに言わせれば、「完全な意味で」「いささか馬鹿」だったからだ。キリスト教に怒っているこういう連中は、キリスト教を攻撃するには違いないが、「自らはキリスト教の外部に位置を取っている。それゆえ彼らはなんの危害も及ぼさない」。「そうではなく、怒っている連中は、キリスト教に対してまったく異なったかたちで迫ることを学ばねばならない。むしろモグラのようにキリスト教のど真ん中で地上に飛び出すようにならねばならない。フォイエルバッハがもしも、キリスト教を攻撃する代わりに、もっと策略を練ってことに及んでいたとしたらどうだったろうか。悪魔的沈黙のうちに攻撃計画を潜めていたらどうだったろうか。そしてこの計画にしたがって登場し、自分は啓示を得たと告げ知らせたらどうだったろうか。もしもフォイエルバッハが、犯罪人が自分の嘘を覚えておくように、こうしたやりかたをなにものにもとらわれずに覚えていたとしたら、そしてその際に、国教会正統派の弱点をすべて密やかに探知していたとしたらどうだったろうか。ところが彼は、こうした弱点を攻撃するにはほど遠く、ある種の忠実な素朴さを以てこうした弱点を光にさらしただけだった。彼がもしも全体をもっと巧妙に、誰も仕掛けに気づかないように練り上げていたとしたら、正統派はきわめて困ってなにも言えない状況に追い込まれたことだろう。正統派は、現存の秩序の利害に即して、我々はすべてこのままでキリスト教徒であり、この国はキリスト教国であり、個々の教区はキリスト教徒から成り立っているという見かけを守ろうとがんばっている。そこにある人がこの教会の外部に身を置いて、キリスト教に戦いを挑んで、しかももしも勝ったとしたら、個々の教区はこの安易な旧弊から抜け出すべく努めねばならなくなるだろう。……キリスト教を捨てる決断に向けて外に出なければならなくなるだろう」[109]。さらには、「いかに奇妙に見えようとも」とキルケゴールは自分自身に関してこう告白する。自分はキリスト教に対する情熱的な反抗ならば一緒につき合えるが、公的な教会の中途半端ぶりにはついていけない、と[110]。フォイエルバッハに対するこのような論難はしかし、結局のところ、キルケゴール自身の攻撃にいかに問題が潜んでいるかを反映している。なぜならこの攻撃は、個人的な啓示に依拠せず、現存のキリスト教をあたかも外から攻撃しているかのようにやっているが、それができるのは、自らこのキリスト教の内部に身を置いているから、つまり怒りと護教論の境界線に身を置いているからなのだ。その点でこの攻撃には欺瞞的なところがある。

既存のキリスト教に対するこの攻撃からすると、キルケゴール本人のキリスト信仰のあり方も問題とせざるを得ない。彼のキリスト信仰もきわめて二義的である。つまり、人間は苦痛を感じたら「一服の薬を飲む」べきか、あるいは「信仰を抱く」べきかという問いとおなじに問題をはらんでいる[111]。キルケゴールをして、キリストの受難を解釈する決断に至らしめた現象は、彼の生来の「憂鬱症」であった。自らこの憂鬱症は「不幸な苦悩」であること、「心理的なものと身体的なもの」とがその境界線上で弁証法的に触れ合うことからくる不釣り合いに由来していることを、彼は知っていた。「それゆえ私は主治医に、私の構造における身体的なものと心理的なものとのあいだの不釣り合いをなんとか矯正して、普遍的なものが実現できると考えられるかを、尋ねてみた。それはちょっと無理だろうと彼は答えた。また私は、このような根本的不釣り合いを精神は意志の力で変換ないし転換できると考えうるだろうかともきいてみたが、それも無理だろうというのが、彼の答えだった。さらには、意志の力を総動員するのは、やめた方がいいと忠告してくれた。なぜなら、そんなことをしたらすべて壊すことになると予想しうるから、というのだ。その瞬間から私は選択した。あの悲しい不釣り合いを、それに伴う苦悩とともに（この苦悩は、悲惨がもたらす苦痛の大きさを把握する精神を十分に持っている人々の大部分を確実に自殺に追い込んだであろう）、私の肉中の刺《とげ》、私の限界、私の十字架と見なすことにした。……足についたこの刺の助けを借りて私は通常の健康な足を持った誰よりも高く跳べるのだ(112)」。魂と肉体の間のこの緊張関係によってキルケゴールの精神は、異常なまでの跳躍力を身につけ、自らの自然を跳び越えることができた。キルケゴールのキリスト教は絶望からの脱出だった。「キリスト教がこの世にあらわれたときは、絶望からの脱出であった。それとおなじに、どんな時代でも、キリスト教は、それを本気に引き受ける誰にとっても、そのような絶望からの脱出であり続けるだろう(113)」。

しかし、この自らの〈決断〉をキルケゴール自身が問題だと感じていたのだ。次の文章が示しているとおりである。「私の憂鬱症がなんらかのかたちで私を間違った方向に連れて行ったとしたら、それは、ただの不運な苦悩や傷であったものを、自分の咎《とが》と罪と見たことにあろう。これこそは、最も恐ろしい不釣り合いだ。ほとんど狂った苦痛のシグナルだ。しかし、この点で私が行き過ぎたとしても、それはそれでいいことに役立ったことになる」(114)。選択と決断というまさに問題的なこの一点が、キリスト教に対するニーチェの批判の始まりである。苦悩のキリスト教的=道徳的「価値解釈」というテーゼを伴った批判がここからはじまる。

第九節　ニーチェ——キリスト教的道徳と文化に対する批判

ニーチェによれば、罪と咎は人間の生活に内在する現象ではない。罪と咎はまさに罪と咎が意味するあり方にすぎないのだ。罪の意識、咎の意識のうちにのみ存在しているにすぎない。これらの存在は意識の状態であり、そういうものである以上、ただの存在理解 Seinsverständnis〔そのようなものであると理解すること〕にすぎない。そしてこの存在理解は、真でもありうるし、偽でもありうるのだ。人間が学習によって自分自身に対してとりうるさまざまな意識のあり方次第で、いろいろな「苦悩の因果関係

Leidens-Kausalitäten」というものがある、とニーチェは論じる。キリストは自分の苦悩を罪の方向で解釈した。つまり、彼は自分の不快感に意味ある理由を探し求めたのだ。なぜなら、「理由が分かれば気持ちが軽くなる」からだ。「自分の生の理由が分かれば、それがどのようなものであろうと、なんとか折り合いをつけられる」。キリスト教は、苦悩のこのような理由にあわせて、罪悪感のない世界を罪の世界に組み替えた。「病人」を罪深い〈罪人〉に変えてしまった。「キリスト教の神の到来とともに、……この地上における最大の罪責感が出現した。もしもかりに、我々がまさに逆向きに動き始めたとしよう。そうすると……キリスト教の神に対する信仰のもはやとどめがたい衰退から、人間の罪責意識の相当程度の衰退が起きていると推論していいであろう。いやそれどころか、無神論の完璧で最終的な勝利とともに、人類が自らの生い立ちによる罪、つまり、第一原因 causa prima〔アリストテレス・スコラの伝統での神のこと〕による罪悪という感情から解放される見込みも、あながち無理な見込みではないであろう。無神論といわば第二の無垢〔負い目がないこと〕が相互に支え合うものとなる」[115]。キリスト教こそが古代の異教世界に対する価値転換を行ったと見るニーチェは、今やそれを逆転させる。それによって罪の意識こそは、「病める魂の歴史における最大の事件」となり、また「宗教的解釈の恐るべき策略」となったのだ。こうした宗教的解釈に対抗してニーチェは、人間の生活にその「無垢」を取り戻し、善悪の彼岸で、中心を脱した実存を、永遠に回帰する自然的コスモスといまいちど結びつけようとした。だが生についてのこうしたディオニュソス的見解を展開するといっても、それをニーチェは、キリスト教に対する批判という論争的形式でするしかなかった。キリスト教の道徳を〈反自然〉と解釈することで果たすしかなかった。この批判を歴史的に根拠づけうるために彼は、近代性の頂点において、古代をふたたび取り返そうという逆説的な試みをすることになった。彼のギリシア崇拝が持つ反キリスト教という目標は、彼が古典文献学を学んだ経歴からくるひとつの帰結であり、また(『反時代的考察』としてメモされた)「われら文献学者」の構想のうちにその根をもっていた。

『アンチクリスト』をニーチェの発展全体のコンテクストで見ると、この作品が根源的な「スキャンダル」でもなんでもないこと、「原始キリスト教の再発見」でもなおさらないことがあきらかになる。[116] むしろ『アンチクリスト』は、すでに『反時代的考察』とともにはじまった批判の到達点なのだ。たしかにニーチェはこの最後の攻撃では、『反時代的考察』より思い入れが激しくなっているにはちがいないが、それは、次第に孤独感がつのるなかで、ますます無理な役割を引き受けるようになったためである。

キリスト教へのニーチェの個人的な帰依は、彼の幼少期の敬虔主義的な雰囲気のなかで教育を通じて刷り込まれたものである。エーリヒ・ポーダッハ*[117]は、ニーチェ研究に寄与した、説得的でわかりやすい諸論文を通じて、キリスト教に対する後のニーチェの態度に、母親が決定的な影響を及ぼしていることを、うまく書いている。ポーダッハは、若きニーチェの作文や詩からもわかること、つまり、ニーチェの宗教性は当初からいささか無理して思い入れたところがある、外から無理に教えこまれた感情めいていると確認している。彼の家庭ではじめの頃に出会ったキリスト教は、あまりに弱く、のちに反感と不信以上のものを生み出すことはありえなかった。この不信はのちに、リヒャルト・ヴァグナーの「パルジファル・キリスト教」への不信のなかでさらに先鋭化していった。この「パルジファル・キリスト教」は、ニーチェに言わせれば「キリスト教のホメオパシー〔同類療法〕」であり、自分がもともと問題視し、倒すべく闘ったキリスト教がおとなしくなった「道徳主義」でしかない。なぜならニーチェから見ると、現在のキリスト教というのは、かつてのように世界を克服しながら、やはり世界を支配している信仰ではもはやなく、ただキリスト教的な文化として、あるいはキリスト教的な道徳としてあるだけだからである。あるところでニーチェはキリスト教に対する批判を五つの「ノー」として列挙しているが、その第二の「ノー」

は実際には他の「ノー」をまとめていると言える。それは次のようなものである。「伝統的な理想を、キリスト教的な理想を、キリスト教がドグマ的形態としてはたちいかなくなっているところにも見つけ出し、ひきずりだすことが私のやり方だ。キリスト教的理想の危険性は、その価値感情にある。つまり、概念的な表現などいらない部分にある。潜在的なキリスト教に対する私の闘争(例えば、音楽や社会主義に潜んでいるキリスト教[118])」。キリスト教を見る時のニーチェのイメージは、強烈な大洪水のあと「次第に引き去って行く水」というものだった。「キリスト教的生活のいっさいの可能性はもう試されてしまった。きわめてまじめなやり方からいい加減なやり方まで、……軽薄なものからよく考えられたものまですべてすでに試されてしまった。もうなにか新しいものを作り出す時期にきている。そうしないと、また昔からの悪癖に落ち込んでしまうことになる。もちろん、何千年の長きにわたって我々を呑み込んでかき回してきた渦巻きの外に出るのは簡単なことではない。キリスト教に対する罵倒ですら、冷やかしですら、敵対心ですら、いろいろと試され終わってしまった。氷が張っているところに、気候が暖かくなってきた場合を考えればいい。あちこちで氷が割れている。汚くなっていて、もう輝きもなく、水たまりができている。危ない状態だ。こうなると、いろいろおもんばかっての、かなり徹底した自制だけが適切に見える。こうした自制を通じて、すでに死んだものであっても宗教を尊重するやり方だ。……キリスト教にも、批判的歴史学のときが、つまり、分解のときがもうじきやってくる」[119]。「神の死」はニーチェの意識にとっては一個の事実であった。そしてその意味は、神の死そのものよりも、それがもたらすニヒリズム的帰結にあった。こうした神なきあとのキリスト教に対して彼が加える批判の本質的な要素は、すでに一八六二年の論文の冒頭の文章に含まれている。もっとも、この論文そのものは、キリスト教の本質のヒューマニズム化という伝統的な枠組みのなかにあるのだが[120]。シュトラウスに対するニーチェの関心のあり方も、キリスト教に対する彼の態度をよくあらわすものである。ニーチェの批判が引き起こしているのは、教会と神学のキリスト教ではなく、世俗におけるキリスト教の変貌ぶりなのだ。古代のキリスト教が近代世界の中で見せている「おかしな欺瞞」にニーチェは怒っているのだ。「……何世紀にもわたる癲狂《てんきょう》院《いん》の世界、その名をキリスト教と言おうと、キリスト教信仰と言おうと、キリスト教会と言おうと、癲狂院には変わらないこの世界を陰鬱な用心をしながら、私は歩いていく。――精神病に陥った責任を人類に押しつけるのはいささかはばかられるが、それでもこの近代の時代、つまり、我々の時代に歩み入るやいなや、わたしの感情は揺さぶられ、吹き出す。我々の時代は、知っている時代なのだ……。かつてはただ病気にすぎなかったものは、今日では猥褻《わいせつ》となった。今日キリスト教徒であることは、猥褻である。そしてここでこそわたしの嘔吐がはじまるのだ。あたりを見回してみると、かつて〈真理〉と言われていたもののただの一語ももう残ってはいない。司祭が〈真理〉という単語を口にするだけで、もう我々にはたえがたい。正直に話しているのだときわめて謙虚に主張しているのを聞く際にすら、神学者、司祭、教皇は、彼らがしゃべる文章のすべてにおいてまちがっているだけでなく、嘘をついていることを、我々は今日知っているはずだ。かれがもはや、〈無邪気に〉〈無知で〉嘘をつくということは不可能なことを我々は知っているはずだ。……だれもそのことを知っている。にもかかわらず、いっさいが昔のままで変わっていない。他の点ではまったく遠慮会釈のない人間で、行動の上では徹底してアンチクリストである我々の政治家たちですら、みずからをキリスト教徒と称して、聖体を受けているさまでは、自分自身をたいせつにする心、そして廉直などはいったいどこに行ってしまったのだろうか。……キリスト教は一体誰を否認しているのだろうか？〈世界〉とはいったいなんのことだろうか？今日人は、兵士であったり、裁判官であったり、愛国者であったり、また自分のために闘ったりする。自分の名誉を重視したり、自分の利益を求めたり、誇りをいだいたりする。……だがどんな瞬間のどんな行為も、どんな本能も、行為となったどんな価値も、今日ではアンチクリスト的なのだ。にもかかわらずまだキリスト教徒と称して恥ずかしくないとは、現代人はなんという偽りに満ちた奇形児であることだろうか[121]」。

世俗化した我々の世界とキリスト教が結びつき得ないこの事態を正当化した最後の存在として闘うべき相手をニーチェは、その点ではフォイエルバッハやキルケゴールとおなじに、ヘーゲルに見ている。というのも、ニーチェから見ると、レッシングに由来する、神学のラディカルな批判の流れと、この神学のロマン主義的な保護というふたつの流れがヘーゲルにおいて、頂点に達しているからだ。それゆえヘーゲルこそは、「正直な無神論」の到来を引き延ばした最後の大きな存在である。それは、「生が神性を備えているのだと、最後には我々の第六感、つまり〈歴史感覚〉の助けを借りて我々に思い込ませようとする、壮大な試み[122]」に適っている。「正直な無神論」を引き延ばそうとするこの企てに対抗してニーチェが自分の課題と見たのは、「危機を、それとともに無神論の問題に関して最高の決定を引き起こすこと」であった[123]。そして、こうした未来をはらんだ無神論の先駆的形態が、ショーペンハウアーの「ペシミズム」にある、ととりあえず見た。だがやがて、これは、ヨーロッパの「ニヒリズム」の自己克服の問題なのだというように、だんだんと強い調子で、そして次第に細部にわたって論じるようになった。

「絶対的に正直な無神論」を求めるこの傾向は、ドイツ哲学は半端な神学だとする批判にニーチェを向かわせた。カント、フィヒテ、シェリング、ヘーゲル、さらにはフォイエルバッハやシュトラウスにいたるまで、ニーチェからみれば、皆「神学者」であり、「半ば牧師」であり、「教父」にすぎない。「もしもわたしが、哲学は神学者の血によって穢《けが》されている、と言ったとすれば、ドイツ人のあいだではすぐにわかってもらえる。プロテスタントの牧師こそはドイツ哲学の祖父なのだ。プロテスタンティズム自身は、このドイツ哲学の原罪 peccatum originale である。……ドイツ哲学が結局のところどういうものであるかを理解するには、〈テュービンゲン神学校〉という単語をつぶやくだけで十分だ。――つまり、陰険な神学ということだ(124)」。

ドイツ哲学におけるプロテスタンティズムをニーチェが見抜いたその裏にあるのは、プロテスタント神学を哲学的無神論と見る鋭い見識である。プロテスタント神学は、哲学のうちの科学的無神論をみずから吸収した。しかし、吸収したのは半分までであったため、結果として神学は半分はまだ神学のままであり、半分だけがすでに哲学と化すことになった。それゆえ「プロテスタンティズムの滅亡」が起きたのだ。「プロテスタンティズムは、理論的にも歴史的にも中途半端な存在として理解できる。実際にはカトリシズムの方が大きな重量をもっている。ビスマルクは、プロテスタンティズムなどもう存在しないことを理解していた」[125]。プロテスタントの説教師の子供として――このように述べるニーチェは、自分のことも言っているのだが――あまりにも多くのドイツの哲学者や学者は、自分たちの父親を眺めてきた――「そしてそれゆえにもはや神を信じない」。「そのかぎりでドイツ哲学は、プロテスタンティズムの延長なのかもしれない」。

ニーチェはまた、自分自身の「不道徳主義《インモラリスムス》」も、プロテスタンティズム的キリスト教の延長であると感じていた。これもキリスト教道徳の木に実った最後の果実なのだ。「キリスト教道徳自身も誠実さのあかしとして、道徳の否定へと我々を導かざるをえない」。キリスト教道徳の哲学的な自己否定はなおも、自己の固有の力の一部なのだ。キリスト教はまず宗教改革においてカトリックのドグマとして滅びたが、こんどは、道徳としても滅亡するのだ。そして我々は、この事件の発端の閾《いき》にたっているのだ。だが最後には、誠実さに由来する究極の問いとして、「真理へのいっさいの問いはそもそもなにを意味しているのだろうか?」[126]という問いが立ち上がってくる。真理を本気に尋ねる究極の問いの一歩手前、最後から二番目の問いは、「絶対的に誠実な無神論」である。「今日において精神が、厳しく、強く、いかなる贋金《にせがね》作りも拒んで作動しているところならどこでも、この精神はいっさいの理想を放棄してもまったく困らないのだ。この禁欲主義の通俗的な表現は〈無神論〉である。例外は、真理への意志である。だがこの意志、この理想の残滓《ざんし》こそは、……キリスト教の理想の最も厳しい、最も精神的な定式化なのだ。徹底的に秘密の教えであり、外敵世界をいっさい捨て去ったものであり、その意味では理想の残滓というよりは、むしろ理想の核である。それゆえ、絶対的に誠実な無神論は……あの理想に対立するものではない。……この無神論はむしろあの理想の発展の最終段階のひとつなのだ。その終結形態の、そして、内的な帰結のひとつである。二千年の長きにわたった真理への訓練の、畏敬の念を覚えざるを得ない破局なのだ。この破局によって最終的には、神への信仰に潜む欺瞞が、禁止されることになった」[127]。真理への意志が自己をそれとして意識することによって——今やその点にはなんの疑いもない——道徳も崩壊する。「百幕におよぶあの大見せ物が、これからの二百年間にわたってヨーロッパで上演されるべく待っている。あらゆる見せ物のなかで最も恐ろしく、問題であり、おそらくは最も希望に満ちた見せ物となろう」。

　これまでの価値がこうして崩壊するなかで人間は、もはや安住できる土地を失い、「いまだかつて試したことのない」「いまだ発見されていない」領野へと追い立てられるだろう。我々の文化なるものは、ほとんど消え去った事態と見解のうえに作られている以上、もはやなんの実体もないものとなろう。「どうやったら我々は、今日のこの事態のうちにやすらぎを見いだせるというのか！　こうした脆い……移行期にいまなお安住を見いだそうと人が考えるような、いっさいの理想に対して、我々は厳しい眼を向ける。こうした理想の〈実現〉に関して言うならば、そんなものが長続きするとは我々には思えない。今日なおも我々を支えている氷はすでにきわめて薄くなっている。雪解けの風が吹き始めている。我々故郷喪失者こそは、この氷と、それ以外のあまりに薄い〈実現〉を砕き割る存在だ。……我々はなにものも〈保存〉しない。またどんな過去にも戻る気はない。我々は〈リベラル〉などではまったくない。我々は〈進歩〉のためになど働く気はない。市場でがなり立てられている未来のサイレンが聞こえないように耳を塞ぐ必要もない。……我々は人種から言っても、生い立ちから言っても、〈現代人〉よりもはるかに多様で、混じり合っている。それゆえに、あの欺瞞に満ちた自分たちの人種を礼賛するようなことに……加わる誘惑はほとんど感じない。……一言で言えば我々は〈良きヨーロッパ人〉なのだ。ヨーロッパの遺産継承者なのだ。幾重にも重なった、しかもきわめて豊穣な義務を背負った、何千年にもわたるヨーロッパ精神の遺産継承者なのだ。そういう存在としてキリスト教から生まれ、その外に出るまでに生い育ったのだ……」[128]。

だが、実際のニーチェは、キリスト教の外に出るまでには十分にいたっていなかった。そのことは、彼の『アンチクリスト』が示しているだけではなく、それと対になった考えである永遠回帰の教説にも明らかだ。これは明白に宗教の代替物であり、キルケゴールのキリスト者としてのパラドックスに優るとも劣らず、絶望からの脱出路であった。つまり、「無」から、それでも「なにか」にいたろうとする試みだった。(129)

第十節　ラガルド——教会化したキリスト教に対する批判

ニーチェと同時にラガルド*とオーファーベックも、キリスト教への批判を展開した。彼ら二人の批判はニーチェほど目立つものではなかったが、その強烈さにおいてニーチェに負けることはなかった。ラガルドは政治に関して、オーファーベックは神学に関して批判を行なった。

ニーチェの『反時代的考察』の第一論文と同じ一八七三年に『神学、教会および宗教に対するドイツ国家の関係について』と題したラガルドの神学的＝政治的論義が出た。この論の基礎的な考え方は一八五九年に遡る。ラガルドの『ドイツ論集』のすべてとおなじに、この論も神学と政治との内的関連についての鋭い視線が特徴である。実際のキリスト教のあり方と対決し、拒否するラガルドのやり方はきわめて学識に富み、かつ徹底したものだった。徹底さという点ではシュトラウスのそれを上回るほどだが、ラガルド自身は、このシュトラウスの「正直な知的好奇心」から生まれたイエスの生涯についての著作を明確に認めていた[130]。

ラガルドの批判は、カトリックとプロテスタントのふたつのキリスト教会は、福音書のキリスト教とはまったく認められないとするものだった。この批判はまずなによりもドイツのプロテスタンティズムに向けられていた。彼に言わせれば、プロテスタンティズムは歴史的に解体寸前であるが、それはカトリックの信仰箇条をただ改革しただけというこの教会の本質にすでに根ざしている。「神、キリスト、そして聖霊についてカトリック教会が語るいっさい、つまり、近代的意識から見て最もいらだついっさいに関して、この教会は、宗教改革によってなんら痛むところがなかった。プロテスタントとカトリック教会の争いはもっぱら、人類を罪とその罰から救った……キリストによる救済をどのようにしたら自分のものとして体得できるかをめぐるものであった。また改革側から見てこの救済を得る正しいあり方を妨げているために、廃止すべきと感じられた制度をめぐるものにすぎなかった[131]」。プロテスタンティズムが主張する「良心」なるものも、今では歴史になってしまった当時のカトリック教会の状況からのみ根拠づけられるにすぎない。それにルターは、このカトリック教会の状況の個別的ないくつかに対して戦いを挑んだが、全体としては当然の前提として教会のあり方を残してしまった、とラガルドは論じる。だが一六四八年のヴェストファリア平和条約よってプロテスタンティズムが最終的に認められると、プロテスタンティズムは、支配的なカトリック教会に対抗することによってのみ得ていたその内的な力を失ってしまった。「生きていてよいという許可が厳かに与えられるとともに、生きねばならない最後の口実がプロテスタンティズムから奪われてしまった」。今日プロテスタンティズムと呼ばれているものは、福音主義的でもなければ、改革主義的でもなく、気の抜けた抜け殻にすぎない(132)。一般に流布している考えによると、プロテスタンティズムは「解放」をもたらしたとされているが、この「解放」なるものは、その優れたところに由来するのではなく、内面的に「たるんで」いるがゆえに生じたのだ。だが他方で、プロテスタンティズムが解体過程に陥ったがゆえに、プロテスタントを自認するドイツは、カトリックの体制から解放された。また、その体制のなかでプロテスタンティズムが残した部分に含まれていた、自然の発展を妨げるさまざまな障害からも解放されることになった。ドイツの政治的な新体制の成立も、宗教改革の産物ではなく、ホーエンツォレルン家がブランデンブルクとプロイセンにおいて自分たちにのみ依拠した国家を創設したことに負っている。この国家は「どうしても存続する必要があり」――「なんらかのかたちで存在し続けなければならず」――それゆえにやむをえず自己を越えて伸びて行ったのだ。(133) またプロテスタントを宗教改革の信仰箇条という意味で理解するなら、我々の古典的文学者たちもおなじく決してプロテスタントとは言えなかった、とラガルドは論じる。(134) またなによりもプロテスタントの牧師階級 Geistlichkeit こそは、捨て去るべき存在である。なぜなら彼らは「宗教的なもの das Geistliche」――ニーチェなら「聖なるもの das Heilige」というだろうが――に対する感覚をいっさい持っていないからである。こうした牧師階級は、「政治的な願望を神学の色で染めた幻想」にすぎない。プロテスタンティズムは、妻帯禁止をやめ、司祭階級を廃止したことで、名家の息子たちが、そして繊細な情感の持ち主たちが、宗教者となり、教会に仕えることができなくなってしまった、というのだ。(135)

教会の最悪のところは、ユダヤ的原則をとりこんだところにある。(136) つまり、かつて起きたこと、すなわち過去のことを、宗教的生活の目標にしてしまい、常に新たに起きること、すなわち永遠に現在的なことを目標にしなかったところにある。だがその古い形態において〔カトリック〕教会は「たぐいまれなる正しい本能的感覚」によって、この最悪のところを是正していた。つまり、ミサの犠牲〔ミサにおける聖変化によってキリストの受難がくり返される〕のかたちで是正していた。歴史的な事実がたえず新たに再現されるのが、このミサの犠牲だからである。「ミサの犠牲こそはカトリックの強いところである。なぜならば、このミサの犠牲によってこそキリスト教（私はあえて福音とは言わない）は宗教となるからである。そして宗教だけが、つまり宗教の代替物でなく、宗教だけが人々の心を引きつけるからである。永遠の人間精神は、かつて起きたことだけでは満足できないのだ。過去のことに沈潜するのは宗教ではなく、たんなる懐古的感情でしかない。そして、太古の、もはや再生することのない事実の記憶は年ごとに弱まってゆくものであり、そうした弱化する記憶が宗教として賛美される度合いが進むとともに、永遠の姿が時間の中に内在するという意識は消滅して行く。それゆえに我々プロテスタントの場では、宗教はただの思い込み、そういうものと思うだけのもの、つまり、信仰と想像にすぎず、生命そのものとなることができていない。そして基本に毒をはらんだこうした見方を放棄しないかぎり、我々の状況がなんらかのかたちで改善することはあり得ない。我々が必要とするのは、神の、そして神的なるものの現存であって、その過去のありようではない。それゆえにプロテスタンティズムはお話にならないものとなる。またカトリックのミサの犠牲の教えはとても受け入れられないことを考えると、カトリックも、そしてキリスト教全体も無意味となる」[137]。カトリック、プロテスタントの両教会は、ラガルドから見れば、福音を歪めている。そして現在存在しているすべての教会は、国家に対しては瀕死の床にある。「宗教を少しでも早く死の床に置けば、それだけ早く死滅するだろう。こうしたもろもろの宗教の生命は、たとえその様態はさまざまであっても、人工的生命である。つまり、こうした宗教に人々が向ける注目によって、また相互の対立によって維持されているだけの人工的生命にすぎない(138)」。一八七八年の別の論文においてラガルドはまた、将来的には、宗教改革以降プロテスタント地域に起きたことは、決してキリスト教の発展ではなく、新たな宗教形態の試みであったことがあきらかになろう、と述べている。つまり「慣性の法則、あるいはまた堕落の法則、つまり、ローマ教会の圧迫から解放されたゲルマン諸民族のナショナルな力の堕落の法則に依拠しなかった部分においては」宗教の新たな試みであったというのだ。原始キリスト教は、イエズス会〔5〕とともプロテスタンティズムとも無関係なものだった。両勢力の未来の道ははっきり記されている、と彼は述べる。「イエズス会は、ゲルマン的民族性によって滅びた教会という会社を指導し、ローマ・カトリック教会を、普遍的カトリック教会へと変えて行こうとしなければならない。……それに対して、ゲルマン諸民族は、宗教を自らの民族性と関連させねばならない。なぜならプロテスタンティズムがある程度のことを成し遂げたとすれば、それは、プロテスタンティズムに帰依した人々がゲルマン的な本性を宿していたからこそできたことなのだ。そしてローマへの対抗は、キリスト教徒ではなく、ゲルマン人が闘うならば、ごく自然なことである。単数の世界宗教と複数の民族宗教、これこそがカトリックとプロテスタントの対立し合う両者の今後のプログラムの言葉である[139]」。

キリスト教会〔複数〕とその神学に対する歴史的批判を補うのが『未来の宗教』という案である。民族的宗教を作る使命を帯びた未来の宗教の内容は、キリスト教の倫理的及び宗教的見解というふたつの側面を帯びていなければならないとされる。言い換えれば、カトリック教会の考えを利用するとともに「ドイツ民族の民族的特性」もそれとして取り入れねばならないというのだ。そして教会のドグマを「宗教的に利用可能」とするためには、そのドグマから「ユダヤ的な毒」を抜き取らねばならないと、ラガルドは主張する。それに対してもろもろの秘蹟というそれだけで切り離しうるドグマは、なしで済ますわけにはいかない、と彼は述べる。なぜなら、秘蹟においては神の力が地上の事物の衣装をまとって神秘的なかたちで救いをもたらすからである、というのだ[140]。さらにはこうしたもろもろの秘蹟が働きうる身体的な場も考えねばならない。こうした身体は、精神が妨げられなければ、おのずから建設されるはずである。とりあえずは、障害を取り除くことでこの建設の道を準備する必要がある、とされる。

こうした未来の民族教会において実現されるべき「ゲルマン的本性」を、ラガルドは断固とした調子の「反」を使った否定形で次のように形容する。こうした「ゲルマン的本性」は、キリストの教えを純粋な福音と理解するかぎりは、本質的に反ユダヤ的であるが、反キリスト教的ではない、とされる。だが純粋なドイツ的特性は、現在の教養ある人々の階層に見いだすことはできない。なぜなら、公式に認められているドイツなるものはきわめて非ドイツ的であるからだ。その点では、学校で大切にされている古典文学もおなじである。この古典文学は、一方ではコスモポリタン的であり、他方ではギリシアおよびローマを模範としてできている。ドイツ的とは、ヘーゲルがスコラ化した教養のことではなく、グリムのドイツ神話であり、精神の自立性であり、孤独への愛であり、個人の独自性のことである。「新しきドイツ的帝国の相貌を知って、それを読み解くことのできた者ならば、この帝国のドイツ的あり方に接して目に涙を浮かべるにちがいない」[141]。ドイツ的ということは「善」という概念のことではなく、「純正」ということなのだ、とも彼は述べる。だが、個人の生がますます役所によって決められるようになり、専制が自由の仮面をかぶるようになっている現状では、膨大な文化財の山をくぐり抜けて、根源的なものを把握することなどできる者がはたしているだろうか、とも彼は述べる。

ラガルドは、自分が熱情的に憧れるドイツなるものは「かつていちども存在したことがない」ことを知っていた。このドイツなるものは理念とおなじで、存在しないながらも、同時に強力なのだ、とされる。この理念に近づくためには、いっさいの仮象を打ち砕いて、ドイツについての「ユダヤ教的・キリスト教的命題」から脱出しなければならない。「ドイツにおいて宗教を獲得しようとするなら、宗教が存在する不可避の条件は正直さと誠実さである以上、まずは、ドイツが包み込まれている外国製の古着をいっさい取払わねばならない。この古着によってドイツは、個人的な自己欺瞞による以上に、自らの奥底の魂に対する嘘つきとなっているのだから。パレスチナとベルギー〔フランドル地方のハプスブルク・スペインからの独立を指すと思われる〕、一五一八年〔宗教改革活動が統一された〕、と一七八九年〔フランス革命〕、そして一八四八年は、我々の関知するところではない。ようやく我々は、よそ者に対して家のドアを閉めておけるまでに強くなったのだ。家のなかにある外国の要素を全部外に放り投げようではないか。まずそれが済んでから、本当の仕事を始められるのだ(142)」。だが「紙幣通貨と愚劣な株式市場、党の機関紙と一般教養の時代に」こうした仕事は「英雄的行為」を必要とする。問題は、……〔ルイ二世が西フランク王国の王位に就いた〕八七八年になされねばならなかったことを、はたして一八七八年になってもなしとげられるかということだ、と彼は叫ぶ。

ラガルドは、未来の宗教を「ドイツ的敬虔」と呼び、それに必要な「草分け」として、既存の神学と並んで、第二の神学が、宗教の普遍史を教えるものとしての第二の神学が必要であると述べている。「宗教の歴史を教えるものとしてこの第二の神学は宗教についての知を伝達する」(143)とされる。そしてこの第二の神学が新たに発見しなければならないものは、ナショナルな宗教だというのだ。このナショナルな宗教はカトリックでもプロテスタントでもなく、もっぱらドイツ的でなければならないとされる。これは「全能の創造者にして救世主である主との、親しく〈あなた〉と呼び合う関係の生活、神に由来する種族でないいっさいのものに対する王侯の地位と支配の力」とされ、「我々はヒューマンではなく、神の子供であるべきなのだ。リベラルではなく、自由であるべきなのだ。保守的でなく、ドイツ的であるべきなのだ。信仰篤いのでなく、敬虔であるべきなのだ。キリスト教徒であるのでなく、福音主義であるべきなのだ。我々の誰のうちにもある神的なものを生き生きと生きながら、我々はおたがいに支え合う円環へと結び合わされるのだ」(144)。ラガルドのキリスト教批判の影響は、彼の時代には内輪のサークルにとどまっていた。だが、この考えは、第三帝国の宗教政策的もくろみに影響を与えることになった。この宗教政策はラガルドとおなじく千年にわたるドイツ史を無視して、キリスト教を特殊ドイツ的な「敬虔」なるものに限定しようとしたのだ。

第十一節　オーファーベック――原始キリスト教と消滅するキリスト教の歴史的分析

オーファーベックは、自分の仕事はフェルディナント・クリスティアン・バウアーの歴史的批判と関連していると考えて、みずからを「テュービンゲン学派」の一員であるとしていたが、これは、すでに「アレゴリカルな」意味で言っていたにすぎなかった。ヘーゲルからニーチェにいたるドイツの宗教批判の発展と関連させて見るなら、オーファーベックの著作からは、『神学のキリスト教性』（一八七三年）が『反時代的考察』の第一論文との関連で書かれたという意味で、ニーチェに対する対応が読み取れる。しかしまた、ラガルドとシュトラウス、ブルーノ・バウアー、キルケゴール、そして間接的にはヘーゲルへの態度表明も読み取れる。

『神学のキリスト教性』の第一章では、神学とキリスト教との関連一般が論じられている。彼はヘーゲルと反対に、近代の神学がキリスト教の信仰の根源的な意味と原則的な不釣り合いに陥ったのではなく、神学という学問がそもそものはじめからそうだったのだということを、明らかにしようとしている。原始キリスト教は、世界の終末とキリストの再来を信じ、待ち望んでいた。そういうものとしてこの原始キリスト教は、いっさいの学問にたいして「明らかな嫌悪感」を抱いていた。そして信仰と知のこの対立関係はヘーゲル的に宥和させることはできず、「完全に宥和不能」なのだ。「それゆえいっさいの神学の活動は、信仰と知を接触させるものである以上、それ自身として、そしてそのあり方からして反宗教的なのだ。そして宗教的関心と並んで、それとは無縁の関心があるのでなければ、神学などというものも成立するわけがない[145]」。キリスト教の運命を見ると、信仰と知を宥和的に考えようなどという動機はまったく生まれて来ないはずだ。なぜなら、キリストの再臨を待望することを基本的な生命とする宗教は、自らに忠実であろうとするなら、いかなる神学的な学問も、そしていかなる教会も建設しようなどと思わないはずだ。だが、意外と早くそういうことになった。その理由を、キリスト教自身に求めてもだめである。そうなった理由は、異教的な文化世界にキリスト教が組み込まれたことによる。キリスト教はこの文化世界を除去することができなかったために、逆にそれに依拠しようとしたのだ。もっとも、宗教改革までキリスト教は、自らが世俗世界や国家と対立しているという意識を一度として完全に失うことはなかったのだが。

オーファーベックに言わせれば、信仰と知は、すでにキリスト教の揺籃期《ようらんき》に戦いあうことになった。それは、グノーシス派〔6〕が、生まれたばかりの信仰のいっさいの前提をつぶして、信仰を形而上学へと変形しようとしたときのことである。だがグノーシス派に対する勝利は、アレクサンドリア主義〔7〕のうちで大きな力をもっていた世俗の学問との契約にすぎなかった。「〔グノーシス派に対する勝利のあとで〕キリストによる救済への素朴な信仰は、それだけ激しく、自己のうちに引きこもるはずだった。だが、そうならなかった。その代わりに、偽りとされたグノーシス派に……代わって、キリスト教の神学が真のグノーシスとして確立された。この神学なるものは、今や確立されたキリスト教の教理の助けを借りて、少なくともある程度総括されたキリスト教の伝統を、知からの攻撃に抗して信仰の保護下に置くことはできた。だが他方で、信仰の立場から見て、知の立場に自らを高めて行くことが、それなりに必要だと考えられるようになった。宗教と調和した形態としてのこの学問は、一種の暴力を以て教会のうちに侵入し、信仰からの嫉妬深い監視と、ちょっとでも自由に動こうとすると異端のそしりをうける危険に耐えながら、なんとか切り抜け、信仰という純粋に宗教的な関心と知が対立関係にあることを結果として証明しえた。そして実際に、教団の信仰との耐えざる葛藤が生み出される場としても真価を発揮した。そもそものはじめがその後の全体の発展にとって特徴的だった。それは、二世紀から三世紀に変わる頃にアレクサンドリアのクレメンス*と、彼に続いてオリゲネス*が示しているとおりである[146]」。だが、キリスト教信仰と神学的な知との根源的な対立がはっきりと現れざるを得なくなったのは、もっと後のことである。つまり、神学はキリスト教の信仰に対して積極的な護教論的役割を果たすのだという、中世を支配していた幻想も崩れたときのことである。プロテスタントの神学が世俗の学問から歴史的・文献学的批判の方法を継承したとき以降、神学はキリスト教の墓掘り人にならざるを得なかった。そして神学を単に自己主張のためだけに営なまない者ならば、神学は「キリスト教の世俗化」以外のなにものでもないことを認めざるをえなかった。「神学はキリスト教が自分のために営む贅沢なのだが、すべての贅沢とおなじにただでは得られないものだった[147]」。神学の唯一で本当の課題とは、キリスト教を宗教として問題化することにあった。批判的であろうと、護教論的であろうと、あるいはリベラルな立場からであろうと、キリスト教を問題化することだった。なぜならば歴史的・批判的な知は、宗教をつぶすことはありえても、宗教を宗教として再建することは不可能だからである。したがって、キリスト教を概念的存在に「高める」ヘーゲルのやり方ほど、オーファーベックにとって無縁なことはなかった。キリスト教の「原初」の歴史と「堕落」の歴史を区別するという原則的なやり方によってオーファーベックは、キリスト教の「発展」に関しては、ヘーゲルの進歩主義的・楽観主義的概念構築には、はっきりと反対の立場に立っていた。プロテスタンティズムはオーファーベックから見れば、ラガルドとおなじでキリスト教の完成どころか、その解体をはじめたのだ。教会の生産性は宗教改革とともに停止したとオーファーベックは論じる。宗教改革はそもそも、自律的な宗教的意味などもっておらず、ただもっぱらカトリック教会への抗議《プロテスト》によって条件づけられているからである。そして、キリスト教が世界に背中を向けた性格を本来持っていることを無視した帰結は、まさに「とんでもない」ものである。結果として、キリスト教の最初の千五百年は、その本来のあり方を包み隠したものでしかないと宣言することになってしまった、というのだ[148]。だがまさにこうした宣言こそヘーゲルの概念構築のもたらしたものである。彼によれば、キリスト教は世界においてたえず「現実になる」方向へと進展してきたのだ。つまり、世俗化・現実化してきた、ということになる。近代世界のなかでの最後の本当の精神の持ち主は、オーファーベックから見ると、パスカルであって、ルターについての評価はニーチェやデニーフレ*と似ていた。

ヘーゲルに対する拒否的な態度とおなじく、キリスト教の名によって時代の社会や文化に反抗するヴィネー*やラガルドやキルケゴールに対しても、オーファーベックは否定的だった。彼は、神学にはキリスト教を代弁する権利はないとして、自らもそういう代弁を放棄していた。「したがって、わたしは特にキルケゴールなどとは、問題に対する態度がまったく異なる。キルケゴールは、キリスト教をどこかで代弁しながら攻撃していたが、わたしはキリスト教を攻撃する気などない。にもかかわらず、わたしは横から眺めていながらも、同時に自分は、本当は神学者などでいたくないのだけれども、神学者だと思っている。キルケゴールは逆説的な看板を掲げてキリスト教の改革者として物を言っている。わたしはそういうことは最も考えないことにしている。しかしまた、神学を改革する気もない。自分では神学をやっているつもりである。わたしは神学が空疎であることをそれ自体として認めている。わたしは神学が現在すでに腐りかけた建物であることを否定しないし、またその基礎にも批判を唱えるものである。しかし、キリスト教はいかなる留保もなしに、とりあえずはそのままにしておきたい」[149]。キリスト教に対するキルケゴールの態度に潜む「弱点」としてオーファーベックは、「攻撃の仮面をつけた激した」調子の「批判がもつ偽りの、レトリック上のパラドックスをもてあそぶ標語の作り方」をかかげる。「キルケゴールは自らを頼みとして、それからキリスト教に立ち向かって攻撃を始めている感じがする。しかし、彼はまずはキリスト教の内部に足を据えてから、やっているのだ。いずれにせよも、より正当なのだ[150]」。

彼はキリスト教を攻撃してはならないのだ。ある意味では、彼が攻撃する相手の人々がキリスト教を批判するのならまだしもだが、彼はそういうことはしてはならないのだ。キリスト教の無傷で、自分の目から見ても非のうちどころのない代弁者よりも、キリスト教の拙劣な代弁者たちが、キリスト教を批判するのは、なんだかんだいっても、より正当なのだ[150]」。

　B・バウアーに対するオーファーベックの態度は、バウアーの『キリストと皇帝たち』についての書評から読み取れる[151]。オーファーベックはまず、バウアーが初版から三十五年経っているのに、いかなる軟化も見せずに再版したと述べ、もしも学問的根拠づけが欠けていて、中味が危ない状態でなかったらまことに感動的な硬骨ぶりなのだがと言いながら、「その信じ難いあやうさ」を四段にわたって検討している。そして最後に、キリスト教とストア主義とは同じ根から出たとするバウアーのテーゼは徹底的に批判しなければならないのだが、バウアーが主張していることは「まんざら変なことでもない」ことには異論の余地がないはずだ、と述べる。だがそれだけいっそう、彼のこの著作が問題をまったく捉えていないことは、惜しまれるとも書いている。実際問題として、教会の成立にあたってギリシア＝ローマの異教世界が関与している度合いは、これまで過小評価されてきたし、また同時に、古代教会の歴史というのは、

「相当量の逆説を見ないことには」捉えようがないのも本当だ、とオーファーベックは述べる。その上で、しかし、こうした多量のパラドックスを弄する者は、そうしたパラドックスにかたちを与えて、しっかりと理由づけられた信念へと流し込むようにしなければならないのだが、その代わりに著者は単に目だとうとしているだけにとどまっているようだ、と記している。とは言いながら自分によるこうした反論とは別に、神学者がこのバウアーの本を読むのは「やめた方がいいとは言えない」とつけ加えている。なぜなら、著者が提示している材料は偶然にかき集めたものにはちがいないが、それはそれで実り豊かな考察を生み出しうる材料には違いないからである。キリスト教とストア主義との並行関係はバウアーがしたよりも何千倍も豊かに、かつ細かく、そして深く調べることが可能であり、そうすれば、この著者がまったく予期できないほどの考察や問いも出て来るはずである、と述べている。

こうした批判的論述と、オーファーベックがキリスト教と異教的古代との関係をどう考えていたかを比較考察してみるならば、個々の点ではきわめて厳しい批判をしながら、原則的にバウアーに賛同している最後の文章がさらに強い印象を与える。オーファーベック自身がキリスト教の「古代的」性格をいくども強調し、キリスト教が絶対的に「新しい」ということを否定し、それゆえに古代とキリスト教を一方の極において、他方の極の近代と対応させてきたことを考えれば、その印象はいっそう強くなるはずだ。[152] 彼はまた、キリスト教と古代との「系統上の親戚関係」を強調するにあたって間接的に、古代が我々の生活から消えて行くとともに、キリスト教に関する理解もおなじように低下してきたというテーゼを用いている。[153] すでに『神学のキリスト教性』のなかで、古代を保存処理しミイラ化させて現代にまで伝えているのがキリスト教なのだと述べている。また、キリスト教自身が古代の一部である以上、「近代的な」キリスト教というのは、それ自体自己矛盾であるとも。だが実は、バウアーの神学的立場とオーファーベックのそれとの親縁性は、彼自身が意識していた以上に、もっと広汎にわたっている。なぜなら、「神学的意識」につきまとう必然的な「ジェスイット〔イエズス会〕性[154]」、すなわち聖書と自己の時代の教養というふたつの前提のあいだに矛盾が潜むことを、バウアーほどにラディカルに暴露した者は、オーファーベック以前ではいないからだ。

シュトラウスの批判的神学はオーファーベックがいくども擁護するところのものだった。擁護は特に、護教論的かつ自由主義的な神学の傲慢と幻想に対抗したものだった。世俗の教養とキリスト教は折りあうことができないとするシュトラウスの主張は、オーファーベックに言わせれば、反論の余地のないもので、見かけ上の世界市民性や、シュトラウスが晩年に「新しき信仰」として擁護した教養に潜む現実の小市民根性などとは無関係のものとされていた。さらに、「イエスの生涯」という考え方に潜む運命的な意味を認識していた点で、シュトラウスは絶対的に正しいとされている。とはいえ、真に批判的な神学がそのまま必然的にキリスト教の否定にいたる、と考えるのはまちがいである。むしろ批判的神学はキリスト教を代弁せずに擁護することも可能なのだ。つまり、「キリスト教を代弁しているつもりのいっさいの神学に抗してキリスト教を守ることも可能なのだ。こうした神学は、実際にはキリスト教を世俗に適応させ、キリスト教の人生観など気にしない。そして、この教えを死せる正統派へとひからびさせ、キリスト教を廃止することになるか、世俗のなかへと引き込み、消滅させることになるかだ。こうした神学には批判を以て戦わねばならない。彼らは、キリスト教の名の下に非現実的な存在を世俗世界の中で引きずりながら歩いているのだ。キリスト教の魂とは世界否定なのだ」[155]。いずれにせよその魂が抜かれてしまったのだ。キリストこの非現実的な存在からは、〔晩年の〕シュトラウスは、オーファーベックから見れば、キリスト教が過激なヒューマニティであることを見ていない。そしてそのことを完全に頭から忘れ去ろうとしている。そうするために、「人類感情」とか「国民感情」とかの御託を並べて、「我々が人間である」という、シュトラウス言うところの「瑣《さ》細《さい》なこと」を忘れるしかなかったのだ(156)。シュトラウスが国家や戦争について、政治的な刑罰権力や労働者階層について述べていることを、例えばアウグスティヌスなどが同じテーマについてキリスト教の立場から述べていることと比べてみるなら、アウグスティヌスの方がはるかに深く、同時に人間的であり、それゆえにより真実であることは、疑いの余地がない。それに対して、キリスト教は、シュトラウスが代弁しているような文化とともかく一応折り合いをつけてしまったのだ。文化はキリスト教に対して正当性を得ようと思うなら、キリスト教がかつて打ち勝った文化よりも高い文化とならなければだめである。それよりも低い文化では通用しない。シュトラウスの「信仰告白」に対するこの批判は、ニーチェが『反時代的考察』第一論文で青くさい高揚感から、シュトラウスの歴史的な仕事を正しく評価もせずに論じたことを、醒めた短い文章でまとめたことになる。

シュトラウスは、オーファーベックから見ると、青年期の仕事を通じて学問としての神学のために大変な功績を上げている。しかし、彼がまちがっていたのは、キリスト教は、ドグマと神学の総体であって、認めるか、あるいは半分でも全部でも投げ捨てるかしかないものだ、という考え方であった。実際にはオーファーベックに言わせれば、キリスト教の魂となる核心は〔神学ではなく〕、キリストとその再臨への信仰であり、存在するままの世界のあり方の終焉への信仰なのである。「この点で護教論的かつ自由主義的神学に見て取れることに相応しているのだが、シュトラウスは、キリスト教の一連のドグマ、特に原始キリスト教の歴史に関する教会の考えを批判的につぶすだけで、また、キリスト教の禁欲的な人生観について二言三言の通りがかり的な発言で切り捨てるだけで、キリスト教をかたづけることができると考えている」(157)。キリスト教が終末論的であり、禁欲的な性質のものであることをはっきり理解してのみ、シュトラウスがキリスト教を廃止したあとに設定を提案している「生活制度」なるものを判断する正しい立場を獲得しうるのだ、とオーファーベックは述べている。

ラガルドの本もオーファーベックは、出版されてすぐに詳細に論じている。ラガルドとオーファーベックの二人に共通するのは、同じ冷静な学者の精神である。しかし、ラガルドの場合には、その精神に、レトリックを駆使して世間に影響を与えたいという気持ちがこもっていたのに対して、オーファーベックは、ほとんど超人間的な冷ややかさを貫いていた。彼はドイツ人の教育者になる気などまったくなかったし、なれなかった。ただ、神学とキリスト教のことを、自分としてははっきりさせたかっただけなのだ。

ラガルドは、神学部を宗教学校に格下げし、大学ではその代わりに、宗教史を教える神学を導入して、ドイツ的宗教への道を切り開こうと提案している。この提案についてオーファーベックは、宗教の歴史のこのような純粋に歴史的な考察は、もはや神学ではなく、筋から言えば、哲学という専門学科の一部とならねばならないはずだと反論している。さらに、ラガルドは彼の新しい神学に特別な地位を与えようとしているが、それは、宗派の神学と共通する実践的課題との関連でのみ根拠づけられるはずのものであるとして、次のように述べる。「しかし、こうした実践的課題がラガルドの神学に関して本当に見いだしうるかどうかは、疑わしいと言わねばならない。ラガルドは、新しき神学は〈ドイツ的宗教の開拓者〉とならねばならない、と言うようにこの課題を形容している。だが、神学はいつも宗教ができたあとから成立するものだ。しかも、もともとの宗教的衝動が、エネルギーに溢れ、いかなる疑問の余地もないものであるなら、その程度の強さに応じて神学の成立も遅れるはずだ。そもそも宗教より前に神学ができるなどというのは、あまりにべらぼうなことであり、そんなことが起きるとは、期待するのがほとんど無理である」[158]。現実にはラガルドの神学はいかなる新しい宗教をもたらさないであろう。それどころか、どんなにあがいても見込みがないこと、さらには現代のいっさいの学術研究において歴史的方向があまりに強いことも考えるなら、歴史的素材のゆえに目標を見失い、自分自身もなにをしているかわからなくなるだろう、と彼は述べる。この予言は、プロテスタントの教えにしたがっている神学のなかですら、そのとおりになっている。つまり、このプロテスタント神学の中では「教義論」と称する科目の下で実際には比較宗教史を、いささかプロテスタント的彩りをつけて教えるだけになってしまっているからだ。

ニーチェと自分との関係についてオーファーベックは、『神学のキリスト教性』を書いてから三十年後、その第二版にあたっての序文で述べている。彼はそこで人生を通じて自分の学問が受けた影響のなかで、ニーチェからのそれが最も強かったと述べ、ニーチェ自身のことは、「非凡な、不幸を担うことについても非凡な人間」だったとしている。実際に、オーファーベックほどの沈着で控えめな人物が保ち続けた友情ほど、ニーチェの非凡なところをよく示すものはないだろう。オーファーベック自身が自分について、かつてバーゼル時代にニーチェのことを「分かっていた」などという気はないが、また同時に、七歳年上の自分がニーチェの「大航海」に無条件でついていき、ニーチェに影響されて自分の歩む道から大きく外れるということもなかっただろうと述べている。とはいえ、神学の同業者たちへの拒絶の気持ちをこの本に書き綴るにあたって、ニーチェとの友情も働いていたことはたしかだ、とも自ら書いている。これに相応するのが、ニーチェが彼の『反時代的考察』をオーファーベックに贈ったときの献辞である。後年になってもオーファーベックは、ニーチェの大航海の旅を、それが自分から見ていかに恐るべきこと、いやなことを含んでいようと、忠実な友情をこめて最後まで追い続けていた。残されたメモやニーチェとの往復書簡から分かるとおり、オーファーベックは、キリスト教に対するニーチェの闘争に加わりはしなかったが、キリスト教批判のために専門上の学識にもとづいたヒントを書き送ることで、ある意味ではこの戦いを支持していた。ニーチェによる「神と無の克服」が挫折したからといって、それがニーチェ批判の論拠になると認めることは、オーファーベックはいちどとしてなかった。彼に言わせれば、たしかにニーチェはその大発見の旅にあたって絶望に襲われ、船を、しかも発狂するずっと前にみずから放棄してしまったことはたしかである。「わたしの言うこの航海で目的の地に達した者はまだ誰もいないのだ。それゆえにこの航海に失敗したという点では、ニーチェは他の誰とも変わらない。彼に与えられなかったのは、わたしの知っている他のもっと幸せな人々には微笑んだ幸福である。もちろん彼は挫折したにはちがいない。だが、そのことは彼の企てた航海に反対する論拠に賛成する理由にはならない。難破した人々がいるからといって、そもそも海を船で行くことに反対する理由とならないのとおなじである。港に達することのできた者たちも、先に出て難破した人々を、運命の仲間として認めることを拒否しないのとおなじに、目的なき航海の途上で船を操ってなんとか生き延びた、より幸せな航海者たちも、ニーチェを拒否することはないであろう(159)」。

オーファーベック自身がキリスト教に関して発した問いは、キリスト教の「道徳」に関わるものではなかった。この「道徳」のもつ禁欲的性格を、ニーチェと違ってオーファーベックは、ヒューマニティの優れた表現のひとつであると理解していた。彼が問題にしていたのはむしろ、その原初においては世界を否定するキリスト教が世界の歴史とどのように関係しているかということであった。というのも、オーファーベックから見れば、キリスト教における最も興味深い点は、「キリスト教が世界を支配できないという事実」、その無力性にあるからである。なぜならキリスト教の人生の知恵は、「死の知恵」だからだ(160)。キリスト教の歴史の現実を真剣に見るならば、それが元来もっていた「非歴史的なはじまり」が次第に退化して行く過程が見てとれるだけだ。もっともこの退化の過程が歴史的連続性のなかで「進歩」なるものと結びついたのだが。そしてこの連続ということは、無常性と並んでいっさいの歴史的知の基本概念である。そうである以上、いっさいの歴史的生は、必然的に年を経ているか、経ていないかのどちらかでしかない。キリスト教の二千年は、キルケゴールがいかに「同時性」を意欲しようとも、ひと思いに消し去ることは絶対にできない。それ自身歴史的思考様式に徹頭徹尾ひたされた類の神学によってはなおさらできない。「これほど長期の生を保ってきたキリスト教は、その原初の状態のように世界の中に存在することはもはや無理である。当時キリスト教がこれからすることになっていたいっさいの経験、そして今日においてすでにしてしまったいっさいの経験のことを考えれば、この二千年を消すのが無理なことは明らかである」[161]。原初においてキリスト教というのは、いっさいの歴史を否定し、「超歴史的な」世界を前提する福音として存在していた。「キリスト自身も、また彼が創設した信仰も、少なくともキリスト教という名前での歴史的存在であったことはない」[162]。だが、こうした「歴史以前の胚胎」は、世俗と結びついた教会の歴史のなかでその生を終えてしまったのだ。神が人間を愛しているということを、世俗の世界に説得して信じさせることは無理だ[163]。「キリストの再臨への信仰を失うとともに、キリスト教は、自らの若さへの信仰を失ってしまった」。そして、原始キリスト教の終末論と現在の未来志向の気分とのあいだの、この矛盾こそは根本的矛盾であり、「ひょっとすると、現代がキリスト教と袂を分かっている根本的理由なのではなかろうか」。なぜなら、先へ先へと向かう現代にとって、世界の終末が近いという信仰ほど遠いものはないからである。そしていまやキリスト教は、年を経て弱くなったという意味で古くなってしまった。キリスト教の年齢はもはや今後の継続を保証する論拠とはならず、むしろその老齢は、もっとも問題的な側面となった。[164]なぜならキリスト教の「永遠の」存続は、永遠の相の下で sub specie aeterni のみ擁護できるもの、つまりは、歴史の時間とはいっさい無縁の立場があるとすれば、そういう立場からのみ擁護できるものなのだ。だが歴史によってキリスト教の永遠性を保証することは決してできない。純粋に歴史的に見た場合には、キリスト教については、もう使い果たされてしまったという証明ができるだけである。[165]真に歴史的な見方からすれば、キリスト教の老齢化は、「致命的」な論拠となる。キリスト教は歴史の動きを抑えることはできない。それどころか、この運動はいたるところでキリスト教の限界を越え出て行く。それゆえに歴史とは、「キリスト教がまったくその意志に反してのみ落ち込んでいく深い谷である[166]」。コンスタンティヌス大帝以前の時代には、「キリスト教は、文化が滅びても、それを越えて長生きするように見えた。今日では事態が逆のようだ」。「プロメテウスは正しかったようだ。彼が天から取ってきた火は、彼が貰おうと思った火ではなかった[167]」。

オーファーベックの歴史的考察が最終的に帰着するところは、キリストを紀元とする暦設定の拒否である。彼はこのキリスト紀元の意味を否定することで、これを今なお真剣に捉えていた最後の存在であるヘーゲルの対極に立つことになる。とはいえ、

『この人を見よ』で、偽りの暦である一八八八年九月三十日をもって「新暦元年の元旦」とするニーチェの側についているわけでもない。[168] オーファーベックによれば、キリスト紀元の暦が本当に根拠をもつためには、キリスト教が「新しき時」を生み出していなければならない。しかし、まさにそうはなっていない、というのだ。「なぜならキリスト教がその原初において〈新しき時〉という言い方をしたのは、これまでの世界が滅び、〈新しき時〉に取って代わられるという前提の上であったが、その前提は実現しなかったからである。世界の滅亡と〈新しき時〉のはじまりというのは、少しのあいだは真剣な期待であった。そしてその後なんども、しかし、そのつどほんの一瞬だけ復活したが、はっきりひろがった新しき暦、事実に相応する暦の本当の基盤となるような、歴史的持続性をもった現実には一度としてならなかった。優越を保ったのは世俗の方であって、世界についてのキリスト教の待望ではなかった」[169]。終末論的な世界最終という、かつて存在した期待から生まれた、この最終の瞬間を時の転換点と見る可能性のみが、キリスト紀元の暦を生み出したのだ。だが実際には、古いものも終わらなければ、新しいものも到来しなかった。それゆえ、原初の待望が幻滅に終わったこととどのように折り合いをつけるかが、キリスト教の歴史における中心問題として残ることになった。この問いに答えるにあたってオーファーベックは、原始キリスト教におけるキリスト再来への待望が、「禁欲的な考え方と人生の過ごし方」へ変貌したという考えを打ち出している。「こうした禁欲的態度は、キリスト再来への原初の信仰のメタモルフォーゼであった。この再来信仰は、再来へのたえざる期待に依拠し、それゆえ世界は滅亡寸前であると考え続け、信者をこの世界から離れるように仕向け、いつ起きるか分からないほどに迫っているキリストの出現の用意をさせるものだった。だが、キリストの再来の期待は、その当初のかたちでは維持できなくなってしまった。……それにともなって、この期待は死の思考へと変貌した。すでに、イレネーウス以降、この死の思想はキリスト教の中心となった。やがて、カルトジオ会の修道士たちの挨拶の〈死を想え memennto mori〉となった。この挨拶の方が、〈人間とその原初とのあいだに邪魔なものがはいってはならない〉といった近代的な表現より、キリスト教の根本的知恵をいずれにせよ深く捉えていることはたしかである。近代的な表現の方は、……気の抜けた否定でしかない。なぜなら、キリスト教の考え方によれば、この〈邪魔なもの〉に実は世俗世界そのものが含まれていることが忘れられてしまっているのだから[170]」。

キリスト教が国家に承認されるとともに殉教がなくなったが、それも、修道生活における日々の殉教 martyrium quotidianum のうちに代替物を見いだすことになった。

四世紀から宗教改革までの時期に教会で起きた偉大で生命に溢れたことどもはすべて、修道院にはじまることだった。しかし、修道生活の意義を真に評価するためには、カトリック神学は純粋な理解をとっくに失ってしまったし、プロテスタント神学は、そうした理解をいちどとしてもったことはなかった。

オーファーベック自身の神学者としての生活の内的な意味も、別の意味で禁欲的生活態度と死の知恵に貫かれていた。この生活の最後の目的は、現代のキリスト教における「キリスト教の終焉 finis Christianismi」を学問的に確認することにあった。(171) 彼にとっても、未来の待望に死の知恵が取って代わっている。死は我々人間にとってもっともつらい謎であるが、だからといってその解決の鍵ではまったくない、と彼は言う。「死は我々人間にとって世界が謎であることを、もっともつらいかたちで感じ取らせてくれる。まさにそのゆえに、死はこの世界での最後のものとなるのだ。つまり、我々がおたがいに邪魔しあって競いあうために役立っているのだ。むしろ共通の運命としての死が避けられないものとして我々すべての上にかざすこの沈黙こそ、我々の共通性のあきらかなシンボルと見て、そのことを尊重しようではないか」(172)。そしてオーファーベックは、キリスト教の死の瞑想よりも、モンテーニュやスピノザの死についての考察の方を好んだ。この方がつらいところが少ないというのだ。つまり生の上に覆い被さり生を歪めている影を追い払い、妄想を抹消することで生を日の光に照らしてくれ、気持ちよくしてくれる、そういう「死を想えmemennto mori」というのも十分に考えられるはずだ、と彼は述べる。みずから自由に死を選ぶというのは、オーファーベックには、「人間どうしで理性的に語り合える」か語り合えないかの境界線上にあることと思われた。だが、そういう自死も彼は否定しなかった。彼のこうした考えの結末は、きわめて非キリスト教的に聞こえるかもしれない。しかし、死への思いにおける正しい気分を『詩編』三九節の恭順の言葉を示唆することによって明確にするのが、彼にはやはり自明のことに想われた。

オーファーベックはキリスト教の側と、世俗の教養、この「文化」と称するものの側のどちらに加担するかの決断はしなかった[173]。そして「あれかこれか」をそれだけのために重視し、ラディカルであることと極端であることを混同している者は、世俗とキリスト教に対する位置の取り方において、結局は決めていないことに気がつかざるをえないだろう、と彼は論じる。とはいえ、こうした態度には、それがいかに曖昧に見えようとも、実はニーチェの決断的な攻撃よりももっとラディカルな一義性が潜んでいるのだ。ニーチェの攻撃は、ディオニュソスが十字架上のキリストに逆転しかねないものだ。オーファーベックは、宗教に関する諸問題は、そもそもまったく新しい土台におく必要がある、「場合によっては、これまで宗教と言われていたものが失われることも覚悟しなければならない」という明確な意識を持っていた[174]。その理由は、「人間におけるこれまでの宗教的発展は、救いのない、それゆえにやめた方がいい迷誤だった」ことにある。「少なくとも我々が自分たちの時代の宗教的な混乱の解決を聖書と神学論争を基盤にして追求し続けるだけで、解決にあたって聖書を無視する決意ができないかぎりは、宗教的発展は迷誤だったと言える。我々は時に、なにも支えのないところからはじめて前に進みうるのだということ、そして、我々の生の条件は、こうした実験をせざるをえなくしていること、こうしたことが認識されないうちは、聖書を無視する決意はできないはずである。この認識に達するためにも聖書は教育的価値をもっている。聖書自身の歴史がなにも支えのないところから始めるにいたる途上での壮大な模範となる。つまり、旧約聖書から新約聖書への移行そのものが、なにも支えのないところからはじめることとそれほど異ならなかったし、最後には成功したとはいえ、この移行自身が、相応した緩慢な速度と辛苦のうえに貫徹されたのだから[175]」。なにも支えのないところからはじめるというこの立場からオーファーベックは、文化とキリスト教のあいだに自分の位置を取った。だが、神学とキリスト教の批判という課題にとって「キリスト教への、そして宗教への心底からの憎しみ」へと駆り立てるものが自分にはないことを、彼は知っていた。だが同時に彼は、シュトラウス、フォイエルバッハ、そしてバウアーの無神論を軽く見せてしまう、世俗の無条件的肯定ももちあわせていなかった。しかし、この二重の欠如こそは、ニーチェのような攻撃やキルケゴールのような護教とは違って、ひときわ抜きん出た彼の人間的かつ学問的な長所でもあった。キリスト教に対する彼の「控えめな態度」は、習慣から来る侘《わび》しいかかわり方か、あまり深く考えない打倒闘争という「二重の危険」を避けることでもあった。「両方の行き方を避けねばならない。そしてキリスト教には、キリスト教にふさわしい、そしてあまり破滅的でない最後を用意してあげねばならない」と彼は述べる。[176] 彼は神学を学問に委ね、神学のキリスト教性と戦い、みずからを信仰なき者の一人としていた。それにもかかわらず、そのための勇気と知的持続力は、やはりキリスト教のそれであるような人生観から汲み取ることのできるものだ、ということを自覚していた。それは、ちょうどキリスト教が、誠実さという要求が実現される度合いを「人間の中で減らしながらも、同時に増やしてもきたのとおなじだ」、と考えていた。[177] すでに若い時の文章（『神学のキリスト教性』）でオーファーベックは、古き信仰のきずなを切り裂いてしまうシュトラウスの拙速性や無遠慮さを拒否していた。なぜなら、まさに現代を見れば、そこには、キリスト教の人生観を低く見て、それよりも自分たちが上だと感じさせてくれるような要因が見あたらないからだ、と彼は言う。それどころかむしろ「こうしたキリスト教の解体の空高く、少なくともキリストの名が、この呪われた解体を断罪する定言命法のごとくかかっているならば」、それはそれできわめて価値のあることであろう、と彼は書いている。[178]

オーファーベックがキリスト教は終焉した、特にドイツにおけるキリスト教は終焉したと断を下すとき、[179]満足のそぶりもまた、愛惜の態度もみせず、むしろこの現代のプロセスについて事務的記録を作ろうとしているのも、[180]こうした枠で見ると理解できることであろう。彼の歴史的な態度の取り方も、ヨーロッパ文化はキリスト教がなかったならば、あるいは、またこのキリスト教と文化の結合がなかったならば、現在にいたったようなものではなかったろう、という認識に根拠をもっていた。[181]キリスト教の問題性を単純な「決断」なるものによって解決しようとした人々と比べて、文化とキリスト教の結合や抗争の歴史においてはたした役割の重要性においてオーファーベックは、劣るどころか、ずっと優っている。そうした連中のただ決断でしかないものと本当に決定的に対立する彼の立場は、単純に肯定もせず、おなじく単純に否定もしない批判的対決である。「キリスト教と文化の関係を深く照射するオーファーベックのやり方の独自性であり、かつ重要であるところは、そもそも解決などでないところである。どんな解決もそれ自身の基本原則と衝突することになるはずだ。オーファーベックの功績は、こうした解決が不可能であること、少なくとも今日の人間がみずから生み出しうるような解決は不可能であることを示したことにある」[182]。オーファーベックはまたニーチェに関しても、彼の断定的な物言いによるテーゼを評価したわけではなかった。彼が評価したのは、ニーチェが「問題を見る勇気」を誠実に押し通したことである。その誠実さはしかし、歴史的知にふさわしい「懐疑主義」抜きにはあり得ないものとオーファーベックは見ていた[183]。逆にニーチェはニーチェで、オーファーベックの「温和ながら断固としたところ」を、そして彼の平衡感覚を評価していた。

オーファーベックの思考を辿ってともに考える苦労をいとわない者ならば、彼の留保の多い文章の迷宮のうちに堅忍不抜の誠実な精神の、まっすぐかつ大胆な軌跡をたどれるだろう。彼はキリスト教が我々にもっている問題を明確にし、かつキリスト教と我々のあいだの深淵を十九世紀の代表的な人物に照らして明らかにしてくれた[184]。この市民的かつキリスト教的世界のキリスト教はすでにヘーゲル以降、特にマルクスとキルケゴールを通じて終結したにはちがいない。だからといって、かつて世俗を克服した信仰が、その世俗化した最後の形態とともに滅びに定められているということでは必ずしもない。この世俗 hoc saeculo におけるキリスト教という巡礼が、いまだかつて故郷として住みついたことのない地でいかにして、故郷を失いうるというのだろうか?

付録　初版との異同

訳者注　全集版の編集者が一九四一年の初版と一九五〇年の第二版との異同を列記した部分から重要な箇所を以下に訳出する。時制の変更、ある動詞をほとんど同じ意味の動詞で置き換えた部分（bildete→schuf）などは、列記の対象から外されている。以下において、二字下げの箇所は編者の解説ないし注記である。

　　初版では、フッサールへの献辞のあとに次の文章がつけ加えられていた。

本書の執筆中にフライブルクでフッサール〔一八五九―一九三八年〕が亡くなったとの知らせに接した。緑の山々が連なるシュヴァルツヴァルト（黒い森）の山麓に渋い赤色の大聖堂があるこの町、ライン川も近いこの町で、戦争〔第一次世界大戦〕から復員した私は、なにごとにも開かれた態度の、そしてこれから行くべき道を求めていた若者たちの輪に囲まれて、フッサールとハイデガー〔一八八九―一九七六年〕の下で学生生活をはじめた。二十年後の今日、フッサールから何を学んだかと自問するなら、その答えが彼を満足させることはまずないだろう。純粋意識への「還元」という彼の教えはまもなく関心を引かなくなってしまった。反対に、より若いハイデガーを駆り立てた刺激的な問いにわれわれは、ますます魅せられていった。とはいえ、年齢が上のフッサールにも大変な感謝の気持ちを抱いている。彼こそは、方法的分析に熟練した師として、冷静で明晰な講義の仕方を通じて、学問的訓練の人間味に溢れた厳しさを通じて、いっさいの内的および外的実体が解体した時代にあって、確固とした立場を取ることを教えてくれた存在だからである。その際にフッサールは、大げさな言葉をいっさい慎むように、いっさいの概念を現象の直観によって検証するように、彼の問いに対して答えるときには、高額紙幣よりは、通用する「小銭」を使うように、われわれに強く迫ったのだ。彼は、ニーチェが『ツァラトゥストラ』で描く「精神の良心的存在」である。忘れ難いのは、フランス軍がフライブルクを占領するのではないかという噂が流れ〔一九二三年のルール占領のときのこと〕、教室も出席学生がまばらになったとき、細部に関するこの偉大なる研究者がよりいっそう冷静に落ち着いて講義を続けていたシーンである。真剣な学術研究は、世界になにが起きようと気にしないかのようだった。そして転覆〔ヒトラーによる政権掌握のこと〕ののち、最後にフッサールの家に行ったときには、もう彼は自分の家にいるしかなかったのだが、そのときでも智慧に到達した精神の自由、なにもかも呑み込んで行く時代の破壊的力からの精神の自由とでもいう印象を、わたしは彼から受け取ることができた。──フライブルク大学はフッサールの死を無視した。そしてフッサールの講座の後継者〔ハイデガー〕は、彼の死についてひとことも述べないことによってフッサールへの「敬意と友情」を示したのである〔『存在と時間』の扉に「エドムント・フッサールに敬意と友情をもって捧げる」と記されていたことへの皮肉〕。

「初版の序文」の異同

第一パラグラフの末尾〔上巻七ページ〕

「一八四〇年代のヘーゲル屋 Hegelinge たちに相応するのが、昨日のニーチェ屋 Nietzschelinge である」は第二版では、「一八四〇年代のヘーゲル屋 Hegelinge たちに相応するのが、現在のニーチェ屋 Nietzschelinge である」。

第二パラグラフの末尾〔上巻八ページ〕

「ヘーゲル以降の哲学的発展の恐るべきすじみちこそは、過激さにいたるその後のあゆみを辿りやすくしてくれている」という文は、元来は初版のあとがき〔第二版で完全に削除〕にあったものであるが、同じ内容をレーヴィットは第二版でこの「初版の序文」に書き足している。

第三パラグラフの末尾の「つまり、〈歴史のあり方と〈意味〉は、そもそも歴史自身から定義されうるのだろうか？　もしそうでないならば、いったいなににによって定義が可能なのだろうか？〉という問いである」（上巻九ページ）という文の前には、初版では以下の文章があったが、第二版では削除されている。「時代も時代の歴史的動きも、そのたえざる変化のいかなる瞬間においても、確固としてそこに立てるような地点を提供してくれない。ところが、進歩、理性、そして自由などへの信仰とは別に、安定、継続、そして永遠こそは、いっさいの歴史の哲学の前提なのだ」。

第三パラグラフの最終文章「〈……もしそうでないならば、いったいなににによって定義が可能なのだろうか？〉という問いである」のあとに初版では次の文章が続いていた。「この問いを避けて通ることができないことを示したことこそハイデガーの『存在と時間』の意図せざる功績である」。

「十九世紀におけるドイツ精神の歴史を論じた以下の論考においては、」ではじまり、

「このこと以上ではない」で終る第四パラグラフ（上巻九—一〇ページ）は、レーヴィットが第二版で書き足したものである。

第五パラグラフ（上巻一〇—一二ページ）は、元来次の文章で始まっていたが、この文章は第二版では削除された。「たえず飛び過ぎ行く時代を考察してみるなら、当該の時代の所産に対する反論もしくは賛意が生じてくる」。

この序文の最後の文章（上巻一二ページ）は初版では以下のようになっていた。

もしもこの問いに時代の精神からだけ可能な返答があるとするならば、一九〇〇年以前に生まれ、戦争によって成熟したわれわれの世代が言いうる最後の、そして正直な言葉は、断固たるあきらめということになろう。しかも、いかなる功績もない世代のいだくあきらめである。なぜなら今日では諦念は簡単だからである。だが、人間はすべてを支配する時代（時間）によってのみ生きているのではない。人間は人生に伴ういっさいの有為転変を、永遠の存在の唯一の光によって、もしくはほんのちょっとした閃光によって乗り越えて生きて行くのだ。

本文の異同

上巻四二ページ。注(29)のあとにあった次の文章をレーヴィットは第二版で削除している。「この期待は今日ではまたしても大変アクチュアルに聞こえる。もっとも、一八七〇年のあとも、世界大戦のあとも、哲学的〈行為〉が続くことはなかったが」。

上巻二一二ページ。初版では〔「歴史が〈いっさい〉であり、現実の精神の作用である以上は、そうなのだ、とルーゲは言う」に続く〕第一パラグラフの最終文に以下の文章が続いていた。「ヘーゲルが理性の狡智という言葉で理解し、ルーゲが抵抗し難い時代精神という言葉で理解していたことは、今日では人種の歴史という装丁を施されて、ドイツの〈運命〉と呼ばれている。それは、道徳に対抗して、起きていることが最高の審級であることを正当化するためである」。

上巻三二二ページ。初版では第二パラグラフのあとに〔「ドイツ知識層がいわゆるマルクス主義を知ったのは、ナチスの政治的プロパガンダと、その攻撃的な粉飾を通じてであった」に続いて〕次の文章があった。

他方でまさにナチスこそは、実際問題として自らのイデオロギー上の敵を支配的地位に押し上げたところが多くの点である。特に階級を強制的に平準化して、〔共産主義と同じに〕ただひとつの労働軍隊に仕立て上げた点である。――ナチスによる転覆はまたアカデミズム内部の新ヘーゲル主義においてもあらたな転換をもたらした。まずは、クローナーが編集していた雑誌『ロゴス』が『ドイツ文化哲学のための雑誌』というタイトルに変わり、グロックナーとラーレンツが引き受けることになった。ヘーゲル哲学のロゴスは、〈われらが時代〉のメガホンとなることを忍ばねばならなかった。つまりはあの偉大なる〈運動〉にお仕えすることにならざるをえなかったのだ。まさにヘーゲル主義者であるがゆえに、この偉大なる〈運動〉を〈精神的運動として深く〉把握したということだ〔以下についてはまた『ロゴス』誌の〈新シリーズ〉の冒頭の文章およびそれに続くヘルマン・グロックナーの〔次の〕論文を参照のこと。*Deutsche Philosophie,* 1. Heft der ›Neuen Folge‹ 1934〕。

さらにレーヴィットは続ける。

グロックナーは、かつてルーゲが言ったように、〈本当の哲学と生の現実は最終的には常に一致している〉と述べている。グロックナーの冒頭論文においてこの一致は、時代の要請とのきわめて単一な画一化〔Gleichschaltung ナチスの用語〕によって証明されている。ドイツ哲学こそは、他のどの国民の哲学よりも〈民族〉に発しており、また〈民族〉につながっているがゆえに、ドイツ哲学はまたドイツ人の魂に直接に参与しているのだ、とグロックナーは述べる。だが、〈ああ!〉ドイツ人の胸にはふたつの魂が潜んでいる、とされる「『我が胸にはふたつの魂が潜んでいる」というゲーテの『ファウスト』の独白に由来している」。それは、〈農民の魂と軍人の魂〉ということだ。種としてのドイツ哲学の内部でこの矛盾は以下のように表現される、とグロックナーは述べる。ドイツ哲学は一方では、農民的＝定住型で、敬虔かつ鈍重で忠実だ。〈農民と同じくドイツ的な哲学者は暖炉のうしろに座って沈思黙考に耽る。彼は作りかついじる〉。あるいは哲学的な〈芸術表現〉で言えば、こういう哲学者は〈具体的に思考しようと試みるのだ!〉。他方で彼のうちなるもう一つの軍人の魂は定住の生活を軽蔑する。むしろ定住生活を気軽に投げ捨てる。それゆえに理想主義的な果敢さが生まれるのだ。またドイツ哲学の抽象性もそこから生じるのだ! 〈ここには、大昔のインド・ゲルマンの騎馬民族の放浪生活のあり方が噴き出しているのだろうか?〉 このふたつの魂の〈弁証法〉からこそ、ドイツ哲学の時代に即した、そして同時に永遠の性格を理解しうるのだ。ドイツ哲学は、その軍人気質と農民気質の緊張関係に、〈両者の凝縮性〉に依拠している、というわけだ。——新版の『ロゴス』誌の冒頭論文でこのようにグロックナーが述べたことは、さまざまに変奏されてきた。それぞれのヴァリエーションはおたがいに違いがあると思っているようだが、その最大公約数は常に同じだった。時代への無抵抗の画一化である。そしてこの時代を自分たち自身と同じだと思っているのだ（注――これに対する好意的な学術上の反応はテオドール・リットの『哲学と時代精神』〔ライプチヒ、一九三五年〕という小冊子である。この小冊子の弱点はヘーゲルのもろもろのカテゴリーをそのまま使っていることである。あたかも一八三一年〔ヘーゲルの没年〕と一九三三年〔ナチスの政権獲得の年〕のあいだになにも起きていないかのようである）。

三二二ページの後から二行目（「歴史を作ってきた」）の次にレーヴィットは当初は次のように書いていた。

だがドイツの知識層は、ロシアから離れて行った。その程度は、その少し前にロシアの文学に魅せられながらも、そのなかにある歴史的重要性を認識できなかったのと同じである。

上巻四七〇ページ。ユダヤ人問題についてのニーチェの発言の箇所にレーヴィットは次のような注をつけていたが、再版で削除している。

「これについてはふたつの対立する陣営の文献を参照のこと。A. Rosenthal, *Nietzsches europäisches Rassenproblem*〔『ニーチェにおけるヨーロッパ人種問題』〕, Leiden 1935; C. v. Westernhagen, *Nietzsche, Juden, Antijuden*〔『ニーチェ、ユダヤ人、反ユダヤ人』〕, Weimar 1937. A. van Miller, *Deutsche und Juden*〔『ドイツ人とユダヤ人』〕, Mährisch-Ostrau 1937」

上巻四八八ページの第二パラグラフの冒頭は初版では以下の通りだった。

こうして見ると、のちにハイデガーが、自らの信奉者の大部分よりもキルケゴールに近かったために、キルケゴールのプロテスタント的なキリスト者のあり方から無神論的な帰結を導き出し、その先鋭なパラドックスを骨抜きにしたのは、決して偶然ではなく、むしろ、事柄に根ざしたものだったことがわかる。

上巻四九〇ページの注(23)〔上巻原注六九ページ〕は、初版では現行の注に続いて次の文章があった。

哲学のギリシアにおける根源の〈取り返し〉というハイデガーの考え方がいかにキリ

スト教の時間意識に依拠しているかは、フィヒテを形容したインマーマンの文章(Die Jugend vor 25 Jahren〔「二十五年前の青年たち」〕)を見ればよくわかる。インマーマンがフィヒテについて言っていることは、ほんのちょっとの変更を加えれば今日ではハイデガーにあてはまる。ハイデガーもこれまでの歴史の動きの全体をひっくり返して、〈根源〉に回帰しようとする。この〈根源〉と比べるならば、それ以外のいっさいは退落である。彼もまた「半ばの哲学者だった。もう半分、ひょっとして少し大きい方の半分は、反抗的性格だった」。

レーヴィットは初版では「ヴァイマール」の世俗的矛盾についてより多く述べている。上巻五四四ページの注(93)〔原注七五ページ〕では詳しく次のように書いていた。

ニーチェ廟 Nietzsche-Halle の建設費は、(ニーチェ文庫 Nietzsche-Archivs の一九三七年度の年次報告によれば)主としてヒトラーと軍需産業からの寄付によるものである。この建造物はリヒャルト・エーラー*(ニーチェ文庫と新ニーチェ全集の重要人物)によれば、以下の目的に仕えるものである(ここでは彼の講演の最後の部分を全部引いておこう。ナチス的なニーチェ解釈の中心であるこのニーチェ崇拝者のとてつもないドイツ語を味わってもらうためにも)。「われわれは、人類の始め以来、宗教的体験を喚起し涵養し、畏敬の念を引き起こす空間というものを知っている。しかし、宗教とは関係のない、むしろ精神的、芸術的、文化的な創造で生きた運動の涵養と強化のためのそれ相応の霊場もしくは礼拝場所というのはめったになかった。明白に規定された精神的知恵となり、ツァラトゥストラという作品の、その存在の古里になること、それがこのニーチェ廟でなければならない。その基本的思想は、この建物の設計から生み出されねばならない。つまり、建物全体の目標は、ニーチェ＝ツァラトゥストラ記念碑となることである。ニーチェ＝ツァラトゥストラの強力な支配の下でこの廟の講演室では、催し物がなされるが、どういうものとなるかはまだ正確にはきまっていない。未来において生い立つ催しものであることはまちがいない。なんらかのかたちで、共同体の形成を目的とした催しものだ。それも、ニーチェが〈高等な人間の修道会的連盟〉あるいは〈教育者の学校〉〈文化の法廷〉などという表現を使った共同体の形成である。こうした催しによって共同体が形成されねばならない。そしてニーチェの言葉を使えば、こうした共同体は〈ひとりひとりが沈潜し、根づくのを助ける手段なのである。やがて果実が実をつけるであろう〉。あるいは別のところでの表現を使えば、〈共同体の意味は、たえざる純化と互助によって天才の誕生を、そして天才の作品の熟成を自らのうちで、自らのまわりで用意する〉ところにある。記念碑の近くでは講演会場と並んで、集会所がある。この集会所では、広い外のすばらしい景色を楽しみながら、催しに続いて、あるいは催しと関連して、考えや気持ちを交換し合うなかからひとりひとりのあいだに結びつきと共同性が生まれ得るし、生まれるであろう。この集会所に向かってニーチェの記念碑 Nietzschedenkmal に遠くからであっても守られながら、長い遊歩廊が続いている。この廊下は、ニーチェ＝ツァラトゥストラと関わる、あるいは関わるであろう偉人たちの像に囲まれる。それは、ソクラテスとプラトンからショーペンハウアーとヴァグナーに至る偉人たちとなろう。あとで歩いてみるが、とりあえずは心の中でこの廊を今いちど歩いてみよう。まずは入り口から入って、ツァラトゥストラの今述べた偉大なる〈祖師たち〉のあいだを通る廊下を歩みながら、まなざしは常に正面のニーチェ＝ツァラトゥストラ記念碑に向け続けることになる。そして集会所を抜けながらこの記念碑に次第に近づいて行く。そして講演会場ではまさに正面の記念碑に圧倒されることになる。このような空間構成によって、また記念碑と像の力によって、そしてかつてニーチェと彼の妹が暮らしたこの場を通じて、さらには、ここから偉大なる文化的過去に満たされた外のドイツ的風景に向けられた広い視線を通じて、ひとりひとりが特別の精神的＝心情的状態になるように準備され、彼が最良の力へと高められるようにするのだ。彼が与えかつ受け取りながら、総体としての雰囲気の形成に寄与し、忘れ難い体験が広く外に伝えられ、彼の中で、また他の人々のなかで実り豊かに形成されるためである。——ニーチェ廟は未来のための建造物なのだ。未来はわれわれの青年たちのものだ。新しき、若きドイツは、その最良の青年たちとともに、ニーチェ゠ツァラトゥストラの精神の力の帝国の一員であると当然のことながら感じる。これに関する著作が増大し大量に存在していること自体が、そのことを示す明白な印である。〔……〕。ニーチェ゠ツァラトゥストラの名前を戴く未来の運動を担う人間のあり方は、創造的かつ無邪気、貪欲かつ未来に秀で、大地に馴染み、強靭な意志をもち、危険に応えられ、たじろがず、生を肯定し、大地を楽しみ、勝利をめざし、幸福で、苦悩を快楽で克服し、美のうちに力を漲《みなぎ》らせ、魂が豊かで、身体の健康によって強く、こうした指標を自己のうちで全体へと纏《まと》めている。こうした運動の故郷は、ここドイツの中心のニーチェ文庫とニーチェ廟となろう。この文庫と廟によってニーチェ運動の成就が達成されるであろう。ツァラトゥストラは、大いなる正午の徴においてこの成就を観取する。大いなる正午すなわち、人間の最高の自己規定の瞬間、太陽が天頂に停止する時刻、人間が夕暮れに向かっての自己の道を自己の最高の希望として祝う時、なぜならばその道は次の朝明けへの道だから。人間の創造意志は、嵐のような憧れに駆られて、人間の新たなる未来へと呼びかける。〈さあこい、さあこい、なんじ大いなる正午よ〉と。冒頭に指導的思考として引いたツァラトゥストラの言葉でこの話を閉じたい。〔……〕。〈目覚め、そして聞くがいい！　未来からひそやかな翼の音を立てつつ、風が吹いてくる。繊細なる耳にはよい福音が届く。きみたちはいつの日か、ひとつの民族となる、という福音が。まことに、快癒の場所にこれから大地はならねばならない。この場所のまわりにはすでに新たな香りが漂っている。救いをもたらす香り、新たな希望が！〉」（エーラー『ニーチェ運動の未来』ライプチヒ、一九三八年、一三ページ以降）。

レーヴィットが行った最も大きな変更は、〔下巻〕第二部第一章〔市民社会の問題〕のニーチェを論じた第九節のあとに存在したエルンスト・ユンガー*（Ernst Jünger）論をそっくり削除したことである。以下に初版の文章を記す。

第十節　エルンスト・ユンガー
――市民的世界の終焉と新たな実験

「ニヒリズムは、懐疑を懐疑し、信仰を信じることを始める状況とともに終る。それはまた無力が残酷な色彩で化粧する状況である」（『葉と石』）

E・ユンガーは、ヨーロッパの未来に関するニーチェの思想を単純化し、技術の支配する戦争の経験にもとづいてニーチェの考えを発展させた。実際に彼こそは、「ハンマーで哲学する」（ニーチェが『偶像の黄昏』などで使った表現）ことを試みたのだ。ユンガーの独創性は、すでにシェーラーがイギリスの「目的ミリタリズム」に抗して一時は唱えたプロイセンの「心情ミリタリズム」(1)をロシアの労働者国家と媒介したこと(2)である。またソレルをニーチェとつなげたことである(3)。その際に力への意志の意味での労働者の姿を、未来における地上の主人公と解釈した。軍事的な全体主義化というユンガーの考えの基本的前提は、フランス革命によって旧来の安定した秩序が破壊されたことに伴い、民主主義的な水平化が生じたとする見方である。ところがユンガー自身は市民的時代の生まれであり、第一次世界大戦前の教育を受けていた。それゆえに彼の置かれた状況は、「古いものはもはや存在せず、新しいものはまだ」確立していない世代という微妙なものだった。したがって彼は最終的には次のような問いを発することになる。「懐疑を懐疑し、信仰を信じ」はじめたこの〈ニヒリズムの最終的段階〉の〈神々なき世界〉において〈内容なき信仰〉とともに、〈基準なき知〉によって、また〈正当性なき規律〉によって生活していくことがそもそも可能だろうか、という問いである。なぜなら目下のところはなにものも実質的な価値をもたず、いっさいはせいぜいが戦術的な価値しか帯びていないからである。というのも、この過度期にあっていっさいの思想、いっさいの制度、いっさいの人物たちはただ代理的な性格を持っているだけで、手段の方が人間よりも重要になっているからである。(4) とはいいながらユンガーは、世界が変わるとともに人間も変わるであろうと見ている。そして結果として、「なぜとなんのためを最小限におさえ」、そのうえに〈最高度の活動〉を発揮することになろう、と考えている。(5) しかし、彼は自分自身に関しては問題なく、またなんの疑いもなくこういうことでいいとは思っていない。労働者の姿を通じての世界の単純化によって失われるものを彼はまだ見据えている。(6) この前の戦争〔第一次世界大戦〕になってからその最中に生まれた世代は、もうこれを喪失とは思っていない。なぜなら、何が失われたのか、始めからそれを知らない以上、わかっていないからである。「今なお精神と趣味の島々が、たしかな価値判断によって縁取られた島々が存在している。信仰の突堤と防波堤が、その影に人間が〈平和のうちに漂着できる〉突堤と防波堤が今なお存在している。われわれはなおも心情の繊細な楽しみと冒険を、幸福を約束する鐘の音を知っている。こうしたものこそ経験によってその価値が確認される〔……〕場なのだ。だが、われわれは実験のさなかにいる。われわれは、いかなる経験の裏づけもないことどもを押し進めているのだ。われわれは神を失った人々の孫であり、曾孫であり、懐疑そのものをも怪しむ者たちなのだ。高い温度、あるいは低い温度で生命を脅かす地帯を行軍しているのだ。ひとりひとりが、そして大衆全体が疲弊して来るにつれて、ほんの少数の者に委ねられた責任はそれだけ大きくなる。出口はないし、横に避けることもできなければ、戻ることもできない。むしろ、われわれが取り込まれているこのプロセスの迫力と速度を高めることしかできない。時代のダイナミックで大規模な過剰さの背後に不動の中心が潜んでいるのを予感するがよい(7)」。それ自身として不動の、しかしそれ以外のいっさいを動かすこの中心なるものはユンガーにとっては、ニーチェの『力への意志』の最後のアフォリズムに描かれている永遠に回帰する生のことである。[8] なぜなら、時代についての嘆きは、時間そのものとおなじに無限にあるかもしれないが、生の形而上学的な力が減ることはないからである。この生の力こそは、原初的でたえず回帰する生命であり、中空になった空間をかならず新たな形態で満たし、遊戯の新たな役割を割り振ってくれるのだ。〈英雄、信仰ある者、愛する者〉、かれらは決して滅亡することはない、とユンガーは述べている。

ユンガーのこうした思想の書きっぷりは、ハンマーを打つ音の単調さとひっきりなしの強打のために、どちらかというと目が覚めるよりも、神経を殺してしまうことになりかねない。しかし、そうなっていないのは、この軍人が前世紀の市民社会の教養のおかげで知識豊かな文学者であるからだ。その教養のおかげでかれの書いたものには、似たようなことが書かれている多量の書物に比べてすぐれたものにしている、懐疑と哲学的着想の名残りが備わっている。他の連中がただ行進しているときに懐疑を抱き、問題を見ている理由を、彼自身、自らが「理想主義的な市民層の曽孫であり、ロマン主義的市民層の孫であり、物質主義的な市民層の息子である」ことに求めている。それどころか自分はフランス革命の子孫であるとまで言い切っている。なぜなら、〈進歩〉というイメージが発生した空間は「実際問題として普通に思っているよりもはるかに重要だからである」。[9]〈進歩の幻想〉の彼方にまだなお〈進歩〉への信仰というものがあるのだ。そして、自らの人間的な懐疑そのものが疑わしく感じられ出した以上、そして彼のいう〈シャンディスムス〉〔奔放で自由闊達《かったつ》な文体のトリストラム・シャンディのこと〕が消えてしまったときに、一体ユンガーはどのような信仰を信じ始めるのだろうか、と問わざるを得ない。『アフリカの戯れ』(一九三六年)のあとがきになってはじめて、真に幻想を捨て去った次のような文章が出てくる。「とりあえずは、〈野蛮は陳腐よりもわれわれにはより価値がある〉というテオフィル・ゴーティエ〔一八一一―一八七二年。フランス・ロマン派の文人、「芸術のための芸術」を主張〕のすばらしい格言にならおうではないか。実際にこれこそが論じるに値する対抗案である。特に人間というのは、この二つをともにしようと決断することを考えるものであることを恐れるならば、この対抗案に意味がある」。

レーヴィットは初版では、「労働の問題」〔第二部第二章〕についての彼の議論を次の文章で終えていた。

ユンガーの〈英雄的現実主義〉なるものは現実的というよりは英雄的だった。ユンガーは、すべての急進主義者とおなじに、中産階層の重みを見損なっていた。この中間層というのは、まさに凡庸がその特性なのだから。ドイツ市民層の現代の状況をあるがままに見るなら、支配権力を得た中産階層というのは、市民的でもなければ、プロレタリア的でもなく、ただ単純に小市民的であるにすぎないことがわかるはずだ。現在の中産階層は、第三身分と第四身分の妥協と融合という歴史的プロセスの産物なのだ。つまり、ドイツで市民階層の、特に第一次世界大戦とインフレーションのあとで生じたプロレタリア化の帰結であると同時に、また、すでに戦前の社会民主党主導の労働組合において生じたプロレタリアートの市民化の帰結でもある。新たに生まれたこの中産階層は、昔の堅実な市民層の名残りもなければ、プロレタリアートの特性ももちあわせていない。そしてこの階層こそはイタリアでもドイツでも、新たな革命的運動〔イタリアのファシズムとドイツのナチス〕の主たる担い手となったのだ。この運動こそは、この中産階層にミリタリズムの刻印を施し、軍事的な形態を与え、安定化させたのだ。イタリアとドイツのこの運動が両方とも、大衆を広く捉えることができたのは、ともに伝来の階級対立を超えて、国民という標語の下に階級間の平準化を成し遂げたからである。旧来の教養あるブルジョアジーと階級意識を持ったプロレタリアートは終焉した。この終焉はしかし、市民層の終焉ではなかった。それどころか、抜け目のない凡庸さを通じての市民層の最活性化だったのだ。この出世した市民層こそは、マルクス主義的なシェーマによるふたつの階級の対立を〈止揚〉する圏域だったのだと、ヘーゲルのひそみにならって言いたいくらいだ。マルクスの理論にしたがうなら、資本主義的ブルジョアジーがますます富を増大させるとともに、その数はますます減少し、やがてプロレタリアートによる生産手段の奪取が起きるはずであり、その際に、小市民層は無意味となり消滅するはずだった。だが現実にはブルジョアジーは貧しくなり、それとともに数は増えて行った。それにつれて広汎な階層内部での社会的および経済的利害は、市民化したプロレタリアートの利害と一致しうるようになった。すでに三十年前にE・セリエール*[10]は、小市民層がはじめて政治的に動いた一八四八年の教訓をもとに、没落したブルジョアジーと出世したプロレタリアートがある日〈普遍化した小市民層の肥大化〉をもたらすであろう、と述べていた。

ブルジョアは自らの問題性のゆえに死滅したということでは決してない。むしろその逆で、いまなお健康で、いかなる問題も抱いておらず、〈無〉からある種の画一化・制服を着たなにものかに成り上がった。その堅忍と自己変貌を通じて百五十年来の批判に打ち勝ち生き延びてきた。

そしてブルジョアを下に見る特権階級はもはや存在しないために、解放の運動は停止してしまった。代わりに始まったのは、国家への権限委譲――個々の諸侯から国家への権限委譲ではなく、〈世界観的〉な教養をもった大衆が国家に権限を委譲する事態――である。しかし、この教養人なるものについて言えば、すでにブルクハルトの言っているとおりで、彼らは、「どんな権力に対してであれ、自分たちのそのつどの生活を売り渡す」のであり、「最もひどいことに対してでも妥協し我慢するという考え方が」広く行き渡っている。しかもその際に「上からのおほめといわゆる栄誉にうずうずしていること大なのである(11)」。

「労働の問題」の最後でレーヴィットは初版では、エルンスト・ユンガーについて論じている。本書の「労働の問題」で「ニーチェ――祈りと瞑想を解消する労働」という題でニーチェを論じたあとである（下巻一三三ページ以降）。

第六節　エルンスト・ユンガー――総動員としての労働

第一次世界大戦のあとで最も強い影響を与えたのは、〈自由精神〉およびモラリストとして人間や事物を越えたはるかな高みで自由に動いているニーチェでもなければ、自己の世紀を批判したニーチェでもなかった。そうではなく別のニーチェ、つまり未来への意志を掲げるニーチェの積極的な側面である。ニーチェに影響されてユンガーは、力への意志の意味での地上の将来の主人公として労働者という〈姿〉について考え抜いた。[12]〈姿〉ということでユンガーの念頭にあったのは、プラトン的なエイドス〔形相〕という意味での人間のイメージである。しかし、これまでは姿をもたず、主人公になることなどあり得ないと思われていた人間のタイプ、つまり労働者にこのイメージを適用したのだ。

ユンガーの労働者の理念は、市民社会的なヒューマニズムのいっさいを、そして教養や安寧を否定する。労働者の理念は、この世界の崩壊への恐怖を乗り越えた、その彼方にある。[13]労働者が否定するものは、これまで対立項と考えられてきたものである。つまり、民間人と軍人、ブルジョアとプロレタリアート、教養人と非教養人といった対立項であるが、労働者はこうした両極が実はおたがいに必要とするペアになっていることを知っている。労働者の国家において市民的デモクラシーの名残りと言えば、――自由は犠牲になっている――ただ平等だけである。つまり、生活のエネルギーのいっさいを〈総動員〉[14]するべくすべての人々が軍需産業および労働のプロセスに巻き込まれているという意味での平等だけである。ユンガーが主張する自由なるものは、

〈リベラル〉という意味での自由ではなく、〈負託への意志〉のことであり、自由の政治的な現象形態は、自由な社会秩序ではなく、自ら進んで国家に服従することである。(15)

それゆえに彼の本はフランス革命の理念と、それによって作られたデモクラシーの文明に対する論難ではじまっている。ユンガーの労働者は、それゆえに彼の教師であったブルジョアジーのパースペクティヴから見た第四身分として定義されることはない。ブルジョアジーの枠組から見れば、労働者による社会主義は、市民的な解放のよりラディカルな形式でしかないことになるが、そういうものとして労働者は考えられていない。むしろ、その本来の自負からすれば、ユンガーの労働者は、そもそもが社会問題でも経済問題でもなく、技術との直接的関係によって定められた存在である。他方では、世界の原初的な諸力によって規定された存在でもある。労働者が求めるのは、市民的な安寧ではなく、危険である。自己防衛に走るのではなく、攻撃に向かう。そもそもが戦争と平和の区別をこの労働者はしない。なぜなら現代の戦争は、〈労働者の戦場〉であり、平和にしてからがそのまま〈軍備のプロセス〉なのだから。〈典型〉としての労働者は、大衆と個人という二項対立の彼方に位置する。大衆化も孤立化もこの労働者にとってはなんら問題とならない。彼は全体としての労働枠のなかで責任感を持って働くのだ。彼が果たす仕事は、明確な規則と制度によって基準化され、形成されている。労働者とはなんであるか、彼はどんなものを作るのか、そうしたことは、個人的もしくは心理的に解釈することはできない。労働は労働者のいっさいとなる。それに対して市民にとっては、休暇と違って生活の一部でしかない。市民的な労働環境を求める日雇い労働者の働き方とも彼の働き方は必然的に異なる。労働は、労働者の生活形式そのものなのだ。なぜなら彼の全生活が、労働として唯一の英雄的行動なのだから。

労働がこのように全体化してきた最初の徴候をユンガーは、今日ほとんどすべての人々の余暇の過ごし方に見ている。つまり、彼らは余暇を友人たちと楽しく談論をしながら、あるいは日曜日の閑暇というかたちで過ごすことはしない。むしろ、デモ行進やスポーツの成績向上にいそしむ。記録達成をめざす技術的な性格を持った成績向上である。さらには、物理学、生物学、そして心理学のような理論的な諸科学も、物質の動きや生命を、きれめなき活動という観点から認識しようという傾向が強まっている。(16) 労働とは、ニーチェにとってもユンガーにとっても、力への意志なのだ。それは形而上学的なカテゴリーなのだ。労働は人間の精神や身体を活動させるだけでなく、天体も原子の振動も動かす。おなじく現代技術は、生活の周辺を規定するのでもなく、その中心をすでに形造っている。なぜなら、技術のさまざまな前提にもとづいて帰結を導き出すなら、それはたちまち〈純粋に技術的な〉問題などもはやないということになるからだ。[17]労働は〈文明の進歩〉に奉仕するのではなく、支配と権力を得るのに役立つのだ。労働は、戦争であれ、大都市の交通であれ、それをなんらかのかたちで調整する時は、いっさいの自然的な関係を極限にまで即物化する。[18]労働はさらにそれ以上に、世界の総動員化の普遍的手段なのだ。労働は人間を自己自身の、そして地上の主人公にする。そのことによって労働は、最大の反キリスト教的な力となっている。総動員の労働と全体支配は、全面戦争の特徴である。この全面戦争にあっては、もはや最前線と故郷、兵隊と市民、男性と女性の区別はなされない。全面戦争はすべてを包括し、規定する。そしていっさいを全面的な規律で包み込む。

ユンガーは、前の戦争〔第一次世界大戦〕中の動きにしたがって、いっさいの労働力を軍事規律に服せしめる全体主義国家の独裁政権のことを、ただの過度期の現象であると見ていた。それに対して〈ナショナル〉な動き、〈社会的な〉動きは依然として十九世紀のものと考えていた。[19]表情がこわばり、心を開かず、一面的である労働者の姿というのは、人間の新たな典型である、とユンガーは論じる。それに対して前世紀〔十九世紀〕末の市民の表情は、柔軟で個性豊かで、神経細やかである。こうした市民はただの遺産継承者であり、〈物知り、収集家、歴史家、旅行者〉である。しかし、こうした生き方は日ごとに難しくなっている。だが、このように理解された労働者は〈なんのために〉生きているのか、という問いは、ユンガーにとっては、そもそもまちがった問いなのだ。というのも、「なぜやなんのためにという問いはできるだけ立てないで済ます」ことが重要だからである。さらには、「内容などにはまったくおかまいなく、望み信じることができること、そのことが重要だからである」。これこそ「インフレーションとヨーロッパ的なものの枯渇」の時代にあっては、〈労働〉の可能な、真の立場なのだ。つまりは〈毅然としたニヒリズム〉の立場なのだ。「残るものは」ヨーロッパ的という基準では、測ることができない。なぜなら、ヨーロッパ的なものを、〈ドイツの特殊なケース〉として見ることを学んだなら、それ自身が測る基準となるからである。(20) 労働の概念へのユンガーのニヒリスティックな意欲から生じる帰結は、労働というものが、最高度に〈抽象的〉であることにある。労働は人間性を捨象するだけでなく、自己自身をも捨象する。つまり、労働によってなにかの変化をもたらす特定の目的がいっさい欠如している。労働は、精神の本質にも人間の本質にも服しない。それどころか、労働は総動員の機能として人間を脱人間化する無名のプロセスとなる。労働は人間の政治的形成でもなければ、世界の形成でもない。労働はただ破壊するために形成する。〈物量戦〉のパターンによってだ。ユンガーの理念はこの〈物量戦〉に尽きるし、〈物量戦〉をめざしたものとなる。

いっさいが軍備のためとなるならば、自由な研究も個人的な教養もその基盤を失う。もちろん、当面はリベラルな文化概念が〈フェティシュ〉として維持されるだろうが。〈どういうことを知っていていいのか、どういうことはだめなのか〉がわかると、知の自由は無駄で余計なこととなる。[21] また典型の育成が前面に出てくると、教養もより限定され、規律化された道を歩むことになろう。こうしたことはこれまでは、将校と司祭の養成にあたってのみなされてきたことだ。しかし、このような知の削減が意味を持つためには、いっさいが労働という生活のあり方の担い手に国家自身がならねばならない。われわれの生活圏にはまだそのような最高の審級および決断の体制が存在していない。研究の自由や教養の自由が攻撃されると、市民たちが敏感に反応し、不快を表明する理由は、ユンガーから見ると、ここにある。

レーヴィットは、第二版では削除した上記のユンガー論に引き続いて、第二部第三章の最初のパラグラフの最初の文章のあとに次の文章を書いていたが（下巻一三四ページ）、これも第二版で削除された。

人文主義的な教養理念は、もはや〈現実的な〉教養に対する対抗的態度をとることとすらできず、すでに政治的な〈世界観〉に取って替わられている。若い世代をみずからの目的にあわせて飼育しようとする国家に、教養の意味を取り違えて盲従する〈世界観〉なるものにである。こうした流れの傍らで人文主義的教養の名残りとして残っているのは、もはや完全に消失するのを待つだけの廃墟に等しい。人文主義的教養と政治教育とどちらが優先するかというあれほど激しく議論されてきた問題も、今ではそのアクチュアリティを失ってしまった。

ルーゲについての記述の終わり（下巻一五二ページ）は第二版では「そして最終的には政治的〈行動〉に至るものだと、彼は予言したのだ」となっているが、初版ではそれに続いて、次の文章があった。

当時と今日の違いは、ルーゲは依然として彼の教養をヘーゲルの精神の哲学から受け取っていたことにある。それに対して、彼の今日のお仲間たちは、すでにいかなる内実も持たない教養とともに生い育っている。

下巻一五五ページのバウアー論の直前にある「今日のわれわれならば〈実存的〉とでも呼ぶであろう知のうちへと」のなかでの「実存的」は初版では「実存的および種固

有の」となっていた。

下巻一五九ページのブルクハルト論に入る前の最後の文章「という言葉が彼に向けられた」の次に初版ではレーヴィットは、次の文章を入れていたが、第二版では削除された。

当時と今日のドイツの状況には、しかし、違いがある。百年前のラディカルなインテリ層は、警察国家に対して自由の要求を掲げていた。ところが今日の教養の担い手たちは、〈泡のような決まり文句〉を使って自分たちは自由だと嘘をついている。自分たちは〈民族の一員〉だと感じることを優先させているためだ。とはいいながら基本的には今日でも当時でも同じような〈概念の単純化〉が起きている。しかも、二次的な意味のずらしを使っている。今日の〈類的本質〉なるものは、市民社会に発生した類概念ではなく、全体主義国家の政治的生物学に由来しているのだ。

下巻二三九ページの注(31)〔原注三五ページ〕には、初版では出典表示の後に次の文章が注として組み入れられていたが、第二版では削除された。

キリスト教の述語に関する哲学としてはさらにハイデガーの実存論的存在論 Existenzialontologie がある。これは、実存的現象（良心、死、罪科）の理論的意味をその背景から切り離して、実存の本質現象として重視しようとするものである。ハイデガーがこのようにして概念へと高め、神学的理解の基礎になるのではないかとしているものは（岩波文庫版『存在と時間』㈡三四〇ページ）、歴史的に見てキリスト教の人生理解に相応した現象であり、その点になんの変わりもない。このようにその原初においてキリスト教的な実存概念のいくつかの意味を、自己自身へと委ねられた現存在なるものから証示しようとしても、このハイデガーの実存論的存在論に依拠した解釈は実際問題としては、けっして中立的な土台の上でなされているのではない。それどころか、キリスト教の力が及ぶ圏内で無神論的に議論されているだけなのだ。特に、アウグスティヌス、ルター、そしてキルケゴールによってあらかじめ作られたキリスト教の圏内にとどまっているにすぎない。こうした人間学といえども、基礎存在論としてキリスト教の〈述語〉の枠に――〈主体〉は放棄してであるが――とどまっているのだ。ただニーチェの〈無神論〉だけが、キリスト教の人生理解の通用する範囲の外に原理的に飛び出し、価値転換を通じて人生にその本来の自然的な無垢を取り戻す試みをしたのだ（これについては著者の以下の論文を参照。Karl Löwith, Phänomenologische Ontologie und protestantische Theologie〔「現象学的存在論とプロテスタント神学」〕, Ztschr. f.

Theologie und Kirche, 1930, H. 5. 現在は全集に収められている。*Sämtliche Schriften 3. Wissen, Glauben und Skepsis*, Stuttgart 1985, S. 1–32)。

神学とキリスト教に対するオーファーベックの立場を論じたこの本の最後の部分で、レーヴィットは「十九世紀の代表的な人物に照らして明らかにしてくれた」〔下巻三五一ページ〕のあとの初版にあった文章を第二版では相当に切り詰めた。初版では次のようになっていた。

オーファーベックは、同時代者及び彼の業界の仲間たちが唱えていたキリスト教に別れを告げたが、逆に今日のキリスト教に対する攻撃を見ていると、神学者でない者たちでもキリスト教を擁護したい気持ちになっているようだ。現代のキリスト教攻撃や反ヒューマニズムの傾向を見て多くの教養人たちは、〈キリスト教的ヒューマニズム〉の側に立って、政治的敵対者に反撃するためだけにやむを得ず結集している。何人かはさらに、マックス・ヴェーバーの言う知の犠牲〔分かっていることを無視すること。例えば神に頼っても無駄なのに信仰に賭けること。あるいは学知を無視して権力に奉仕すること。元来の原語は sacrificium intellectualis〕をもっと徹底的に払っている。こうした意見表明はたしかに理解できるし、それなりに尊ぶべきであろうが、キリスト教的ヒューマニティの問題を歴史的に分析してみるだけでも、それは本書の記述とは観点を異にするものであることがわかる。むしろ本書の記述が示そうとしているのは、人々がともかくなんとかしてどこかの陣営に入ろう、なにかに連なろう、意見を固めようとする今日のような断定的時代にあっては、そのことはどうしたって否定できない、といった表現から自由であるような、人間世界の見方をすることがいかに必要か、ということである。このような物の考え方は、〈決断〉からは生じない。むしろ、現実の世界をよく見ること、人間の生活をさまざまに経験することを通じてのみ時間とともに生じて来るのだ。こうした物の考え方を通して最後に見えてくるのは、過ぎ去るもののなかで恒常的なもののことである。しかし、恒常的なものが見えてくる立場というのは、昔から、できごとの流れにとらわれない静止状態のことである。この静止状態とは、もしもそれが流れに巻き込まれ流されることがないならば、生の認識からはともに同じように離れた妥協や決断をせざるを得なくさせる静止状態なのだ。「われわれにおいて永遠なものは、常にわれわれのうちにあったのであり、われわれの生のなんらかの歴史的瞬間にあと知恵で与えられたものではないのだ。歴史についてのこうした考え方に対しては、われわれがキリスト教に関して人間として味わった経験といえどもなにもできない。むしろこのキリスト教の経験によって承認されることになろう」。だが、歴史というものが、過ぎ去り行くもののうちに恒常的なものを見ようとするものであるならば、それはもはや歴史研究とは言えない。むしろ、自然と人間をおなじように包み込む生の原現象を顕在化するものとなろう。

初版のあとがきは再版では完全に削除され、第二版の序文〔上巻一三ページ〕にほんの部分的に採用されているだけである〔本付録三五五ページの「元来は初版のあとがきにあった」を受けている〕。初版のあとがきは次のような文章であった。

歴史的研究には呪いがつきまとっている。つまり、意識的にせよ、無意識的にせよ、起きたことの正当化に奉仕するという呪いである。起きたことどもとその帰結を顧みながら、なぜに成功してきたかを理解させるのが歴史研究だからである。成功というのは、自己を正当化し得る力を持っているものだ。その意味では歴史的な知というのは、望むと望まざるとにかかわりなく、ヘーゲルにおいてそうであったように、後知恵による予言である。ドイツで現在起きていることは、何年も前に起きたことを解く鍵であると同時に、過去に起きたことは、現在の理解を開いてくれるのだ。しかし、こういった理解といえども、道徳的な意味での正当化にはまずならない。むしろ、現在の悪の起源を過去に探し求め、この過去を批判的に見ることになるであろう。ヘーゲルの歴史感覚なるものの限界は、彼の〈把握〉なるものが、無際限な正当化になっていることにある。なぜなら、彼にとって世界史(Weltgeschichte)は、世界法廷(Weltgericht)だったからである。本書での記述はこうした把握とも、また単純な難詰とも無縁である。本書が求めている理解は、判断を下せるだけの公正さである。

しかし、十九世紀のドイツ精神の特殊な歴史に関して言えば、ヘーゲル以降の哲学的発展の恐るべき帰結は、それに引き続く諸段階を追いやすいことである。この諸段階の帰結こそは、過激さにあるからである。それゆえ時代の精神的出来事を歴史的に見通すならば、ニーチェにおける過激性の魔術からブルクハルトの閑暇を経て、ゲーテの中庸を保った充実に戻ることになるかもしれない。それが明らかに偉大な人々を手がかりにドイツ精神を知る方途であろう。

とはいいながら、歴史には戻るということがない。ゲーテに向かってであれ、その他の誰に向かってであれ、立ち戻ることは不可能である。時間はそれ自身として進歩に巻き込まれてしまった。永遠が存在の真理として現われるいくつかの瞬間においてのみ、進歩であれ、堕落であれ、こうした時間的シェーマは歴史的幻想として現れて来るのだ。

解　説

本書の著者カール・レーヴィットは一八九七年にミュンヘンに生まれ、一九七三年にハイデルベルクで死去している。だが、その人生はひとつの国のなかの、それぞれ気韻豊かなこのふたつの地名が連想させる安定したものではなかった。むしろ、一八九七年と一九七三年という二つの数字から予想される世代、しかも「いかなる功績もない世代」(初版の序文)と著者自らが自嘲の叡智を込めて形容する世代の運命を彼も免れることはなかった。つまり、二十世紀の巨大な戦争を経験した世代の運命である。

高校を卒業した一九一四年に志願して第一次世界大戦に出征。イタリア戦線で負傷し、捕虜となり、トスカナ地方の捕虜収容所暮らしとなる。その時に知ったイタリアの文化や暮らしへの愛は終世変わることはなかった。復員後は、ミュンヘン大学、フライブルク大学で哲学を学んだ。その際に多くの同時代者とともに決定的な影響を受けたのは、ハイデガーである。のちにはこの魔術的哲学者を強烈に批判することになったが。

マールブルク大学に移ったハイデガーのもとで一九二八年『共同存在の現象学』(原

題 *Das Individuum in der Rolle des Mitmenschen*)で教授資格を取り、講師となる。しかし、一九三三年、ナチスが政権をとったために、ユダヤ人であるレーヴィットは教職を剝奪され、ドイツを離れざるを得なかった。さいわいロックフェラー財団の奨学金を得てローマで研究を続けることになったが、ナチの委託で講演に来たハイデガーがナチ党の党員バッジをつけているのを見て、ショックを受けた。ドイツと同盟関係にあったイタリアにも長くいることはできなかった。ロックフェラー奨学金も期限がすぎていた。

そのときドイツ人の教員を探していた東北帝国大学哲学科との話がまとまり、一九三六年十月初旬にナポリを出航。十一月十五日に神戸に到着した。出迎えたのは、この「縁組み」をまとめたフライブルク以来の知己であった九鬼周造である。こうして仙台でほぼ四年の教育・研究生活をつづけることになる。ドイツの同盟国であったため、日本でもユダヤ人の位置は微妙だったが、ヨーロッパにおけるほど露骨な弾圧はなく、比較的安定した生活だったようだ——ドイツ大使館の要請によって提出したパスポートが返却された時にはユダヤ人を意味する「J」の字が大きく押されているなど、いやなこともあったが。

南ドイツのマールバッハのドイツ文学資料館に寄贈されているレーヴィットの日記

の未公刊部分を読むと、学生と日本アルプスに登ったり、蓼科《たてしな》や青木湖周辺をハイキングすることもあった。仙台から蔵王にも出かけている。夏は東北の浜辺で海水浴を楽しんでいる写真も残っている。妻のアーダとふたりで予約もせずに北海道旅行をしたり、あるいは北京にまで知見を広めに出かけたりと、出身のドイツ青年運動の精神は旺盛だった。夏は主として軽井沢で暮らしていた。軽井沢のドイツ人コロニーは全体としてユダヤ人との交際を避けたが、なかにはわけへだてなくつきあってくれる者もいたようだ。この仙台時代に完成したのが本書『ヘーゲルからニーチェへ』である。

だが、日米関係の緊迫もあり、東北大学との契約も終了した一九四一年春には、日本を去りアメリカに渡る。アメリカに亡命していたティリヒとドイツ系のアメリカ人神学者ラインホルト・ニーブールの世話でコネチカット州ハートフォードのプロテスタント神学校での職が決まっていた。一九四九年には、ユダヤ人が中心となって設立運営されていた自由学校であるニューヨークの「社会科学ニュースクール」に移る。その頃には夫婦ともアメリカ市民になっていた。そして一九五二年にはガーダマーの推挽でハイデルベルク大学哲学科の教授に就任し、その後は静かな学究生活を送った。一九六一年から一九六四年までハイデルベルク大学にいたため多少の交際のあったハーバーマス夫妻の証言によれば、レーヴィット夫妻は教授たちの交流にもあまり加わらずに、引きこもって暮らしていたとのことである。いずれにしても、ミュンヘン、フィレンツェ近くの捕虜収容所、フライブルク、マールブルク、ローマ、仙台、ハートフォード、ニューヨーク、ハイデルベルクと居住地を辿ると地球を一周したことになる。

彼の自伝を読むと、たえずGlückという言葉が出てくる。「幸福」という意味もあるが、コンテクスト的には「幸運」とか「運がよかった」ということだ。ドイツにいられなくなったときにロックフェラー奨学金がとれたのも、イタリア滞在が厳しくなったときに東北大学から話があったのも、日米関係が行き詰まるなかで、たまたまアメリカに職があったのも「運がよかった」。アメリカ入国の身体検査で、心臓に問題がある、「入国させるわけにいかない」と最初の医者に言われたが、ふたり目の医者から仕事を聞かれ「哲学教授」と答えたら、「哲学ならこの心臓でも大丈夫だろう」と許可印を押してくれて上陸できたのも「運がよかった」。

イタリア滞在中には『ブルクハルト論』（邦題『ブルクハルト——歴史の中に立つ人間』）、『ニーチェの永遠回帰の哲学』（邦題『ニーチェの哲学』）を書きあげていたが、本書の執筆には東北大学の潤沢な蔵書が、また巻末の文献一覧のところにも記されているが、同僚の、今でも哲学・思想関係者なら名前を知っている日本人教授たちの助けが、大いに役立ったようだ。そして、アメリカに出発する直前に、出来上がった本書を受け取ることになる。日記にはこうある。「一九四一年一月十四日、北京から戻り、東京に到着。九鬼と会う。彼は家に招いてくれて、ここだけの話だが、と言いながら、正式に離婚が成立したことを話してくれた。いつもながらのきわめて上品な食事。……一月十七日、仙台に戻ると、私の『ヘーゲルからニーチェへ』が届いていた。面倒な荷造りの準備。ツムラ、ナカガワ、イガラシなどの手伝いがかえってうるさくて邪魔だ」(1)。まさに出発の直前だ。最後の一行が気になる読者もおられるかもしれないが、これについては文末に触れたい。

序文には一九三九年春とあるから、脱稿から本の完成までほぼ二年。原稿が船便で送られ、校正ゲラがおなじく船便で行ったり来たりしたことを考えれば、当然だろう。

本書で取り扱われているのは、ヘーゲルによる哲学と歴史(ギリシア以来のヨーロッパの歴史)の統一が崩壊する過程である。それも、ファシズム期から回顧された過程である。ヨーロッパがギリシアに始まるという妄信を完成させ、ギリシア的理性とキリスト教の救済の歴史の思想を完全に統合したのがヘーゲルだが、その統合は、元来無理であり、崩壊するべくして崩壊していく。歴史とは「自由の意識の進歩」であり、現在は自由の完全なる実現である、という哲学をプロイセン国家の臣民たちに信じさせたヘーゲルの哲学が維持できなくなったその崩壊の記述でもある。

崩壊の結果は、一方では、マルクスに代表される社会批判の登場となる。哲学が社会を概念でとらえきることはできなくなった状況で、社会の動きを理解できなければ哲学の存在も霞のようになっていくとするヘーゲル左派である。しかし、ヘーゲルを葬ることを自慢し合い、「おたがいに相手よりも強いことを言おう」とし、相手を「〈俗物〉呼ばわり」しながら(上巻一六五ページ)、政治的に先鋭化することがまた思想の崩壊につながるヘーゲル左派の悲惨は本書の白眉だ。他方では、キルケゴールに代表される、自己自身の内面の極度の誠実性を問題にする思想である。キルケゴールにおいてはその自己を支えている神との関係が問題になっているが、それだけに国民や労働者階級や社会などは空疎で、霞以下の存在と考えられる。まさに副題にあるように「十九世紀思想における革命的断絶」である。

そうした断絶と分裂の先にレーヴィットの図式では、ニーチェが登場する。ニーチェの永遠回帰の思想は、激烈な歴史的変化を特徴とし、考え方も歴史を中心に進む近代の最先端にあって、そうした変化とは無縁の永遠の生々流転を営む〈自然〉というギリシア的な〈ピュシス〉に立ち戻ろうとするものだ、という位置づけである。われわれの時代は、過去とは違うことを試みるのが現在であると考え、その現在の進路を決めるときに仮想の未来から現在を振り返って見る。こんなことをすると将来の人がどう思うだろうか、と未来から現代を批判的に照射する試みもなされる。そうした歴史意識の完全な拒否がニーチェの「永遠回帰」だというのだ。この議論はローマで書かれた前著で全面的に展開されていた。

その際のレーヴィットの筆致は、マルクスもキルケゴールも、あるいは途中で登場するルーゲやディルタイも、それぞれ無理をした思想であり、解決不能の矛盾を宿していると冷静に指摘し続ける。哲学的な社会批判のマルクスはもはや哲学でなくなってしまうことで批判の刃が経済へと単純化する。自己の内面にこもるはずのキルケゴールは、そのこもっている静かさを、社会に声高に発信している。公共圏への嫌悪感を公共圏を通じて表現するしかない。ディルタイの歴史的精神科学は、徹底的な歴史的相対性の意識のゆえに絶対的な哲学の不可能性を自覚する。だがそれゆえに、哲学の内容よりも、それを生み出した過去の時代や個人を教養主義的に味わう「気分」に矮小化してしまう。そして、ニーチェのような新たな思想の開拓者は、自分では歩む気のない道を開く――本人の意図と無関係にナチスに利用される可能性を開く。プロテスタンティズムに発生するドイツ思想の袋小路の逆説、キリスト教の神学的自己反省が、独善的無神論に退化して行く逆説でもある。

以上が「十九世紀における精神の歴史」と題された第一部である。「市民的＝キリスト教的世界の歴史」と題された第二部では、この過程を、「教養」や「労働」や「キリスト教」その他の個別的問題についての代表的思想家の考え方を縫い合わせて描くことで、崩壊の絵巻物が完成する。

詳細は、読んでいただくしかないが、あまり指摘されないことなので述べておきたいレーヴィットの特徴がある。それは、十九世紀の社会的文化的なコンテクストへの冷静な視線である。それゆえにこそヘーゲル哲学の左右への解体の「破壊力」つまり、経済中心の時代がもつ巨大な破壊力に目が届いている。「ヘーゲル以降の哲学の歴史は通常〈付録〉的に扱われることが多いが、まさにそのことが、この精神的〈疲弊〉にどう処したらいいか分からなくなっている事態を示す外面的兆候である。この〈疲弊〉は当時一般には、ドイツ観念論を振り返ってその崩落にすぎないと考えられていたが、それは実際には、新たな運動の破壊力を見損なっていたにすぎない」（上巻二八六ページ）。

それまでの哲学史が「付録」的に見ていたのは、哲学と言えば、ドイツ観念論型の気高い抽象と厳密な論理をのみ哲学と思っていたからである。それに対して、レーヴイットは新たな哲学概念を打ち立てている。既成の観念論の解体について哲学の外の世界の動きを考えることも哲学だというのだ。まだまだドイツ観念論からマールブルク系の新カント主義、そしてフッサールやハイデガーを哲学の主流と見る向きへの大いなる挑発である。「伝統的な立場や観点が怪しくなれば、それと一緒に学問の方法や概念も変化して行く(2)」という、ヴェーバーとマルクスを論じた別の著作の方法論的文章が思い浮かぶ。「体系を憎んだ」とは、ハイデガーの死の直後のラジオ放送で、ハイデガーとの相違としてガーダマーがレーヴィットについて述べていた一句であるが、なるほどと思わせる。「彼は考えることがなんであるか、まったく分っていない。ひょっとして考えることを憎んでいるのかもしれない」というハイデガーのレーヴィット評価はまったく不当で、ハイデガーに返したいくらいだ。ちなみにこの誹謗はハイデガーが秘密の関係をもっていた多くの女性の一人であるユダヤ系の教育学者エリーザベト・ブロッホマンに送ったものである(3)。

それゆえ、およそ彼の世代の職業哲学者でマルクスの思想を的確に再構成して描きった人は他にはいない。彼は冷たく次のように言い放つ。「ドイツ知識層がいわゆるマルクス主義を知ったのは、ナチスの政治的プロパガンダと、その攻撃的な粉飾を通じてであった」(上巻三二一ページ)。知識人たちはマルクスの挑発を知らないで哲学をしていた。それでは、社会から浮いた象牙の塔で霞以下になるのはあたりまえである。「実際問題として、世紀の終わりの時期の市民的教養の基本的な弱点は、教養人たちの教養であるため、同時に労働者階級から社会的に切り離された存在となり、労働という普遍的な問題への社会的地平をも失ってしまったことにある」(下巻一二〇ページ)。ハーバーマスは、シェリングについての博士論文を仕上げた直後に本書を読み、知的興奮を覚え、ヘーゲル左派についての後書きをつけ加えたと述べている(4)。

もちろん、それだけ丁寧に描くマルクスの根本思想からも、レーヴィットははっきり距離を取っている。偉大な思想家やその思想にのめり込み、自己同一し、「まいってしまい」「入れあげてしまう」のは知的作業の正反対であることを、やがてはその克服をめざす歴史意識の洗礼を浴びたレーヴィットはよく分っていた。思想はファンクラブ(例えばアーレントが好き、ヴェーバーが好き)ではないのだ。だが、このような対象への歴史的で冷静な距離にも、それ自身の歴史性とその克服という問題点がある。そのことを少し述べておこう。

レーヴィットにも、みずからがマルクスやキルケゴールに、そしてニーチェや、そして後にハイデガーにも指摘するのと似たような、ミュンヒハウゼン的な矛盾がある。

つまり、歴史的反省によって歴史意識を越えてギリシアの自然に立ち戻ろうという無理である。一方では、歴史的反省、特に概念史的反省の重要性が指摘される。思想史というのは、どこかで本質的でない、教科書的な退屈な叙述と思われているかもしないが、「労働 Arbeit」という単語ひとつとっても思想史的な作業がなければ、現在、医者でも弁護士でも肉体労働者でも「労働」という言い方を少なくともドイツ語ではする理由が理解できない、と彼は述べる(「労働の問題」の冒頭部。下巻八一ページ)。だが、他方では、まさにそのように見る歴史的反省そのものが近代のいわば悪弊であり、病気でもある。これも歴史的に生まれた以上、やがては消滅する、と暗示する。「歴史意識による構築 Konstruktionen を歴史的な反省によって取り壊す」(Abhandlungen 153)のが目的である、という一節を、ハーバーマスもそのレーヴィット論で矛盾として引いている。(5) 歴史意識によって歴史意識を克服しようというのは、無理筋であろう。このあたりは、レーヴィットが激烈に批判するハイデガーに実は意外と近い面もあることを示している。「崩壊」という思考形象の問題である。

とはいいながら、ハイデガーとはやはり違う歴史からの逃避である。マールバッハ資料館の未公刊の仙台時代のメモにはこうある。「時代からの逃避。どこへ？〈永遠〉ではないにしても、相対的な恒常性へ。……ゲーテでは歴史的世界が自然の世界に組み込まれている」(一九四〇年八月二十八日)。ヘーゲル批判は時として激烈だが、本書でもゲーテへの好意は歴然であるところが、ゲーテへの嫌悪を隠さなかったハイデガーと異なる。

一九一九年にミュンヘンでマックス・ヴェーバーの講演「職業としての学問」を聞く「幸運 Glück」に恵まれたと自ら語るレーヴィットは、ハイデガーの弟子たちの中では唯一マルクスとヴェーバーを並べて、ヴェーバー並みの冷たさで論じることのできた人だった。

この歴史的思考からの脱出志向の自己矛盾については、いずれ別のところで立ち入って考察したい。本書は、そうした最終的な困難にかかわることなく、十九世紀の知的ドラマとして読むことができる。マルクスを知らない教養階級の問題性についても、キリスト教に関する議論が社会全体を震撼させた時代があったことについても、自然科学の隆盛の中でヘーゲル主義者が右往左往するシーンについても啓発されるところが多い。マルクス、キルケゴール、ルーゲ、またスペイン貴族のドノソ・コルテス、フランスのプルードン、ソレルやフローベールは、さまざまなエピソードとともに十九世紀の知的絵巻物の人物群となって登場する。ヘーゲル左派における哲学のさらなる崩壊を描きながら、どこかシンパシーを込めて描いている——社会哲学など鼻から問題にしないハイデガーとの違い——ところが、重要である。

レーヴィットは勉強家だ。「一九四〇年五月。このところ英語をたくさん読んだ。ロイド・ジョージの自伝全五巻。シヴィルでヒューマンでリベラルな思考はすばらしい。チェンバレンの『十九世紀の基礎』を読む。ユダヤ人やドイツ人や人種についての文章は、それでも他の連中のよりはるかにましだ」。この頃にヒトラーの『わが闘争』も読んで、「基本的には幼稚な政治的ダーウィニズムにすぎない」とメモしている。彼は遠く仙台からフランクフルト社会研究所の雑誌にヤスパースの『ニーチェ——彼の思想への入門』(一九三六年)を酷評した書評も送っている。アドルノの、当時はほとんど知られていなかったキルケゴール論もしっかりと本書の注に入れている。

同じ頃パリにいたヴァルター・ベンヤミンは、『パサージュ論』のニーチェの永遠回帰と資本主義を論じたメモで、レーヴィットがナポリを発つ直前に出た『ニーチェの永遠回帰の哲学』をなんども引いている。一九三八年八月二十八日には、一時は穏やかならぬ深い関係のあったニューヨークに亡命中のアドルノ夫人グレーテルに、「レーヴィットのニーチェ論にもご主人のキルケゴール論が引かれていますよ」とふたりへの好意から指摘している。本書には、出版されていくらも経っていないおなじく亡命中の作家ローベルト・ムージルの『特性のない男』(下巻二〇六ページ)も、現代に残る「かすかな人道主義」の比喩として引かれている。Eメールもインターネットもなくても、ヒトラーとファシズムに対抗する知識人のグローバルなネットワーク、そのなかで歴史意識とアクチュアリティが交錯するネットワークは機能していた――暴力には適わないことはたしかであるが。そうした話をする知的仲間が日本にいたとは思えない。ヴェーバー門下のレーデラーが一九二〇年代半ばの東大で、ルカーチやベンヤミンの話をしていたはずだが、日本の西洋研究は硬直していて「評価の定まった」書物を重視する一流大学ほど新しいものに向いていない。

ところで、先に触れたギリシア的自然観なるものをレーヴィットは日本の農村の生活にも投影していたフシがある。「〔日本の生活のなかで〕いっさいの自然や日常のものごとを清らかなものと見ていつくしみ敬うのを見た。太陽や月の、流転する万物の、季節の、木々の、山々の、石の、生殖と食事の、田植えと家の建設の、先祖の、そして天皇家のいっさいが聖別され、奉納されるのを見ていると、はじめてギリシアやローマにおける異教というもの、その政治的宗教というもののなにがしかが理解できた。

人間を越えていたるところに潜んでいる力、日本語で〈カミ〉というものに対する畏怖の念、尊敬の念が、日本とギリシア・ローマの古代に共通している」(6)。未公開の日記にも軽井沢周辺の農村の年中行事について「原初的＝宗教的エロティシズム」とギリシアの親近性が記されている。

しかし、読者はこんな文章から、日本をよく見てくれたと秘かにうれしがってはならない。彼は、日本に行く諏訪丸のなかでのすき焼きパーティにも、プラトンの饗宴(シンポジオン)を見ているほどだから。なんともドイツの教授の教養の滑稽さである。そういえば、進化論のヘッケルもセイロン紀行で現地の美しい若者を「ガニメード」(ギリシア神話に登場する美少年ガニュメデス)と呼んでいる(7)。ヨーロッパの凛々しい美男子を見て敦盛公と呼ぶ日本人はまずいないであろう。ようするにこの世代の教育の枠組みを抜けきれていないだけの話である。日本の農村風俗に古代ギリシアを見たのは、それを自己の脱歴史志向と合体させただけである。一等船客のすき焼きパーティがやがて飲めや歌えの大騒ぎになると、レーヴィットはまったく理解できず、軽蔑的な言辞を弄している。また日本語には主語が必要ないから、日本人には自我意識が乏しいといったお話にならない文化論もある。お得意のラテン語も主語なしの文章はいくらでもあるのに。だが、日本の自然宗教に読み込んだ内容は、日本理解としてではなく、ゲーテ的に歴史意識を脱しようというレーヴィットのギリシア理解を評価するために重要だ。

先に引っ越しの手伝いがかえって面倒だという趣旨の文章を引用したが、日本人学生や同僚とも本当の意味での議論による交流はなかったようだ。日記のいまだ活字になっていない部分を見ると、日本の知識層の滑稽な敏感さへの違和感も表明されている。蓼科行きの途中でウスイという学生に書き終わった『ヨーロッパのニヒリズム』の「日本の読者へ」と題された後書きを渡した。そこには日本の近代化の根無し草性、伝統と現代の二重構造が批判的に扱われている。日本人は自己愛と習慣にとらわれて「自由な」議論や、批判的な議論ができない、本当のことを思い切って言う勇気がない、と。それを読んだウスイはこの部分は出さないで欲しい、日本は西洋のいいところを立派に取り入れているではないか、日本人の「自己愛」が批判されているのも問題だ、まだまだ足りないところがあるかもしれないが、必ずよくなるなどなどとむくれて反論した。「傷つきやすい愛国心のゆえに、侮辱されたという強烈な感情」、これではまともな議論などできない、と日記に書きとめている(一九四〇年八月十三日)。外国人にちょっと何か言われると、心底から傷つく心性は、日本の指導層のナショナリズムの隠れた根のひとつである。なぜ、すぐ日本を守ろうとするのだろうか。なぜ日本を背負ってしまうのだろうか、本当は自らもあまり賛成していないところがたくさんあるのに。

アメリカ行きの船に乗った初日の日記にはこうある。「船に乗り来んだ途端、日本に関するいっさいが剝落していき、今まで日本といちどとして深くかかわったことがないかのような気分になってしまった。河野の知り合いの乗客を訪れるとか、日本人の誰かと話すといった気はいっさい起きない。なぜといって、彼らは誰も話ができないのだから。オープンに、直接に、そして自分で話せないのだから」(8)。すでに行きの船でも気がついていたこと、そして先の蓼科での逸話でも思い知らされた自己防御の姿勢、自分の意見ではなく日本を説明してしまう姿勢に嫌気がさしていたのだろう。「彼らは誰も話ができないのだから Sie können ja alle nicht *reden.*」――思い当たるフシは多い。もちろん、語学力ではなく、自由に論じあう姿勢のことだ。

このようなレーヴィットの目はオープンでありながら、先のすき焼きパーティと饗宴の対比からも分るように、もちろん、時代の制約のなかでのオリエンタリズムの目でもある。日本行きの船の中では、日本女性の胸の薄さのことを、それまでいたイタリアと大きく違う点として述べているし、途中に寄港したセイロンでは、「巻きスカート」の下に隠れている「暗い情熱」が想像されている。ただのお父さんでもある。

そして、本書でもまだ「ドイツ精神」という言葉が使われている。今は大学のゼミでこんな言葉を使ったら終わりだ。「当時のドイツの知識人の議論のコンテクスト」ということだろう。反ヘーゲル主義でありながら、ヘーゲルが残っている。しかし、どんな偉大なテクストにも間違いはある。時代の制約はある。にもかかわらず、ヘーゲルからニーチェへの、そして第一次世界大戦に向かう「ドイツ精神」の没落を、その帰結と著者が見るファシズムのヨーロッパと対決しながら扱った本書は、現代思想とそのアクチュアリティに歴史的にかかわる者にとって不可欠な存在であることは当分変わらないであろう。

（1）アメリカ移住直前のこの部分は出版されている。Karl Löwith, *Von Rom nach Sendai. Von Japan nach Amerika. Reisetagebuch 1936 und 1941*. Herausgegeben von Klaus Stichweh und Ulrich von Bülow. Mit einem Essay von Adolf Muschg, Marbach 2001. S. 99.

（2）Karl Löwith, Max Weber und Karl Marx, *Sämtliche Schriften*, Bd. 5. Stuttgart 1988, S. 340.

（3）Martin Heidegger an Elisabeth Blochmann, 19. 1. 1954. In: *Martin Heidegger—Elisa-*

beth Blochmann, Briefwechsel 1918–1969, hrsg. von Joachim W. Storck, Marbach 1990, S. 103.

（4） Jürgen Habermas, *Im Sog der Technokratie*, Berlin 2013, S. 15. もっとも筆者が読んだかぎりでは、レーヴィットの影響は明確には表現されていない。

（5） Jürgen Habermas, *Philosophisch-politische Profile*. Erweiterte Ausgabe, Frankfurt 1981, S. 201. 引用は、Karl Löwith, *Gesammelte Abhandlungen*, Stuttgart 1960, S. 205.

（6） Karl Löwith, *Mein Leben in Deutschland vor und nach 1933*, Stuttgart 1986. S. 151 f.

（7） Ernst Haeckel, *Indische Reisebriefe*, 6. Auflage, Leipzig 1922, S. 117.

（8） Karl Löwith, *Von Rom nach Sendai. Von Japan nach Amerika. Reisetagebuch 1936 und 1941*. Herausgegeben von Klaus Stichweh und Ulrich von Bülow. Mit einem Essay von Adolf Muschg, Marbach 2001. S. 101.

解説で取り上げられた文献のうち邦訳のあるものは以下の通りである。

アドルノ
『キルケゴール――美的なものの構築』山本泰生訳、みすず書房、一九九八年
ウェーバー
『職業としての学問』尾高邦雄訳、岩波文庫、一九八〇年
ヒトラー

『わが闘争　完訳』平野一郎・将積繁訳、角川文庫、全二冊、二〇〇一年
ベンヤミン
『パサージュ論』今村仁司・三島憲一他訳、岩波現代文庫、全五冊、二〇〇三年
ムージル
『特性のない男』高橋義孝訳、新潮社、全六冊、一九六四—六六年
ヤスパース
『ニーチェ』(『ヤスパース選集』第18・19巻)草薙正夫訳、理想社、全二冊、一九六六—六七年
レーヴィット
『ウェーバーとマルクス』柴田治三郎・脇圭平・安藤英治訳、未来社、一九六六年
『共同存在の現象学』熊野純彦訳、岩波文庫、二〇〇八年
『ニーチェの哲学』柴田治三郎訳、岩波書店、一九六〇年
『ブルクハルト——歴史の中に立つ人間』西尾幹二・滝内槇雄訳、ちくま学芸文庫、一九九四年
『ヨーロッパのニヒリズム』柴田治三郎訳、筑摩書房、一九七四年

訳者あとがき

本書には、東北大学でレーヴィットと知己のあった柴田治三郎氏による翻訳があり、岩波現代叢書で出ている。Ⅰが一九五二年、Ⅱが一九五三年の発行だから、六十年以上も前である。小生の手元にある現物はⅠが一九六四年発行の十二刷、Ⅱが一九七一年発行の十六刷だから、当時の思想物の翻訳の息の長さ、そして読書人の意欲を物語っている。もっぱらヘーゲル＝マルクスのコンテクストで読まれたであろうことも推測される。

既訳のある本書を岩波文庫のために新訳するという課題を引き受けたのは、やはり時代の変化にはかなわないのか、用語や文体が、またその後の西洋思想の研究で読み方が変わってきたことが大きい。ニーチェひとつをとっても、本書では実在しなかった書物『力への意志』が前提にされている。

新訳にあたっては、できるだけ平明に、また短い文章に区切ることを試みた。柴田訳にも、また英訳（*From Hegel to Nietzsche. The Revolution in nineteenth-century thought.* Translated from German by David E. Green, Columbia University Press 1991）にも逐一あた

った。柴田訳にも英訳にも散見する思い違いやうっかりミスは訂正したが、それは必ずしも、新訳にそうしたものがないことを保証するものではない。翻訳は落とし穴の多い恐ろしい仕事だからだ。

本書の企画は立案当時岩波書店にいらした斎藤公孝氏が立てて、小生を誘ってくださった。最初の部分の訳を送ったのはデジタル記録を見ると二〇一一年の一月であるから、ほぼ五年かかっていることになる。その後、氏は岩波書店を退かれ、代わりに林建朗氏が引き受けてくださった。両氏ともすでに他の企画で一緒に仕事をさせていただいたこともあるので、編集者の模範とも言える学識は言うにおよばず、催促から原稿の訂正提案までツボを心得た絶妙のものだった。両氏に深く感謝したい。特に原稿整理と内容のチェックを引き受けてくださった林氏の丁寧な本作りには頭が下がる思いだった。

またキルケゴールに関するレーヴィットの、文献不足からやむを得なかったであろう多少ともずさんな引用などに関して、また内容理解に関しても、学習院大学哲学科大学院に在学しながら、ドイツ学術交流会の奨学金によって現在フランクフルト大学でキルケゴール研究に研鑽を励んでおられる吉田敬介さんに本当にお世話になった。お礼を申し上げたい。

最後に個人的なことをお許し願いたい。訳者は、五十年以上前の大学四年生のときに、氷上英廣先生の原書講読のゼミではじめて本書を読んだ。所持している既訳のⅠが一九六四年の刷なのは、そのためである。怠け者の学生たちだったためか、半分も行かなかったし、他の参加者のことはわからないが、私自身はほとんど理解できなかったと思う。それでも先生が「ヘーゲルからキルケゴールとマルクスに分れて行ったという図式はいまでは常識化しているが、それはこの本のせいだよ。僕たちの学生時代にはそんな見方はまったくなかった」と独特のシャイでつぶやくような仕方で述べておられたのをよく覚えている。なるほど学問というのは、一冊の本で大きく見方が変わるものなのか、という感慨とともに。

知的人生のスタート(あるいはスタート以前)と終了(あるいは終了以後)に同じ本というのも、「永遠回帰」みたいで、まったく進歩しなかった、ということだと言われれば、それまでかもしれない。それでも、少なくともドイツ語に関しては少しは読めるようになったかもしれない。また扱われている思想家の本もあの頃よりは少しは読んだかもしれない。だからといって理解が深まったかと聞かれるならば、レーヴィットが自分の世代について序文で言う言葉そのままに「いかなる功績もない世代」の一員としてはいささか心もとないが、それでもあの頃は日本ではほとんど論じられなかったアドルノやベンヤミンの思考と関連させて読むというあとから来た者の特権はあるかもしれない。

二〇一五年十二月二十一日

三島憲一

読書子に寄す

――岩波文庫発刊に際して――

岩波茂雄

真理は万人によって求められることを自ら欲し、芸術は万人によって愛されることを自ら望む。かつては民を愚昧ならしめるために学芸が最も狭き堂宇に閉鎖されたことがあった。今や知識と美とを特権階級の独占より奪い返すことはつねに進取的なる民衆の切実なる要求である。岩波文庫はこの要求に応じそれに励まされて生まれた。それは生命ある不朽の書を少数者の書斎と研究室とより解放して街頭にくまなく立たしめ民衆に伍せしめるであろう。近時大量生産予約出版の流行を見る。その広告宣伝の狂態はしばらくおくも、後代にのこすと誇称する全集がその編集に万全の用意をなしたるか。千古の典籍の翻訳企図に敬虔の態度を欠かざりしか。さらに分売を許さず読者を繋縛して数十冊を強うるがごとき、はたしてその揚言する学芸解放のゆえんなりや。吾人は天下の名士の声に和してこれを推挙するに躊躇するものである。このときにあたって、岩波書店は自己の責務のいよいよ重大なるを思い、従来の方針の徹底を期するため、すでに十数年以前より志して来た計画を慎重審議この際断然実行することにした。吾人は範をかのレクラム文庫にとり、古今東西にわたって文芸・哲学・社会科学・自然科学等種類のいかんを問わず、いやしくも万人の必読すべき真に古典的価値ある書をきわめて簡易なる形式において逐次刊行し、あらゆる人間に須要なる生活向上の資料、生活批判の原理を提供せんと欲する。この文庫は予約出版の方法を排したるがゆえに、読者は自己の欲する時に自己の欲する書物を各個に自由に選択することができる。携帯に便にして価格の低きを最主とするがゆえに、外観を顧みざるも内容に至っては厳選最も力を尽くし、従来の岩波出版物の特色をますます発揮せしめようとする。この計画たるや世間の一時の投機的なるものと異なり、永遠の事業として吾人は微力を傾倒し、あらゆる犠牲を忍んで今後永久に継続発展せしめ、もって文庫の使命を遺憾なく果たさしめることを期する。芸術を愛し知識を求むる士の自ら進んでこの挙に参加し、希望と忠言とを寄せられることは吾人の熱望するところである。その性質上経済的には最も困難多きこの事業にあえて当たらんとする吾人の志を諒として、その達成のため世の読書子とのうるわしき共同を期待する。

昭和二年七月

ヘーゲルからニーチェへ（下）〔全2冊〕
——十九世紀《じゅうきゅうせいき》思想《しそう》における革命的断絶《かくめいてきだんぜつ》
レーヴィット著

2016年2月16日　第1刷発行
2020年8月17日　第2刷発行

訳　者　三島憲一《みしまけんいち》

発行者　岡本　厚

発行所　株式会社 岩波書店
〒101-8002 東京都千代田区一ツ橋 2-5-5

案内 03-5210-4000　営業部 03-5210-4111
文庫編集部 03-5210-4051
https://www.iwanami.co.jp/

印刷・三秀舎　カバー・精興社　製本・松岳社

ISBN 978-4-00-336933-3　　Printed in Japan

人名索引

太字の人名は人名注に取り上げられている人物.
太字のページは当該人名が章・節・項の見出しになっている箇所.

ア 行

サ　行

タ　行

ナ　行

ハ　行

原　注

注記　原注の中の略語等の意味は以下の通りである．a. a. O.＝前掲書，Abt.＝部，Anm.＝注，Annalen＝年鑑，年報，Aufl.＝刷，Ausgabe＝版，Bd.＝巻，desgl.＝同じく，Br.＝書簡集，Ebenda＝同前書，ed.＝編，f.＝ある頁と次の頁(例：S. 10 f.＝10 頁と 11 頁)，ff.＝ある頁からその頁を含めて 3 頁以上にわたって続く(例：S. 10 ff.＝10 頁から 3 頁以上にわたって続く)，Ges. Ausg.＝全集，Ges. Schr.＝全集，H.＝号，herausg.＝編，Jahrg.＝〜年〜号，S.＝頁．Tagebücher＝日記，Teile＝部，übers.＝訳，und＝および，vgl.＝参照，Zus.＝付論．ローマ数字の右肩の小さいアラビア数字は全集などの刷を示す．引用書誌は上巻巻末に掲載した．

第 2 部

第 1 章

(1) ルソー『エミール』第 1 編．

(2) 特に前者においてローマの美徳を賞賛するファブリツィウスの演説を参照のこと．また後者は，前政治的なステータスを讃えながらも，すでに社会契約の問題点を描き出している．ルソーはこの本をジュネーブ市の参事会に捧げ，この参事会を，真のポリスの導き手と形容している．そして彼は，政治的にジュネーブに帰属しているゆえにふたたびプロテスタントになるというかたちで，このジュネーブ市の議決にしたがっている．

(3) 以下についてはエルトマン(K. D. Erdmann)のマールブルク大学博士論文 *Das Verhältnis von Staat und Religion nach der Sozialphilosophie Rousseaus*〔『ルソーの社会哲学から見た国家と宗

教の関係』〕, 1935 参照.

(4) Rousseau IV, 8.『社会契約論』の要約は『エミール』の第5編および『山からの手紙』の「第五の手紙」にある.

(5) *Napoleons Gespräche*〔『ナポレオン会談録』〕, herausg. von Kircheisen, Stuttgart 1913, Bd. III, 195 f., 256, 262 参照.

(6) G. Jellinek, *Die Erklärung der Menschen- und Bürgerrechte*〔『人権宣言論争』〕, 4. Aufl. München 1927.

(7) Hegel IX, 438 ff. vgl. XV, 534 f.; *Phänomenologie*〔『精神現象学』〕, ed. Lasson a. a. O., S. 378 ff.

(8) Hegel, *Enc.* § 163, Zus. 1.

(9) Hegel, *Rechtsphilosophie*〔『法哲学』〕§ 184.

(10) Ebenda, Vorrede〔序文〕(2. Aufl. S. 7), § 268, Zus.

(11) H. Freyer, *Einleitung in die Soziologie*〔『社会学入門』〕, Leipzig 1931, S. 63 ff. 参照.

(12) *Rechtsphilosophie* § 4 bis § 7. さらに, 意欲の分析をルソーとフランス革命に適用している § 258 参照のこと.

(13) Ebenda, § 260, Zus.

(14) Ebenda, § 185. また, 同書序文(2. Aufl., S. 16); § 46, § 260, Zus. F. Rosenzweig, *Hegel und der Staat*〔『ヘーゲルと国家』〕, München, 1920, Bd. II, 77 ff. をも参照.

(15) Hegel, *Rechtsphilosophie* § 185 und Zus.

(16) Hegel, *Enc.* § 482; vgl. § 163, Zus. 1 und XIV, 272 ff.

(17) L. v. Stein, *Der Begriff der Gesellschaft*〔『社会の概念』〕, herausg. von G. Salomon, München 1921, S. 52 および 502 f., S. Landshut, *Kritik der Soziologie*〔『社会学批判』〕, München 1929, S. 82 ff. 参照.

(18) ルソーの卓越した〈人間〉とは, プロレタリアのことではなく, 平民のことなのだが, この平民をルソーはいわば貴族へと高めているのだ. 富裕でお上品な人々に対してルソーはこの平民を区別

し，高めているのだ．人民，つまりレマン湖のほとりのジュネーブの小規模の職人や農民からなる中間階層，自分の手仕事によって糊口を凌いでいる単純な庶民の男性，その理想像としてルソーは自分の父親を考えていた，そうした人民のことである．まさにこうした小規模の職人の息子としてルソーは，生まれがいいという誇りを抱いていた(『人間不平等起源論』の冒頭の献辞〔「ジュネーブ共和国に捧げる」と題した前書きがある〕，そして1766年8月4日のD・ヒュームへの手紙)．国民公会がルソーの遺骨を万聖殿に祭る祭列にあたって，職人たちの代表者を行進させたのも，こうした理解を受け継いでいたからである．その際に「皆に役立つ生業の名誉を回復させた方に」という献辞を記された板が掲げられていた．こうした「自然の」「良き」人間，その社会的現実は実際には小市民以外のなにものでもない，この「自然の」「良き」人間こそは，マルクスの絶えざる攻撃の対象となった．マルクスは，こうした中間階層が決して国民全体でないこと，その最良の部分ですらないこと，それどころか凡庸なプチブルから成る反動的な大衆でしかないことが，彼らの「ブルジョア社会主義」の本性であることを，明らかにしようとしたのだ．これについては以下を参照．E. Seillière, *Der demokratische Imperialismus*〔『民主的な帝国主義』〕, 2. Aufl. Berlin 1911, S. 357 ff., 119 und 163 f.

(19) Marx I/1, 593.

(20) Marx I/1, 595 ff.; vgl. V, 175 ff. und 388 ff.; Marx, Engels, *Das kommunistische Manifest*〔『共産党宣言』〕, 9. Aufl., Berlin 1930, S. 28.

(21) G. Sorel, *Réflexions sur la violence*〔『暴力論』〕, 7. Aufl., Paris 1930, S. 114; *Les illusions du progrès*〔『進歩の幻想』〕, 4. Aufl. Paris 1927, S. 65 参照.

(22) Marx, Engels, *Das kommunistische Manifest*, a. a. O., S. 33, 35, 47.

（23）Marx V, 389.

（24）Kierkegaard, Das eine was not tut〔「必要なこの一事」〕, a. a. O., S. 5; II, 224; vgl. VI, 204 und 208.

（25）Kierkegaard II, 225.

（26）Kierkegaard, Das eine was not tut, a. a. O., S. 7. vgl. *Kritik der Gegenwart*〔『現代の批判』〕, a. a. O., S. 57, *Tagebücher*〔『日記』〕, a. a. O., I, 327; *Angriff auf die Christenheit*〔『キリスト教への攻撃』〕, a. a. O., S. 15.

（27）1935年8月にスイス放送で放送されたバルトのコルテス論「独裁について」(1849年1月4日の講演)に引かれている．

（28）Donoso Cortes, *Der Staat Gottes*〔『神の国家』〕, herausg. von L. Fischer, Karlsruhe, 1935, Einleitung, S. 58.

（29）Ebenda, Kap. 4.

（30）Proudhon, *De la création de l'ordre dans l'humanité*〔『人類社会における秩序の創造』〕, Oeuvres compl.〔全集〕, nouvelle ed., Paris 1927, S. 73 f.

（31）Proudhon, Tome X, 205 f. und 187 f.

（32）Tocqueville, *Autorität und Freiheit*〔『権威と自由』〕, herausg. von A. Salomon, Zürich 1935, S. 193 f. und 15; vgl. 51 und 207.

（33）Ebenda, S. 132, 130, 58 f.; vgl. 232, 213, 134; 44, 230; *Das alte Staatswesen und die Revolution*〔『旧体制と大革命』〕, übersetzt von A. Boscowitz, Leipzig 1857, S. 94 und 318.

（34）Goethe, *Gespräche* II, 20参照．「純粋で真なる専制政治は，自由の感覚から生まれる．いやこうした専制政治は，それ自身が成功した自由の感覚なのだ」．

（35）Tocqueville, *Das alte Staatswesen...*, a. a. O., S. XI.

（36）Tocqueville, *Autorität und Freiheit*, a. a. O., S. 154.

（37）Tocqueville, *Das alte Staatswesen...*, a. a. O., S. 138. 1825年6月6日のゲーテのツェルター宛の手紙も参照．

(38) Tocqueville, *Autorität und Freiheit*, a. a. O., S. 197. M・ウェーバーの *Polit. Schr.*〔『政治論集』〕, München 1921, S. 152 をも参照.

(39) ソレルのクローチェ宛の手紙, *La Critica* XXVIII (1930), S. 44.

(40) *Réflexions sur la violence*, a. a. O., S. 355 ff.

(41) Ebenda, S. 345 ff.; *Les illusions du progrès*, a. a. O., S. 285.

(42) *Les illusions du progrès*, S. 336, Anm. 2 und 378 ff.

(43) 同じ問題はソレルの最初の著書『ソクラテスの審判』(1889年)がすでに提示している. この本の中でソレルはソクラテスとプラトンに対抗して, アリストファネスの側についている. 彼に言わせればソクラテスは, 新しい社会の基礎を作らないままに古い社会を破壊してしまったのだ. そして, 彼の弟子の理想国家においてすでに国家は, フランス革命におけるのとおなじに自ら世界観を体現することで, 教会へと変じてしまった, というのである.

(44) これについては以下を参照のこと. G. Gurwitsch, Kant und Fichte als Rousseau-Interpreten〔「ルソーの解釈者としてのカントとフィヒテ」〕, *Kantstudien*〔『カント研究』〕 XXVII (1929), S. 138 ff.; E. Cassirer, Das Problem J. J. Rousseau〔「J・J・ルソーという問題」〕, *Archiv für Geschichte der Philosophie*〔『哲学史資料』〕, 1932, S. 177 ff. und 479 ff.

(45) Nietzsche X, 290.

(46) Nietzsche XII, 417; vgl. XIV, 411.

(47) Nietzsche XVI, 336 f.

(48) Nietzsche XV, 234.

(49) Nietzsche XVI, 283; vgl. XIV, 204; XV, 349 f.; XVI, 420.

第2章

（1） M. Weber, *Wirtschaft und Gesellschaft*〔『経済と社会』〕, Tübingen 1925, S. 800 参照.「労働が例えば新約聖書においてなんらかの新たな品格を付け加えられたなどというのは，単純におとぎばなしである」.

（2） Pascal, *Pensées*〔『パンセ』〕, ed. L. Brunschvigg, Paris 1909, S. 390 ff.

（3） B. Groethuysen, *Die Entstehung der bürgerlichen Welt- und Lebensanschauung in Frankreich*〔『フランスにおける市民的世界観と人生観の成立』〕, Halle 1930, Bd. II, 80 ff. 参照.

（4） ヴォルテールの『哲学事典 *Dictionnaire Philosophique*』の「労働」の項目参照.

（5）「古典語では molestia，あるいは厳しく辛い仕事という意味が支配的であり，成果（opus, opera）という意味は弱かったが，現代の言語では逆で，後者の意味が強くなり，前者の意味は少なくなってきた．だが，この両方の意味ともこの単語そのものにその根を持っている．人間の活動に奴隷的奉仕の度合いが少なくなり，自由な面が強まるにつれて，労働の概念も当然ながら，もっと簡単な，そしてもっと上品な分野の仕事にも拡大して用いられるようになった」（グリム『ドイツ語辞典』）

（6） H. Marcuse, Über die philosophischen Grundlagen des wirtschaftswissenschaftlichen Arbeitsbegriffs〔「経済学における労働概念の哲学的基盤について」〕, *Archiv für Sozialwiss. und Sozialpol.*, 1933, H. 3 参照.

（7） Hegel, *Jenenser Realphilosophie*〔「イエナ実在哲学」〕, herausg. von J. Hoffmeister, Leipzig 1932, Bd. I, 197 ff., 220 ff., 236 ff.; Bd. II, 197 ff., 213 ff.; vgl. *Schr. zur Politik und Rechtsphilos*〔『政治論文集』〕., a. a. O., S. 422 ff. und 478.

（8） Hegel XII, 218.

(9) Hegel, *Jenenser Realphilosophie* I, 203 ff., 221.

(10) おなじようにヘーゲルは，『精神現象学』において「主人と奴隷」の意識を分析する際に，労働を欲望と区別して，「妨げられた欲望」と定義する．つまり，欲望の対象の消滅をとめるという意味での，欲望の妨げなのだ．対象を作り，一定の形態へと加工することによって，対象の消滅をとめるのだ．労働する者は，その労働によって加工する対象に対して否定的な作用をするが，そのことによってまさにその対象を承認するのだ．この形成活動は，積極的否定を通じて自己存在と他在を媒介するがゆえに，「否定的な中間 negative Mitte」である．奴隷の意識は，この活動において「純粋な対自存在」となる．つまり，主人のために加工した外部の対象において恒常性という様態に到達するのだ．「こうすることで労働する意識は，自己自身を自立した存在として観取することになる」．すなわち，奴隷はなにかを作ることで，自己自身の自我を別の恒常的な存在のうちに対象化するのだ．そしてこの恒常的存在は，労働する者が加工された対象のうちに自己を投入する度合いが強ければ強いほど，それだけいっそう自立度を強めるのだ．対象を形成することのうちに，主体の対自存在は，主体自身にとって客観的になるのだ．そして主人は他者，つまり奴隷の労働の出来上がった実りだけを楽しむのだが，そうした主人と異なって奴隷は，世界を形成するのだ．そのことによってこの奴隷は，自分の労働の対象のうちに自己自身を再認することで，独自の自己感覚を，「自分の独自性の感覚」を獲得するのだ．自分が奴隷でありながらその枠内での一種の自由を獲得するのだ．奴隷の意識は，「自信を持ってくる」．自分の労働の対象を決して完全に自分の所有に帰せしめることはできず，主人の楽しみにさしだすことになろうとも，この奴隷の意識は，自らの奉仕労働を通じて，最後には自己自身に到達する．他方で，主人は対象を「ものに」できるが，それは，不完全な形で自由に処理できるだ

けである．対象を楽しむときに，その事物の不完全なあり方とのみ同化するだけだからである．そしてこの事物の自立性という側面は，事物を加工する奴隷にゆだねているだけだからである．こうした意識の段階においては，楽しみと労働は，まだ不完全に媒介されているだけなのだ．

（11）Hegel, *Jenenser Realphilosophie* II, 197 f.

（12）Ebenda, I. 237; vgl. *Enc.* § 526.

（13）Ebenda, I, 239. ここでヘーゲルは，アダム・スミスの有名な待ち針の例を挙げている．以下を参照のこと．「住居と衣類の欲求，食べ物をなまで食べないようにするため，自分に合うように加工し，その自然的な直接性を破壊しなければならない必要性のゆえに，人間は動物のように気楽に暮らすことはできないし，精神としてもそれほど楽に過ごすことはできなくなっている．違いを把握する知力は，欲求を多様化する．そして趣味と有益性が判断の基準となることで，欲求もその影響を受ける．満足させねばならないのは，最終的には欲求ではなく，見解なのだ．具体的なものをそのさまざまな特殊性に分解することはまさに教養〔の形成〕に含まれるのだ」(*Rechtsphilosophie* § 190, Zus.)．§ 191. Zus. も参照．

（14）Hegel, *Rechtsphilosophie* § 192, Zus. 食べ物を欲しがるというきわめて単純な欲求ですら，こうした欲求の〈体系〉にあっては，もはや勝手気儘に満足させるわけにはいかなくなっている．満足させうるのは，特定の広くなされている食事時間だけとなる．ビジネスの時間を顧慮して満足させるより仕方ないのだ．この点では皆がおなじとなる．同時にそれにともなって特別なものによって目立ちたがろうとする動きも生まれる．それとともに欲求の満足のための労働は，さらに細分化され，抽象的になる．つまりは，精神的になる．

（15）Hegel, *Jenenser Realphilosophie* I, 239 f. *Rechtsphilosophie*

§ 63, Zus. も参照．貨幣の哲学的分析は，ヘーゲルとマルクス以後はG・ジンメルだけがやってのけている．G. Simmel, *Philosophie des Geldes*〔『貨幣の哲学』〕, Leipzig 1900.

(16) a. a. O., II, 254 ff.『法哲学』の§ 201 以下でヘーゲルは，職人層，工場主層，商人層を「手工業層」としてひとつにまとめて論じている．この層の基盤となるのは，農民層という「基体的」層である．そしてこの手工業層の上で頂点をなしているのが「普遍的」層〔公務員階層〕とされる．つまり，国家の普遍的関心に自らを捧げた層である．この層は，自己の財産もしくは，国家の側からの補償によって，自分の欲求のための労働は免除されるべきである，とされている．

(17) Hegel, *Rechtsphilosophie* § 4 および§ 5, Zus., ならびに付属の »Randbemerkungen«〔手稿〕(ed. Lasson, Leipzig 1930) S. 7 f. 参照.

(18) Hegel, *Rechtsphilosophie* § 196.

(19) Ebenda, § 197, Zus.; vgl. *Enc.* § 525.

(20) Ebenda, § 198; vgl. *Enc.* § 526.

(21) Ebenda, § 290, Zus および§ 301 より§ 303 まで.

(22) Ebenda, § 195 および§ 240 より§ 245 まで.

(23) Ebenda, § 246 より§ 248 まで.

(24) Rosenkranz, *Hegels Leben*〔『ヘーゲル伝』〕, a. a. O., S. 86 参照.

(25) Constantin Roeßler, *System der Staatslehre*〔『国家理論の体系』〕, 1857, S. 155 ff. これについてはローゼンクランツの書評がある．Rosenkranz, *Neue Studien*〔『新論文集』〕IV, 353 ff. 労働の問題についてはまた，L. v. Stein, *Gesellschaftslehre*〔『社会論』〕, 1856, S. 99 und: *Der Begriff der Gesellschaft*〔『社会の概念』〕, neu herausg. von G. Salomon, München 1921, S. 17 ff. およびF. Lassalle, *Ges. Reden und Schriften*〔『講演と論文』〕, neu herausg. von E. Bernstein, Berlin 1919, Bd. V, 31 ff.

（26） L. v. Stein, *Der Begriff der Gesellschaft*, a. a. O., S. 88 ff. 物質的な財の生産と教養との関連についての叙述を参照.

（27） Ruge, *Aus früherer Zeit*〔『昔の日々』〕, a. a. O., Bd. IV, S. 70 ff., 101 ff., 359 ff. ルーゲのレースラー宛の手紙, *Br.* I, 426 f., 440; II, 6, 12 をも参照.

（28） a. a. O., S. 84 f.

（29） a. a. O., S. 101; vgl. 356 ff.

（30） a. a. O., S. 105 f.

（31） a. a. O., S. 360.

（32） Marx III, 33-172〔『経済学・哲学草稿』〕.

（33） a. a. O., S. 139 ff.

（34） a. a. O., S. 151 ff. このマルクスの論文全体は, フォイエルバッハのテーゼや原則によって規定されているが, 論文の本来の問題は, ヘーゲルとの対決によって成り立っている.

（35） a. a. O., S. 116 f.

（36） a. a. O., S. 97. 資本も「労働のシステム」であること, しかも, その唯一のあり方であること, これは, K・ドゥンクマンがその著書『労働の社会学 *Soziologie der Arbeit*』(Halle 1935, S. 71 ff.) で強調するところである. それならドゥンクマンは, 〈抽象的〉労働概念の批判にあたって, この概念を本当に理解するためにはその根源的な意味を, よりいっそう考慮すべきであったろう.

（37） これについては上巻(第1部)140ページ以降参照のこと. 『共産党宣言』第2章には次のように記されている. 「ブルジョア社会では, 生きた労働は〔商品のなかに〕蓄積された労働を増殖するための手段にすぎない. 共産主義社会では, 蓄積された労働はひとえに, 労働者の生活の営みを広げ, 豊かにし, 向上させるための手段である」.

（38） a. a. O., S. 85.

（39） a. a. O., S. 129 f.; vgl. M. Heß, *Sozialistische Aufsätze*〔『社会主

義論文集』〕, a. a. O., S. 140 ff.

(40) a. a. O., S. 118.

(41) a. a. O., S. 132 f.

(42) a. a. O., S. 145 ff.; vgl. *Kapital*〔『資本論』〕 I^6, S. 59 ff.; II, 1 ff.; $III/^1$, 250 ff.; III^2, 1–153.

(43) a. a. O., S. 154.

(44) a. a. O., S. 127.

(45) a. a. O., S. 118.

(46) a. a. O., S. 121.

(47) a. a. O., S. 155 f. und 170 ff.

(48) a. a. O., S. 168.

(49) a. a. O., S. 154.

(50) a. a. O., S. 155 und 157.

(51) a. a. O., S. 155.

(52) 意識の対象を，その上位にあって力を振るう自己意識のうちに止揚するのは，次のようないくつかの契機を経て行われる．「1. 対象自身が意識に対して，今にも消えそうな弱いものとして提示される．2. 物性を措定するのは，自己意識の外化作用そのものである．3. この外化は否定的な意味だけではなく，積極的な意味をもっている．4. この意味はわれわれに対して，あるいは，それ自身として存するだけでなく，自己意識そのものに対しても存する．5. 対象のこの否定性，あるいは，対象のこの自己止揚は，自己意識がみずから外化することによって自己意識にとって積極的な意味をもつことになる．あるいは，自己意識はその外化を通じて，対象の空無性を知ることになる．なぜなら，自己意識はこの外化において，自己を対象として措定する，あるいは，対象を，対自存在がそれ自身において分かつことのできない統一性であるがゆえに措定するからである．6. 他面，ここにはさらにもうひとつの契機が同時にある．つまり，自己意識はこの外化と対象性を措定

とおなじに止揚し，自己自身のうちに取り戻してしまっているという契機である．つまり，自己が他在のうちにあることそのもののうちに，自己自身のもとにあるという契機である」(a. a. O., S. 158 f.).

(53) a. a. O., S. 155 und 164.

(54) a. a. O., S. 169 ff.,「理念」から「自然」への，そして「抽象」から「直観」へのヘーゲル的な移行に対する批判の箇所である．

(55) a. a. O., S. 159 f.

(56) a. a. O., S. 121 ff., 160 ff.

(57) a. a. O., S. 161.

(58) a. a. O., S. 156.

(59) a. a. O., S. 156. さらには，人間の自己産出の考えに依拠した，神による創造という理屈への批判をも参照．S. 124 f.

(60) a. a. O., S. 157.

(61) Marx V, 531.

(62) Marx, *Kapital* III, S. 166. 弁証法的否定を今度は一面的に〈破壊〉へと変じさせてしまうのは，すべてのヘーゲル左派の特徴である．おなじ一面化はニーチェに対してもなされている．彼におけるニヒリズムの〈克服〉をニヒリズムの排除という風にしてしまう場合がそうである．実際にはニーチェにあっては，ニヒリズムは克服されても，真なるニヒリズムという点では変わらないのだが．

(63)『資本論』における労働過程の分析を比較参照のこと．Marx, *Kapital* I^6, S. 139 ff.

(64) Hegel XV, 689.

(65) Marx, *Kapital* III, S. 16. これについては『共産党宣言』の第2章および『フランスにおける内乱』を比較参照のこと．後者ではパリ・コミューンについて，このコミューンは私有財産の奪取によって個人の所有を「真理」に変じようとしたのだ，つまり，

生産手段，土地，そして資本を自由で連合した労働のたんなる道具へと変化させることによって，それをめざしたのだ，と言われている．

(66) a. a. O., S. 111 ff. M. Heß, *Sozialistische Aufsätze*, a. a. O., S. 150 ff. und 200 ff. をも参照.

(67) Marx III, 212 f.〔マルクスは〕所有の不平等を「国民経済的疎外の内部で」止揚させようというプルードンの理念に対しては，これでは対象世界の再獲得はいまなお所有という形態のもとでなされるだけで，獲得の仕方そのものは変わっていないと批判している．

(68) a. a. O., S. 114.

(69) a. a. O., S. 119. それと関連して，ジンメルがマルクスの提示した問題の解決を意識的に放棄していることを参照のこと．G. Simmel, Der Begriff und die Tragödie der Kultur〔「文化の概念と悲劇」〕, in *Philosophische Kultur*〔『文化の哲学』〕, Potsdam 1923, S. 236 ff. および Max Weber, Der Sozialismus〔「社会主義」〕, in *Ges. Aufsätze zur Soziologie und Sozialpol.*〔『社会学及び社会政策論文集』〕, Tübingen 1924, S. 492 ff. および *Ges. politische Schriften*〔『政治論集』〕, München 1921, S. 139 ff. 著者の M. Weber und K. Marx〔「ウェーバーとマルクス」〕, *Archiv f. Sozialwiss. und Sozialpol.*〔『社会科学及び社会政策アーカイブ』〕, 1932, H. 1 und 2 をも参照.

(70) Marx, *Lohn, Preis und Profit*〔『賃銀・価格および利潤』〕, herausg. von H. Duncker, Berlin 1930.

(71) F. Engels, *Anti-Dühring*〔『反デューリング論』〕 II, 6,「単純労働および複合労働」についての箇所，および III, 3 の分業についての箇所を参照.

(72) M. Scheler, *Schriften zur Soziologie und Weltanschauungslehre*〔『社会学および世界観論集』〕, 1923/4; *Versuche zu einer So-*

ziologie des Wissens〔『知識社会学試論』〕, 1924; *Die Wissensformen und die Gesellschaft*〔『知の形態と社会』〕, 1926; K. Mannheim, Wissenssoziologie〔「知識社会学」〕, im *Handwörterbuch der Soziologie*〔『社会学ハンドブック』〕, herausg. von A. Vierkandt; K. Dunkmann, *Soziologie der Arbeit*〔『労働の社会学』〕, 1933.

(73) 労働概念の一種の等価物がハイデガーの『存在と時間』にあっては，憂慮 Sorge である．自己を慮る（Sich-sorgen）と，なにかを調達する（Etwas-besorgen）という二重の意味においてである．とはいえ，この実存論的＝存在論的な〈憂慮〉は，アウグスティヌスの憂慮 cura に由来していて，こうした神学的な起源のゆえに，世界形成という意味は持ち得ていない．

(74) Kierkegaard II, 236.

(75) a. a. O., S. 241; vgl. I, 255 ff. 労働と退屈の「輪作」については I. 255 ff. 参照．

(76) a. a. O., S. 243.

(77) *Drei fromme Reden*〔『信心講話』〕, herausg. von A. Bärthold, Halle, S. 8 ff., und *Ausgewählte christliche Reden*〔『キリスト教に関する講演選集』〕, herausg. von Reincke, Gießen 1909, S. 19 ff. 参照．

(78) a. a. O., S. 245 f.

(79) a. a. O., S. 255 und 264.

(80) a. a. O., S. 249; vgl. *Buch des Richters*, a. a. O., S. 97.

(81) Kierkegaard, *Tagebücher*, a. a. O., I, 248.

(82) Kierkegaard, *Tagebücher*, a. a. O., I, 373; vgl. *Buch des Richters*, a. a. O., S. 85.

(83) キルケゴールの「内面性」の社会学的分析に関しては以下を参照のこと．Th. Wiesengrund, *Kierkegaard*, Tübingen 1933, S. 44 ff.

(84) これについては *Tagebücher*, ed. Ulrich, a. a. O., S. 23 f. 参照．

(85) *Fröhliche Wiss.*〔『悦ばしき知識』〕, アフォリズム 329. またアフォリズム 42 および 280, Nietzsche I, 229 f. および 344 f. 参照.

(86) *Jenseits von Gut und Böse*〔『善悪の彼岸』〕, アフォリズム 58.

(87) *Fröhl. Wiss.*, アフォリズム 348, 349, 373.

(88) *Morgenröte*〔『曙光』〕, アフォリズム 173. また *Zur Genealogie der Moral*〔『道徳の系譜』〕, III, アフォリズム 18.

(89) *Neue Bücherschau*〔『新刊展望』〕のトルストイ特集号(1928 年 9 月号)に掲載されたゾラへのトルストイの返答, および〔トルストイの〕「われわれはいったいどうすればいいのだ」の 38 章参照.

(90) Nietzsche XVI, 196 および 197.

第 3 章

(1) Hegel. XVI, 133 ff. これについては *Philosophische Propädeutik*〔『哲学予備門』〕§ 41 ff.; *Rechtsphilosophie* § 187 und § 268, Zus. 参照. ヘーゲルの教育理念については, G. Thaulow, *Hegels Ansichten über Erziehung und Unterricht*〔『教育と授業についてのヘーゲルの見解』〕, Kiel 1853 ff., および K. Rosenkranz, *Die Pädagogik als System*〔『体系としての教育学』〕, Königsberg 1848.

(2) Hegel XVI, 153 f. さらに哲学の授業へのこの原則の適用については, XVII, 342 f. および 353.

(3) a. a. O., S. 134–139.

(4) a. a. O., S. 142; vgl. Philos. Propädeutik § 42.

(5) a. a. O., S. 143.

(6) a. a. O., S. 143 f.; vgl. Vorrede〔序文〕zur 2. Ausgabe der *Logik*.

(7) ヘーゲルの論文 »Wer denkt abstrakt«〔「抽象的に考えるのは誰か？」〕, XVII, 400 ff. 参照.

(8) a. a. O., S. 170.

(9) a. a. O., S. 151 f.

(10) a. a. O., S. 171 f.

（11） a. a. O., S. 174 f.

（12） a. a. O., S. 188.

（13） a. a. O., S. 188 f.

（14） 公的な共通性という政治的原則にもとづいての芸術の改革については，リヒャルト・ヴァグナーの1849年の論文を参照のこと．R. Wagner, *Die Kunst und die Revolution*〔『芸術と革命』〕.

（15） Echtermeyer und Ruge: Der Protestantismus und die Romantik, Zur Verständigung über die Zeit und ihre Gegensätze〔「プロテスタンティズムとロマン主義時代とその対立関係の理解のために」〕, *Hallische Jahrbücher*..., a. a. O., II, Jhg. 1839, S. 1953 ff. ゲーテへの批判については，S. 65 ff., 153 ff., 2313 ff. 参照.

（16） *Deutsche Jahrbücher*..., V. Jhg. 1843: »Eine Selbstkritik des Liberalismus.«〔「リベラリズムの自己批判」〕

（17） *Phänomenologie*, ed. Lasson, a. a. O., S. 316 ff.

（18） *Hallische Jahrbücher*..., Jhg. I, S. 193 ff. und V. Jhg., S. 61 ff.

（19） Stirner, Das unwahre Prinzip unserer Erziehung oder der Humanismus und Realismus〔「我らの教育の真の原則，あるいは人文主義と現実主義」〕（1842） in *Kleinere Schriften*, a. a. O., S. 237 ff.

（20） a. a. O., S. 249.

（21） a. a. O., S. 253; vgl. S. 369.

（22） Bauer, *Vollständige Geschichte der Parteikämpfe in Deutschland*...〔『1842–46年におけるドイツの政党間抗争の完全な歴史』〕, a. a. O.

（23） 当時創刊された『学問と生のための雑誌 *Zeitschrift für Wissenschaft und Leben*』については以下を参照．a. a. O., Bd. III, S. 111 ff.

（24） a. a. O., Bd. III, 13 ff., 88, 123.

（25） a. a. O., Bd. III, 173.

(26) a. a. O., Bd. III, 128.
(27) a. a. O., Bd. III, 119.
(28) a. a. O., Bd. III, 83.
(29) a. a. O., Bd. III, 132 f.
(30) a. a. O., Bd. III, 87.
(31) a. a. O., Bd. II, 78 f.
(32) a. a. O., Bd. III, 182 f.
(33) *Briefe an G. und J. Kinkel*〔『GおよびJ・キンケル宛の手紙』〕, Basel 1921, S. 81 f.
(34) シャウエンブルク宛の1846年2月28日の手紙，またキンケル宛の手紙も参照のこと．a. a. O., S. 137 f.
(35) これについては，拙著のブルクハルト論〔『ブルクハルト――歴史の中に立つ人間』〕のS. 233 ff. を参照のこと．
(36) Burckhardt, *Ges. Ausg.* V, 125.
(37) 最初に刊行されたのは，フローベールの死後の1881年のことである．*Oeuvres compl.* Paris 1923.
(38) L・コレット宛の1852年12月の手紙を参照．*Correspondence*（『書簡集』）II, 185. 同時期のボードレールの『悪の華』およびその計画，さらには「世界の終末」を詩にしようとした彼の計画も参照．
(39) Guy de Maupassant, G. Flaubert〔「フローベール論」〕, *Memoriam G. F.*〔『ギュスターヴ・フローベールの思い出に』〕, Leipzig 1913.
(40) Burckhardt, VII, 476および478 f. 参照．
(41) ナチス的教養の到来をよく示すことだが，H・St・チェンバレン〔イギリス出身で後にドイツに帰化した哲学者・評論家．アーリア民族の優越性を主張した〕の『十九世紀の基盤』が，A・ローゼンベルク〔ナチス・ドイツの御用理論家〕によって大衆廉価版として再版されている．チェンバレンの性格づけに関しては以

下を参照のこと．F. Overbeck, *Christentum und Kultur*〔『キリスト教と文化』〕, Basel 1919, S. 198.「彼は教養俗物の珍しい見事な例だ」とオーファーベックは書いている．

(42)『曙光』アフォリズム 190.

(43)『善悪の彼岸』アフォリズム 241. Nietzsche XIII, 347 ff. 参照．同じ時期にローゼンクランツは次のように述べている．われわれドイツ人のところでは，哲学が教養の広く流布した要素のひとつになっている，あるいは，普遍的関心をもった国民的な勉強の対象であるという想念に慣れ親しんでいるようだが，これは不当である．現実には，ドイツ哲学の時代というのは，きわめて短くしか続かなかったのだ．そしてライプニッツやヴォルフにさかのぼっても，人々はドイツ人を哲学的国民とは見ておらず，「戦争好きで，勤勉で，宗教的な国民」と見ていたはずだ．*Neue Studien* II, 567 ff.

(44) Nietzsche VIII, 109; vgl. IV, 163 f.; VII, 205 f.; XVI, 297 f.

(45) H. Fischer, *Nietzsche Apostata*〔『ニーチェ——背教者』〕, a. a. O., S. 18 ff. および A. Baeumler, *Nietzsche, der Philosoph und Politiker*〔『ニーチェ——哲学者にして政治家』〕, a. a. O., S. 134 ff. 参照．

(46) Nietzsche XV, 117; vgl. I, 491 f.

(47) Nietzsche X, 288 ff.

(48) ニーチェの教養批判は，その基本傾向に関しては，ヘルダーやフィヒテにさかのぼるものである．これに関してはヘルダーの『人間性の促進についての書簡』の第8集の「文書と書籍印刷」を論じた第7断片(1796年)を参照のこと．またフィヒテの『現代の基本傾向』(1804/1805年)の第6および第7講義，Goethe, *Gespräche* III, 57(1824)，ゲーテのツェルター宛の1825年6月6日の手紙，および1828年3月12日のエッカーマンとの対話を参照のこと．

(49) ニーチェの場合には標題だけであった教養＝施設についての同じように具体的かつラディカルな批判は，教育立法についてのパウル・ド・ラガルドの次の二つの論文(1878年と1881年)に見られる．P. de Lagarde, *Deutsche Schriften*〔『ドイツ論集』〕, Göttingen 1892, S. 168 ff. und 264 ff.

(50) IX, 301 f.

(51)「教養」の本来の概念については，P. de Lagarde, a. a. O., S. 171.

第4章

(1) Hegel, *Enc.* § 384.

(2) Hegel, *Enc.* § 377.

(3) Hegel I^2 15; vgl. 31. 48, 75; XVI, 46, 205.

(4) Hegel XI, 3.

(5) Hegel, *Theolog. Jugendschr.*, a. a. O., S. 57をも参照.

(6) Hegel, *Enc.* § 377, Zus.

(7) Hegel, *Enc.* § 163, Zus.; vgl. § 482.

(8) Hegel VIII, § 190.

(9) Hegel VIII, § 209 und § 270 Anm.

(10)『宗教哲学』(XII, 217)においてヘーゲルは，人の子としてのキリストを「第二のアダム」と呼び，「第一の人間」を，彼は，「人間としての人間」，あるいは「その概念からしての」人間というように理解して，それ以外の他のたくさんの人間のなかで偶然的に最初の人間でしかない人間と区別している．

(11) N. Berdiajew, *Das Schicksal des Menschen in unserer Zeit*〔ベルジャーエフ『われわれの時代における人間の運命』(『人間の運命』)〕, Luzern 1935参照.

(12)『将来の哲学の根本命題 *Grundsätze der Philosophie der Zukunft*』の前書き.

(13) Feuerbach II, 413.
(14) Feuerbach II, 267.
(15) Feuerbach II, 266.
(16) Feuerbach, Grundsatz 54 und 63.
(17) Ruge, *Unser System*〔『われらの体系』〕, 1850, a. a. O.
(18) Ruge, *Aus früherer Zeit*, a. a. O., IV, 359 ff. und: *Unser System*, 3. H., 1 ff.
(19) Ruge, *Unser System*, 3. H., 85 f.
(20) Marx III, 151 f.; V, 535 ff.
(21) Marx I[6], 11.
(22) これについてはマルクス宛のルーゲの手紙（I/1, 558）を参照．当該個所でルーゲは「彼の心情のモットー」としてヘルダーリンの『ヒュペーリオン』の次の箇所を引いている．「君は職人に出会うかもしれない．しかし，人間には出会わない．思想家に会うかもしれないが，人間には会わない．主人と召使いには会うだろう．でも人間には会わない」．そしてマルクスは，このルーゲの引用に賛意を表している．
(23)「類的存在 Gattungswesen」（「類的本質」）の概念については，特に以下を参照．Marx III, 21, 116 f., 307 f.; *Zur Kritik der polit. Ökonomie*〔『経済学批判』〕, a. a. O., S. XIV; 10. These über Feuerbach〔「フォイエルバッハにかんするテーゼ」〕．
(24) Marx I/1, 599; vgl. 591 und 595; III, 112.
(25) Marx I/1, 619 ff.; III, 206 f.
(26) G. Lukács, *Geschichte und Klassenbewußtsein*〔『歴史と階級意識』〕, Berlin 1923, S. 188 ff. 参照．
(27) Marx V, 57 f.
(28) マルクスにおいて「自由の王国」は，物質的生産を越えたところで初めて生じる．そして〔生産手段が〕社会化された状態にあっても，生産の原則とは生活上の必要性である（*Kapital* III[2], S.

315 f).

(29) Stirner, *Der Einzige und sein Eigentum*〔『唯一者とその所有』〕, a. a. O., S. 196 ff., 217 ff., 420, 423, 428 und: *Kleinere Schriften*〔『小論集』〕, a. a. O., S. 366 ff.

(30) Stirner, *Der Einzige und sein Eigentum*, a. a. O., S. 193.

(31) Kierkegaard VI, 204; vgl. 208.

(32) Kierkegaard, *Kritik der Gegenwart*〔『現代の批判』〕, a. a. O., S. 54 und 56 f.

(33) Kierkegaard II, 224.

(34) Kierkegaard II, 285 ff.; III, 199 f.; *Tagebücher*〔『日記』〕I, 334.

(35) Kierkegaard II, 220.

(36) Kierkegaard II, 288 f.

(37) Kierkegaard VII, 51.

(38) Kierkegaard, *Vom Leben und Walten der Liebe*〔『愛の業』〕, Jena 1924, S. 19 ff., 48 ff.

(39) Nietzsche XIV, 66.

(40) Nietzsche VI, 14 f.〔『ツァラトゥストラ』の序〕.

(41) Nietzsche I, 423 f.

(42) Goethe, *Gespräche* I, 456 および 409 参照.

(43) R. Musil, *Der Mann ohne Eigenschaften*〔ローベルト・ムージル『特性なき男』〕, Berlin, 1930.

(44) Goethe, *Maximen und Reflexionen*〔『箴言と省察』〕, a. a. O., Nr. 875 f. Nr. 216–219 をも参照. これについては, 承認というヘーゲルの基本概念に関する以下の箇所を参照. *Jenenser Realphilosophie* I, 226 ff.; 209 ff.; *Phänomenologie*, ed. Lasson, a. a. O., S. 432 ff. また主人と召使いの関係におけるまだ尚不平等な,「他者における自己の承認」の箇所, S. 128 f.

(45) *Maximen und Reflexionen*, a. a. O., Nr. 272; vgl. Bd. 25, a. a. O., S. 169.

(46) 1829年12月25日のツェルター宛手紙.
(47) Weimarer Ausg. I. Abt., 41/2, S. 252.
(48) Vgl. Nietzsche III, 62 ff.
(49) Goethe, *Maximen und Reflexionen*, a. a. O., Nr. 773 ff.
(50) Goethe, *Gespräche* IV, 410. 1827年7月20日のカーライル宛手紙, *Maximen und Reflexionen*, a. a. O., Nr. 214をも参照. ゲーテにおける人道主義の解釈に関しては以下を参照. Hegel X/2, 235 und G. Simmel, *Goethe*, 5. Aufl. 1923, S. 263.

第5章

(1) 本書第1部第3章第4節参照. またJ. Wahl, *Études Kierkegaardiennes*〔『キルケゴール調』〕, a. a. O., S. 151 ff. をも参照.
(2) Hegel, *Theolog. Jugendschriften*, a. a. O., S. 378 ff. すでにスピノザが, 恐怖という「肉体的」心情に対抗させて, 愛という「宗教的」心情を持ち出し, 神への恐れと神の愛が一致し得ないことを述べている. これについては以下を参照. Leo Strauß, *Die Religionskritik Spinozas*〔『スピノザの宗教批判』〕, Berlin 1930, S. 199 ff.
(3) Hegel, *Theolog. Jugendschriften*, 383 f.; これに関してはノヴァーリスの次の断片を参照のこと.「論理学者は術語から, 数学者は主語から, そして, 哲学者は繫辞から話をはじめる」.
(4) Hegel I^2, 3.
(5) Hegel, *Die Vernunft in der Geschichte*〔『歴史における理性』〕, ed. Lasson, a. a. O., S. 18 f.
(6) Hegel XI, 5.
(7) Hegel, *Die Vernunft in der Geschichte*, ed. Lasson a. a. O., S. 20 f.
(8) Hegel XI, 80.
(9) Hegel I^2 153; vgl. XII, 235 und *Phänomenologie*, ed. Lasson, a. a. O., S. 483.

(10) Michelet, *Geschichte der letzten Systeme der Philosophie*〔『哲学の最近の体系の歴史』〕, a. a. O., II, 638 ff. 参照.

(11) *Hegel als deutscher Nationalphilosoph*〔『ドイツの国民哲学者としてのヘーゲル』〕, a. a. O., S. 331.

(12) 以下に関しては次を参照. Th. Ziegler, *D. F. Strauß*, I/II, Straßburg 1908; E. Zeller, *Über das Wesen der Religion*〔『宗教の本質について』〕, 1845.

(13) *Streitschriften zur Verteidigung meiner Schrift über das Leben Jesu*〔『イエスの生涯についての小著の論争的弁護』〕, Tübingen 1838, III. Heft, S. 57 ff., 76 ff. 参照. シュトラウス自身は「神学的現象学」の「感覚的確実性」〔ヘーゲルの『精神現象学』の冒頭の「感覚的確実性」を指している〕を彼なりに解体するために, ヘーゲルの以下の箇所を挙げている. Hegels Werke: XII, 246–250, 253–256; 260 f.; 263–266; XI, 82; XV, 249 f. これについてテオドール・ツィーグラーは, 福音書の歴史的真理性についてのヘーゲルの見解のシュトラウスによる急進化は, 今では〔シュトラウスが書いた時点では出版されていなかった〕初期の神学的論文を使えばもっとよく理由づけることができる, と述べているが, まったくそのとおりである(Th. Ziegler, *Strauß*, a. a. O., S. 249).

(14) E. Volhard, *Zwischen Hegel und Nietzsche. Der Ästhetiker F. Th. Vischer*〔『ヘーゲルとニーチェの間の美学者フィッシャー』〕, Frankfurt a. M. 1932 参照.

(15) Feuerbach VII^4, 189 ff. und I, 1 ff.; Kierkegaard, IX, 82 ff., Pap. VIII/1, 320 f. 参照. これに関してはまた, ヘーゲル主義者K・ダウプにおける奇跡の概念の議論を参照のこと. フォイエルバッハはダウプの講義を聞いている. またダウプの『キリスト教の教義史と教会史の形式』(1836/1837)はキルケゴールも勉強している(E. Hirsch, *Kierkegaardstudien*〔『キルケゴール研究』〕II, 97). 奇跡批判の問題については以下を参照. Leo Strauß, *Die Religion-*

skritik Spinozas, a. a. O., S. 204 ff.

(16) これに関してはフロイトの『文化の居心地の悪さ』(1930年)および『ある錯覚の未来』(1927年)のなかの，人間は一種の「代用神」になってしまった，という考えを参照のこと．

(17) Vgl. Strauß, *Ges. Schriften*, herausg. von E. Zeller, 1878, Bd. V, 181 f. だが，フォイエルバッハの立場に賛同したのは，青年ヘーゲル派ばかりではなかった．それ以外にも，J・E・エルトマン，R・ハイム，K・フィッシャー，F・Th・フィッシャーが同じく，彼の立場に立った．

(18) Feuerbach VII^4, 29 und I, 248〔バウアーに関する箇所〕.

(19) Ebenda, 47.

(20) Feuerbach I, 249.

(21) Feuerbach VII^4, 50, Hegel XIII, 88 f. バウアーの *Posaune*〔『最後の審判ラッパ』〕, Kap. XI および J. Schaller, a. a. O., S. 165 をも参照.

(22) Feuerbach, *Grundsätze der Philosophie der Zukunft*, 2.

(23) Feuerbach VII^4, 31.

(24) Feuerbach *Br.* I, 408.

(25) Feuerbach VII^4, 32.

(26)「自然科学からの反論にともなう葛藤およびそれに関する闘争は，(ヘーゲルの)体系との葛藤と多少とも類似している．それ自身として見ればこうした自然科学からの反論はたいした意味を持っていない．だが強力な世論，世俗の知識は神学者を怖じけさせるだろう．そして神学者たちは，自らも多少とも自然科学的という化粧をせざるをえなくなるだろう．彼らは，この点でゲームをぶちこわす存在になるのが怖いのだ．前にヘーゲルの体系に対したときもそうだった．……それゆえ，神と〈人間〉との戦いは，〈人間〉が自然科学の背後に立てこもるかたちで頂点に達するだろう．……自然科学によって，単純に信仰を抱く単純な人々と，顕

微鏡を覗いたことのある学者や半教養人とのあいだのきわめて悲しい違いがさらに大きくなるだろう．単純な最高存在の話をして，気楽にすべての人間に訴えることのできた昔の日々のようにはいかないだろう．昔は，黒でも緑でも，偉大な頭脳でも卑小な頭脳でもすべての人間に訴えることができたのだが．現在では，相手が神を信じるのに十分な脳味噌を持っているかどうか，まずは，よくたしかめねばならない．もしもキリストが顕微鏡を持っていたならば，まずは使徒たちをよく調べたことだろう」(キルケゴール『裁判官の書』，a. a. O., S. 123 ff.)

(27) Feuerbach I, 253.

(28) J. Ebbinghaus, L. Feuerbach, *Deutsche Vierteljahrsschr. f. Literaturwiss. und Geistesgesch*〔『文芸学と精神史に関するドイツ四季報』〕., Jhg. VIII, H. 2. S. 283 ff. 参照.

(29) Feuerbach VII^{4}, 24.

(30) Feuerbach *Br.* I, 408.

(31) Feuerbach VII^{4}, 60.

(32) Feuerbach I, 342 ff. それに対するシュティルナーの反論を見よ．Stirner, *Kleinere Schriften*, a. a. O., S. 343 ff. これについてはまたバウアーの『キリスト教の発見 *Entdecktes Christentum*』のバルニコールによる新版を参照．a. a. O., S. 74, Anm.

(33) Feuerbach VII^{4}, 73 f. ユダヤ教とキリスト教の違いと宗教批判の関連についてはレオ・シュトラウスを参照．Leo Strauß, a. a. O., S. 199.

(34) これについては，宗教の本質についての 20 番目の講義を参照のこと．またツィンツェンドルフについての手紙の箇所．*Br.* II, 236 ff.

(35) イザヤ書 9 章 5 節〔「ひとりのみどりごがわたしたちのために生まれた」ではじまる，イエスの降誕の予言とされる数行〕についてのルターの説教の中には，次のようにある．「われわれ Uns

という三つの字を天と地ほどに大きく書きなさい」.

(36) これについては『時代の間 *Zwischen den Zeiten*』誌（1927年第1号）に載ったカール・バルトのフォイエルバッハ批判を参照のこと. さらに, 同じ著者の『神学展望 *Theol. Rundschau*』誌（1930年第5号, S. 341 ff.）の論文も.

(37) Hegel IX, 437 および XV, 253 ff. G・ミュークリヒによるカトリックの立場からの論争文『ヘーゲルの小賢しさとのその実り. あるいは, ルーゲとその同志たち』（レーゲンスブルク, 1849年）では, 次のように言われている.「神はルターにおいて意識へと, ヘーゲルにおいて自己意識へと到達した. 1517年以前は,〈精神〉がなんであるか, 人々はまったく分かっていなかったことになる. プロテスタンティズムの時代になってはじめて,〔精神は〕時代精神として登場し, ヘーゲルにおいて現存するようになった, というわけだ」.

(38) Ruge, *Aus früherer Zeit*, a. a. O., IV, 121 ff. この矛盾を証明するものとしてルーゲは, ヘーゲルの次の箇所を指摘している. Hegel XV, 114–117.

(39) Ruge, *Die Akademie*, a. a. O., S. 1 ff., »Unser System« の第2号に再録されている.

(40) Ruge, *Unser System*, a. a. O., H. 2, S. 13.

(41) Rosenkranz, *Neue Studien* I, Leipzig 1875, S. 317 ff. 現代の「宗教の世界過程」を論じた文章でローゼンクランツは, 現代の世界交通におけるキリスト教の普遍的な意義は, キリスト教が学問を通じて獲得した教養の産物にあるとしている. 彼にいわせれば, 今日のキリスト教は, 自己意識に到達した理性とヒューマニティの宗教であり, まさに, 技術文明のわれわれの時代においてこそ, 宗教過程がいたるところで働いているのだ. そしてそれは, 世界をその最内奥において作り変えるためなのだ, ということになる.

(42) バウアーの人格を描いたものとしては，以下の著作がある．K. Rosenkranz, *Aus einem Tagebuch*〔『日記から』〕, Leipzig 1854, S. 113; J. H. Mackay, *M. Stirner*, 2. Aufl. Treptow bei Berlin 1910, S. 221; Th. Fontane, *Briefe, 2. Sammlung*〔『書簡 第2集』〕, Berlin 1909, Bd. II, S. 392; P. Gast, *Briefe an Nietzsche*〔『ニーチェ宛の手紙』〕, München 1924, II, S. 162; E. Barnikol, *Bauers Entdecktes Christentum*, a. a. O., S. 67 f.

(43) A. Schweitzer, *Geschichte der Leben-Jesu-Forschung*〔『イエス伝研究史』〕, Tübingen 1921, S. 161; vgl. W. Nigg, *Geschichte des religiösen Liberalismus*〔『宗教的リベラリズムの歴史』〕, Zürich 1937, S. 166 ff.

(44) 第2版はバウアーが編集している．これについては，以下を参照．*Posaune*〔『最後の審判ラッパ』〕, S. 149.

(45) 歴史の中で自己実現する「自己意識」こそ「宇宙における唯一の創造的な力」であるとするまさにこのテーゼは実はバウアー自身が『キリスト教の発見』のなかで，キリスト教に対抗して唱えたものである(a. a. O., S. 156)．『聖家族』のなかでのマルクスの批判は，「自己意識」というヘーゲル＝バウアー的原則に向けられていた．

(46) これについてはバウアーの『最後の審判ラッパ』の書評を参照．*Hallischen Jahrbüchern*, Jhg. 1841, II. Teil, S. 594.

(47) Bauer, *Die Posaune*, a. a. O., S. 148.

(48) Bauer, *Hegels Lehre von der Religion und Kunst*〔『宗教と芸術についてのヘーゲルの理論』〕, a. a. O., S. 100.

(49) Ebenda, S. 163.

(50) Ebenda, S. 180.

(51) Ebenda, S. 206.

(52) 原則的に見るならば，すでにバウアーは，ヘーゲル左派に転向する以前から，異なった前提のもとではあったが，シュトラウ

スの神話的見解を拒否している． Th. Ziegler, *Strauß*〔『シュトラウス論』〕, a. a. O., S. 356 参照.

（53） Ziegler a. a. O., S. 190, 204.

（54） Ziegler a. a. O., S. 59.

（55） Ruge, *Br.* I, 243; vgl. 239.

（56） Feuerbach, *Br.* I, 330 und 364; vgl. 337.

（57） Ruge, *Br.* I, 247; vgl. 255, 281, 290 f.

（58） Ruge, *Anekdota*〔『逸話集』〕, Zürich und Winterthur, 1843, Bd. II, 8.

（59） Ruge, *Zwei Jahre in Paris, Studien und Erinnerungen*〔『パリの二年間――探索と思い出』〕, Leipzig 1846, S. 59 ff.

（60） Barnikol, *Das entdeckte Christentum im Vormärz*〔『キリスト教の発見』〕, a. a. O. 以下においてはバルニコールがよく収集した資料を使用したので感謝したい．バウアーのこの著作のタイトルの意味は，バルニコールの解説を参照． Einleitung § 78 ff. 副題〔eine Erinnerung an das 18. Jahrhundert und ein Beitrag zur Krisis des 19.〕はエーデルマンを示唆しているが，彼に対するバウアーの関係については，彼の『18世紀の政治，文化および啓蒙の歴史 *Geschichte der Politik, Kultur und Aufklärung*』を参照のこと（a. a. O., I, 204-236）.

（61） Bauer, *Hegels Lehre von der Religion und Kunst*, a. a. O., S. 215.

（62） E. Barnikol, a. a. O., S. 164.

（63） これに関しては，ハイデガーにおける自己存在と「ヒト存在」，またヤスパースにおける自己存在と「大衆存在」という実存哲学的な対立項を参照.

（64） Marx III, 251 f. und 257 f.; vgl. V, 75 ff.

（65） Marx V, 531 ff.

（66） Marx I/1, 607.

(67) Marx, *Kapital* I^{6}, S. 336 Anm.; vgl. K. Korsch, *Marxismus und Philosophie*, Leipzig 1930, S. 98.
(68) Marx V, 534 (「フォイエルバッハにかんするテーゼ」の第4).
(69) Marx I/1, 607; vgl. Bauer, *Entdecktes Christentum*, § 13.
(70) Marx I/1, 607 f.; vgl. Feuerbach III^{3}, 364 ff.
(71) Vgl. III, 125; vgl. Lenin, *Über Religion*〔レーニン『宗教論』〕, Wien 1926, S. 24. またマルクス主義的な宗教批判が展開された例として以下がある. Lenin und Plechanow, *Tolstoi im Spiegel des Marxismus*〔レーニン, プレハーノフ『マルクシズムの鏡に照らしたトルストイ』〕, Wien 1928.
(72) 1871年7月27日のクーゲルマン宛のマルクスの手紙.
(73) Stirner, *Kleinere Schriften*, a. a. O., S. 16 und 23.
(74) Ebenda, S. 19.
(75) Stirner, *Der Einzige und sein Eigentum*〔『唯一者とその所有』〕, a. a. O., S. 147 ff.; *Kleinere Schriften*, S. 343 ff.
(76) Stirner, *Der Einzige und sein Eigentum*, S. 50 f.; vgl. Bauers Kritik der »Religion der Menschheit«: *Vollständige Geschichte der Parteikämpfe*...〔「人類教」へのバウアーの批判(『政党間抗争の完全な歴史』所収)参照. a. a. O., Bd. II, 170 ff.
(77) Stirner, *Der Einzige und sein Eigentum*, S. 43.
(78) Feuerbach I, 342 ff.
(79) Stirner, *Kleinere Schriften*, a. a. O., S. 343 ff.; これについては以下の拙著を参照. *Das Individuum in der Rolle des Mitmenschen*〔『共同存在の現象学』〕, § 45.
(80) これについては以下の拙稿参照. Kierkegaard und Nietzsche〔「キルケゴールとニーチェ」〕, *Deutsche Vierteljahrschr. für Literaturwiss. und Geistesgesch.*〔『文芸学及び精神史に関するドイツ四季年報誌』〕, 1933, H. 1, S. 53 ff.
(81) Kierkegaard II, 224; vgl. VI, 204, 208.

(82) キルケゴールのイロニーの概念は『ハレ年報』第5巻(1842/43年, 885ページ以下)で詳しく論じられている. キルケゴールがバウアーの書いたものを知っていたとおぼしいのは, 彼が読み込んだダウプの論文(第5章注15参照)が, バウアーが編集していた思弁神学の雑誌に掲載されたものだったことだけでも言えることである. *Tagebücher*, ed. Ulrich, a. a. O., S. 261 および 270 参照). おなじくキルケゴールは, ミシュレの『最終体系の歴史』を知っていたが, その本のなかでもバウアーが論じられている(Kierkegaard VI, 322, Anm.).

(83) Kierkegaard VII, 259.

(84) Kierkegaard VII, 57.

(85) Kierkegaard IV, 418 f. ベルネについては IV, 444 参照. 40年代の哲学的政治的な運動にとってベルネがどれほど大きな意味を持っていたかは, ヘーゲルにベルネを浸透させることが時代の課題だとするエンゲルスの主張からも見て取れる(Marx-Engels *Ges. Ausg.* II, 102 f.).

(86) Kierkegaard IV, 426.

(87) *Pap.* X^2, 129〔*Pap.* とは, デンマーク語の Papirer の略記号で, 日誌のこと. 現在では *Pap.* X^2, 163 にある〕.

(88) Kierkegaard VII, 61 f. これについては以下を参照. Ruttenbeck, *Kierkegaard*, Berlin 1929, S. 236 ff.

(89) Kierkegaard, *Tagebücher* II, 285 ff., 331 f., 336 ff., 388, 404.

(90) この関係の意識構造こそは,「不幸なる意識」についてのヘーゲルの分析であった. 以下の論述については次を参照. Ruttenbeck, a. a. O., S. 230 ff. und J. Wahl, a. a. O., S. 159 ff. und 320.

(91) Kierkegaard, Tagebücher I, 284.

(92) これについてはテオドール・ヘッカーの批判を参照のこと. Th. Haecker: Der Begriff der Wahrheit bei Kierkegaard〔「キルケゴールにおける真理の概念」〕, *Hochland* 1928/29, H. 11 und:

Christentum und Kultur〔『キリスト教と文化』〕, München 1927, S. 66 ff.

(93) キリスト教の客観的歴史のキルケゴールによる破壊(『哲学的断片』)については，宗教の本質についてのフォイエルバッハの第27講義の次の一節を参照のこと．「歴史的なものはいかなる意味でも宗教的なものではない．宗教的なものはいかなる意味でも歴史的なものではない」(Feuerbach VIII, 319).

(94) こうした実存的な信仰概念にもとづいてキルケゴールは，シュライエルマッハーの心情的宗教も，ヘーゲルの思弁的な信仰概念も拒否した．「シュライエルマッハーが〈宗教〉と呼ぶもの，つまりヘーゲルがドグマ主義者の〈信仰〉とするものは，いっさいのはじまりの直接の条件以外のなにものでもない．つまり一種の生命溢れる流れ，我々が精神的な意味で吸収している雰囲気でしかない．それゆえ，宗教とか信仰などと呼べるものではまったくない」.

(95) Kierkegaard VI, 118.

(96) Kierkegaard VI, 275, Anm.

(97) Kierkegaard VI, 269.

(98) Kierkegaard VI, 272 ff.

(99) Kierkegaard VI, 274. この文章の全体をキルケゴールは強調している．この引用の最後の部分の傍点は著者によるものである.

(100) それに対して，イロニーの概念においてはこのテーゼが限定されていることを参照のこと． a. a. O., S. 274.

(101) Kierkegaard VI, 279, これに関しては以下も参照． Ruttenbeck, a. a. O., S. 230 ff.

(102) Kierkegaard VI, 314. これについては VII, 47 ff. および IX, 119 ff. 参照．キリスト教世界への攻撃については，a. a. O., S. 5 ff. および 11 参照.

(103) Jaspers, *Philosophie*, 1932, Bd. I, S. 317 参照．また逆方向をめ

ざしたものとしては Th. Haecker, a. a. O., S. 477.「いかにしてわたしはキリスト者となるかという彼〔キルケゴール〕の主要なる問いに対する解答は，彼が考えたように，信仰のあり方にあるのではない．単に信仰の世界にあるのではない．そうではなく，信仰に先んじてある世界の状況にあるのだ．……キルケゴールの壮大な誤謬は，出発点が，そして最終的にはすべてがこの〈いかに〉というあり方になってしまったことである．なぜならば人間にとって最初に重要なのは〈なに〉であって，弱い意味での，いわば遠い〈いかに〉のなかでも動じない信仰のドグマ的な〈なに〉にあるからだ」. Jean Wahl, *Études Kierkegaardiennes*, a. a. O., S. 440 ff. も参照.

(104) Kierkegaard, *Tagebücher* I, 407.

(105) Kierkegaard, *Der Begriff des Auserwählten*〔『選ばれた者という概念』〕, a. a. O., S. 273 ff. und 313 ff.

(106) Kierkegaard, *Tagebücher* I, 312.

(107) Kierkegaard, *Angriff auf die Christenheit*〔『キリスト教への攻撃』〕, a. a. O., S. 149.

(108) Kierkegaard, *Der Begriff des Auserwählten*, a. a. O., S. 5 ff. アードラーは元来はヘーゲル右派に属していた．キルケゴールの攻撃の問題性については，以下を参照のこと．*Tagebücher*, ed. Ulrich, S. 130 ff.

(109) Kierkegaard, *Der Begriff des Auserwählten*, a. a. O., S. 102 f.; vgl. *Angriff auf die Christenheit*, a. a. O., S. 401.

(110) Kierkegaard, *Angriff auf die Christenheit*, a. a. O., S. 148.

(111) Kierkegaard, *Tagebücher* I, 300.

(112) Kierkegaard, *Tagebücher* I, 276 f. und 333.

(113) Kierkegaard VI, 191.

(114) Kierkegaard, *Buch des Richters*〔『裁判官の書』〕, a. a. O., S. 94 f.; vgl. 85 f.

(115)『道徳の系譜』第二論文，アフォリズム 20.

(116) E. Benz, Nietzsches Ideen zur Geschichte des Christentums〔「キリスト教の歴史に関するニーチェの思想」〕, *Ztschr. für Kirchengeschichte*, 1937, H. 2/3, bes. S. 194 und 291. これによればニーチェは，「ドイツ固有の敬虔の発展」を継続したのであり，シュトラウスやB・バウアーや，ラガルドやオーファーベックとともに原始キリスト教の再生に尽くそうとした，ということになる！　こうしたニーチェ解釈への批判に関しては，以下を参照のこと．W. Nigg, *Overbeck*, München 1931, S. 58.

(117) Erich Friedrich Podach: *Nietzsches Zusammenbruch*〔『ニーチェの崩壊』〕, Heidelberg 1930; *Gestalten um Nietzsche*〔『ニーチェ研究』〕, Weimar 1932; *Nietzsche und Lou Salomé*〔『ニーチェとルー・サロメ』〕, Zürich 1938. ニーチェのキリスト教のあり方についてはさらに以下を参照．Bernoulli, *Overbeck und Nietzsche*〔『オーファーベックとニーチェ』〕, I, 217.

(118)『力への意志 *Wille zur Macht*』アフォリズム 1021.

(119) Nietzsche X, 289; vgl. I, 341，この箇所でニーチェはオーファーベックの考えを使っていると思われる．

(120) Musarionausg.〔ムザリオン版ニーチェ全集〕I, 70 f.

(121)『アンチクリスト *Antichrist*』38 番.

(122)『悦ばしき知識』アフォリズム 357，vgl. I, 340.

(123) Nietzsche XV, 70.

(124)『アンチクリスト』10 番．vgl. XIII, 14. これに関しては，デューリングが神学と哲学を区別して，前者を「一級司祭」，後者を「二級司祭」としていること，また実証主義以前の哲学を彼が，神学の退却援護と見ていたことを参照(『生の価値』，第 3 章).

(125)『力への意志』アフォリズム 87.

(126)『道徳の系譜』第三論文，アフォリズム 24.

(127) 同 27.

(128)『悦ばしき知識』アフォリズム377番.

(129) 1887年5月23日のローデ宛手紙.

(130) P. de Lagarde, *Deutsche Schriften*〔『ドイツ論集』〕, Göttingen 1892, S. 60.

(131) Ebenda, S. 39.

(132) Ebenda, S. 25.

(133) Ebenda, S. 6.

(134) Ebenda, S. 47.

(135) Ebenda, S. 11 f.

(136) ラガルドはイスラエルとユダヤを分けている．イスラエルは，素朴な民族で反感をもたらすことはない．それに対してユダヤは「人工的産物」であり，「人類の汚点」であって，イエズス会員や第二帝国のドイツ人とのみ比較可能な存在とされる．第二帝国のドイツ人はおなじくヨーロッパにおいて最も憎まれたネーションであるが，それには理由がある，と彼は論じる(a. a. O., S. 237 f.).

(137) Ebenda, S. 62.

(138) Ebenda, S. 64.

(139) Ebenda, S. 233.

(140) Ebenda, S. 234.

(141) Ebenda, S. 240.

(142) Ebenda, S. 247.

(143) Ebenda, S. 68.

(144) Ebenda, S. 76; vgl. 97.

(145) Overbeck, *Über die Christlichkeit unserer heutigen Theologie*〔『神学のキリスト教性』〕, 2. Aufl., Leipzig 1903. S. 25.

(146) Ebenda, S. 28 f.

(147) Ebenda, S. 34.

(148) Ebenda, S. 84; vgl. Nietzsche I, 340.

(149) Overbeck, *Christentum und Kultur*, herausg. von C. A. Ber-

noulli, Basel 1919, S. 291.

(150) Ebenda, S. 279; フォイエルバッハについてのオーファーベックの見解については，W. Nigg, *Overbeck*, a. a. O., S. 136 参照.

(151) *Theol. Lit. Zeitung*〔『神学文献要覧紙』〕, 1878, Sp. 314 ff.

(152) W. Nigg, a. a. O., S. 138.

(153) Overbeck, *Studien zur Geschichte der alten Kirche*〔『古代教会史研究』〕, I, 1875, S. 159; これに関してはニーチェの『われら文献学者』の類似の箇所(X, 404 ff.)，おなじく Nigg, a. a. O., S. 44 の注も参照のこと．オーファーベックにとって神学のキリスト教性についての問いが重要だったのと同じように，ニーチェにとっては，古典文献学におけるギリシア性への問いが重要であった.

(154) *Hegels Lehre von der Religion und Kunst*, a. a. O., S. 41 ff. und: *Entdecktes Christentum* § 16.

(155) *Christlichkeit der Theologie*, S. 110.

(156) Ebenda, S. 114. オーファーベックの持っていたシュトラウスの『古き信仰と新しき信仰』によってニーチェはこの本を知って，オーファーベックがその中に書き込んでいるように，「ニーチェが処刑にあたって用いた」.

(157) Ebenda, S. 111.

(158) Ebenda, S. 129. ラガルドの人物についてのオーファーベックの評価について以下も参照のこと．Bernoulli, *Overbeck und Nietzsche*, I, 133.

(159) Overbeck, *Christentum und Kultur*, a. a. O., S. 136; vgl. 286 f. und: Bernoulli, *Overbeck und Nietzsche*, I, 273 ff.; II, 161.

(160) Overbeck, *Christentum und Kultur*, S. 279.

(161) Ebenda, S. 268 f.

(162) Ebenda, S. 9 f.

(163) Ebenda, S. 64 f.

(164) Ebenda, S. 69 f.

(165) オーファーベックはトライチュケの『ドイツ史』(第3版，第3巻401ページ)を引いている．それによれば，すでに1830年代に，プロイセンの文部大臣アルテンシュタイン〔長期にわたって文部大臣を務め，ベルリン大学を超一流大学に仕立て上げた．日本学の講座を創設し，井上哲次郎を語学要員として招聘したことでも知られる〕の食事会の席で，キリスト教はもう20年，よくて50年ぐらいしかもたないのではないかという会話がなされたそうである．この話は，ヘーゲルとその弟子たちに興味深い光を当てるところがある．

(166) Overbeck, *Christentum und Kultur*, S. 7.

(167) Ebenda, S. 10.

(168) *Kritisch-historische Gesamtausg*〔『批判的歴史的全集』〕. I, S. XLIX.

(169) Overbeck, *Christentum und Kultur*, S. 72.

(170) Overbeck, *Christlichkeit der Theologie*, S. 87.

(171) Overbeck, *Christentum und Kultur*, S. 289; vgl. E. v. Hartmann, *Die Selbstzersetzung des Christentums und die Religion der Zukunft*〔『キリスト教の解体と未来の宗教』〕, 1874. この本でも，オーファーベックとラガルドのことがなんども指摘されている．

(172) Ebenda, 298.

(173) これについてはヴェルハウゼンの留保を参照のこと．F. Boschwitz, *J. Wellhausen*, Marburger Diss〔『ヴェルハウゼン』マーブルク大学博士論文〕. 1938, S. 75 ff.

(174) Overbeck, *Christentum und Kultur*, 270.

(175) Ebenda, 77.

(176) Ebenda, 69.

(177) Ebenda, 64.

(178) Overbeck, *Christlichkeit der Theologie*, 119.

(179) Overbeck, *Christentum und Kultur*, 101 ff.
(180) W. Nigg, a. a. O., S. 153.
(181) Overbeck, *Christentum und Kultur*, 247 参照．また，1844 年 1 月 14 日と 30 日のブルクハルトのバイシュラーク宛の手紙も参照のこと．およびキリスト教と文化の関連についての成熟した以下の叙述も参照のこと．Burckhardt VII, 111 ff.
(182) W. Nigg, a. a. O., S. 165 f.
(183) Overbeck, *Christentum und Kultur*, S. 11, 147, 294 ff.; vgl. Burckhardt, VII, 7.
(184) Ebenda, Kap. 5.

付録　初版との異同

(1) Scheler, *Krieg und Aufbau*〔『戦争と建設』〕, Leipzig 1916, S. 176 ff. これに関しては次も参照．Clémenceaus Gespräch über Leben und Tod〔「クレマンソーの生と死についての対話」〕in den *Weiteren Unterhaltungen*〔『さらなる対話』〕mit J. Martet, Berlin 1930, S. 54 f.
(2)「よりシニカルに，よりスパルタ的に，よりプロイセン的に，さらには，よりボルシェヴィズム的に人生を過ごし得るなら，それだけよりよき人生となろう」．ユンガーの積極化したニヒリズムの意識的に反ヨーロッパ的な性格は彼の *Das abenteuerliche Herz*（『冒険的心』ベルリン 1929 年）の初版の 184 ページ以降および 186 ページ以降で最もはっきりしている（両箇所とも 1938 年の第 2 版では，削除されている）．
(3) Sorel, *Les illusions du progrès*〔『進歩の幻想』〕, a. a. O., S. 284 および Nietzsche XVI, 197 参照．
(4) Jünger, *Der Arbeiter, Herrschaft und Gestalt*〔『労働者――支配と形態』〕, 2. Aufl., Hamburg 1932, S. 68.
(5) Jünger 106. 問いの単純化については 131 und 167，また，*Das*

Abenteurliche Herz, a. a. O., S. 180 参照.
(6) Jünger, *Blätter und Steine*〔『葉と石』〕, Hamburg 1934, S. 210.
(7) Jünger, *Der Arbeiter,* a. a. O., S. 193 f.
(8) Jünger, *Blätter und Steine,* a. a. O., S. 167, 211; *Der Arbeiter,* a. a. O., S. 42, 67 参照.
(9) Jünger, *Blätter und Steine,* a. a. O., S. 167, 211; *Der Arbeiter,* a. a. O., S. 42, 67 参照.
(10) E. Seillière, *Der demokratische Imperialismus*〔『民主的な帝国主義』〕, 2. Aufl. Berlin 1911, S. 356 ff.
(11) Burckhardt VII, 229 f.; Goethe, *Gespräche I,* 456 参照.
(12) Jünger, *Der Arbeiter, Herrschaft und Gestalt,* 2. Aufl., Hamburg 1932.
(13) これについてはクビーン論を参照のこと. *Blätter und Steine,* S. 99 ff.
(14) Jünger, *Blätter und Steine,* a. a. O., S. 122 ff.
(15) Jünger, *Blätter und Steine,* a. a. O., 皮肉なエピグラム 10 および 39 をも参照.
(16) Jünger, *Blätter und Steine,* a. a. O., Epigramm 97 参照.
(17) Jünger, *Der Arbeiter,* a. a. O., S 72 f., 154, 182 f.
(18) Jünger, *Blätter und Steine,* a. a. O., S. 190 f. ヘーゲルやマルクスでは即物化を〈元に戻す〉ことが対象化の本当の問題だったが, そういうことはユンガーにあってはなんら問題とならない. 彼は合理化に対しても, マックス・ヴェーバーがそうしたように〈にもかかわらず〉肯定するのではない. 彼にとって合理化とは, 〈権力の事柄におけるより大いなる明晰さと清潔さ〉でしかない.
(19) Jünger, *Der Arbeiter,* a. a. O., S. 42, 145, 237 ff.
(20) Jünger, *Das abenteuerliche Herz,* a. a. O., S. 180 f., 186 ff.
(21) Jünger, *Blätter und Steine,* a. a. O., S. 176.

訳　注

第２部

第１章

〔1〕ドイツ市民の好きなサークル，クラブ活動 Vereinstätigkeit に引っ掛けてエゴイスト同盟 Egoistverein と関税同盟 Zollverein が言葉遊びでからめられている．

〔2〕ルカ福音書 10 章 41, 42 節にあることば．このことばは聖書のコンテクストと別に，キルケゴールの言葉として 19 世紀半ば以降ドイツ語圏では知られていたようだ．1927 年に雑誌 *Zeitwende*（時代の転換）に掲載されたキルケゴールの時代批判の文章も，この語がタイトルとして編集部によってつけられている．

〔3〕キルケゴールの『あれかこれか』に含まれる二人目の虚構の著者の名前．「陪席裁判官ヴィルヘルム」という名であることがわかると，編者をなのる人物が紹介している．

第５章

〔1〕「神の言葉は生きており，力を発揮し，どんな両刃の剣よりも鋭く，精神と霊，関節と骨髄とを切り離すほどに刺し通して，心の思いや考えを見分けることができるからです」（ヘブライ人への手紙 4 章 12 節）．

〔2〕旧約聖書外伝『イエス・シラフの書』14 章 22—24 節．シラフは紀元前 2 世紀の人で智恵に溢れたこの書を著した学者ないし医師と推測される．

〔3〕イエズス会は屁理屈と詭弁を駆使することで有名．

〔4〕キルケゴールは，死後の 1872 年に出版された『アードラーの

書』でかつて同じ学校に通っていたアードラーを批判的に論じている．アードラー自身はヘーゲル右派に属していたが，神の啓示を受けてから，神を説くようになった．その主張のゆえに牧師の職を解任された．後に，彼が受けたのは啓示ではなく，天才のひらめきだったと述べている．その区分にキルケゴールは興味を抱いて，本書を書いた．

〔5〕ここでは「イエズス会」はカトリックの反宗教改革の象徴として使用されている．「カトリック」ないし「反宗教改革を進めたカトリック」と読み替えていいだろう．

〔6〕グノーシス派は，宇宙と人間における身体と精神の二元論を説いて，人間の中にある精神の覚知（グノーシス）を説いた．一部はキリスト教発生以前の思想である．この思考が，初期キリスト教の合理化・学術化に寄与したとともに，その秘教的なところは受け入れられなかった，とオーファーベックは述べる．ただ，彼の時代のグノーシスについての知識は，さまざまな文書が発見された1945年以後に比べれば，かなり暫定的なものであった．とはいえ，キリスト教信仰の整備に果たした役割については，それをどう見るかは識者により意見が異なるにせよ，大きな変化はないであろう．

〔4〕アレクサンドリアにおいていわゆるヘレニズムとヘブライズムのさまざまなかたちでの統合が試みられた．特にギリシア哲学の知識によって旧約聖書の解釈を試みたフィロンのいわゆるアレゴリー的解釈（裏の意味を探る）は，ユダヤ教よりはキリスト教の整備に大きな力を及ぼした．

人名注(下巻)

説明の末尾に初出ページを記す.
上巻で初出の以下の人名については，上巻の人名注を参照のこと.

〈ア行〉 アールント，アンセルムス〔カンタベリーの〕，アントニウス〔聖アントニウス〕，アンブロジウス〔聖アンブロジウス〕，インマーマン，ヴァイセ，ヴィコ，ヴィーラント，ヴィルト，ヴィンケルマン，ヴィンデルバント，ヴェルダー，ヴォルフ〔クリスティアン〕，ヴォルフ〔フリードリヒ・アウグスト〕，エッカーマン，エピクロス，エビングハウス，エールトマン，オデュニッチ，オーファーベック

〈カ行〉 ガスト，ガーブラー，カーライル，カール大帝，ガンス，キュヴィエ，キレーエフスキー，クーザン，グツコウ，クネーベル，クラーゲス，グリム〔ヴィルヘルム〕，グリム〔ヤーコプ〕，グルントヴィ，クロイツァー，クローチェ，クローナー，ゲオルゲ，ゲーシェル，ケラー，ゲルツェン，コッサク，ゴルトベルガー，コント

〈サ行〉 ザルトリウス，サンティレール，シェーラー，シェリング，ジークヴァルト，シャラー，シュタイン，シュティルナー，シュトラウス，シュトールベルク，シューバルト，シュペングラー〔オスヴァルト〕，シュペングラー〔ラツァールス〕，シュライエルマッハー，シュレーゲル，ショルツ，ジンメル，スターリング，ゼノン〔キプロスの〕，ソレル

〈タ行〉 ダウプ，ダヌンツィオ，ターレス，チェシュコフスキー，ツェラー，ツェルター，ティール，ディルタイ，テーヌ，テミストクレス，デモクリトス，デューリング，ドイブラー，トクヴィル，ドノソ・コルテス，トルストイ，ドルバック，トレンデレンベルク，ドロイゼン

〈ナ行〉 ニートハマー，ニーブール，ネアンダー

〈ハ行〉 ハイム，バウアー，パウルス，バクーニン，バックル，バッハマン，バル，ハルトマン，パンヴィッツ，ヒンリクス，ファトケ，ファルンハーゲン，フィッシャー〔クーノー〕，フィッシャー〔フリードリヒ・テオドール〕，フィヒテ，フェルスター，ブラニス，ブランデス，プラントゥル，フリードリヒ赤髭王，ブルクハルト，プルードン，プレンゲ，プロクロス，フローベール，フンボルト，ヘス，ヘッカー，ベナリ，ヘニング，ベリンスキー，ヘルダー，ヘルダーリン，ベルトラム，ベルネ，ベン，ボイムラー，ボップ，ホートー

〈マ行〉 マールハイネケ，ミシュレ，ミュラー，ムージル，メッテルニヒ，メンデルスゾーン，モムゼン

〈ヤ行〉 ヤコービ，ユーバーヴェーク，ヨゼーフス

〈ラ行〉 ラインハルト，ラヴァーター，ラサール，ラッソン，ラッハマン，ランケ，ランゲ，リスト，リッター，リントナー，ルーゲ，ルーデン，ルナン，レッケル，ローゼンクランツ

ア　行

アードラー，アドルフ・ペーター(Adolf Peter Adler 1812-1869) デンマークの神学者．牧師．ヘーゲル右派に属したが，1842 年に

啓示を受けたと称してから説教集を出版し始めた．それによって牧師の職を解任された．下 300

アナクサゴラス（Anaxagoras BC. 500 頃-BC. 428 頃） イオニアの哲学者．原子論を唱えた．世界を支配している理性（ヌース）を論じた．下 32

イエリネック，ゲオルク（Georg Jellinek 1851-1911） ドイツの法学者．ヴィーン，バーゼル，ハイデルベルクの各大学で教授を務める．『人権宣言論』などで有名．下 29

ヴィネー，アレクサンドル（Alexandre Vinet 1797-1847） スイスの無教会運動の創設者．下 330

エーラー，リヒャルト（Richard Oehler 1878-1948） ニーチェの母方の従兄弟であり，両大戦間からナチス時代にかけて，ドイツの大学図書館の要職を占めた．一時期はニーチェ全集の編纂にも関わっていた．ナチスの思想の全面的信奉者であり，ナチスこそニーチェの思想の実現であると思っていた．ホルクハイマーやアドルノで有名なフランクフルト大学付属社会研究所の図書の破壊にも立ち合っている．下 363

オリゲネス（Origenes 185-254 頃） プラトン主義とキリスト教の融合を，独自の宇宙論によって試みた．下 329

カ　行

キンケル，ゴットフリート（Gottfried Kinkel 1815-1882） ライン地方の神学者で政治家．民主主義を信奉していた．下 134

クレメンス〔アレクサンドリアの〕（本名 Titus Flavius Clemens, Clemens von Alexandrien 150 頃-215 頃） ギリシア哲学とキリスト教の宥和をめざした．ギリシア哲学はキリスト教による真の認識の準備段階であったとした．彼の弟子の一人がオリゲネス．下 329

クローデル，ポール（Paul Claudel 1868-1955） フランスの外交官，詩人，劇作家．1921 年から 27 年まで駐日大使として東京に暮

らす．下 71

ゲンツ，フリードリヒ・フォン（Friedrich von Gentz 1764–1832）メッテルニヒの側近としてヴィーン会議後の保守的政治と検閲体制を築くのに寄与した．下 61

サ　行

シェイエス，エマヌエル＝ジョセフ（Emmanuel-Joseph Sieyès 1748–1836）　フランス革命の指導者の一人．『第三身分とはなにか』というパンフレットで有名．下 27

シュヴァイツァー，アルベルト（Albert Schweitzer 1875–1965）神学者．アフリカでの医療従事は有名．そのなかで「生に対する畏敬」という概念を作り上げ，平和運動や反核運動にも従事する．1952 年，ノーベル平和賞受賞．下 246

スターン，ローレンス（Laurence Sterne 1713–1768）　イギリスの小説家．一見脈絡のない滑稽小説にも見える『トリストラム・シャンディの生活と意見』は現代文学にまで幅広い影響を及ぼしている．下 207

スチュアート，ジェームズ（James Steuart 1713–1780）　スコットランドの経済学者．有効受容原理を説いた．ヘーゲルの市民社会論にも影響を及ぼしている．下 95

スミス，アダム（Adam Smith 1723–1790）　スコットランド出身の経済学者．『国富論』により古典派経済学の創始者となる．下 103

セイ，ジャン＝バティスト（Jean-Baptiste Say 1767–1832）　フランスの経済学者．アダム・スミスの影響下に自由主義的経済学を唱える．下 103

セリエール，エルネスト＝アントワーヌ（Ernest-Antoine Seillière 1866–1955）　フランスの名門に生まれ，保守革命的色調を持った著述家．戦後にアカデミー・フランセーズから対独協力者が追

われたあとに，会員に選ばれたことからもわかるとおり，ファシズムとは無縁．下 374

ゾラ，エミール（Émile Zola 1840-1902）　フランス自然主義の小説家．『居酒屋』や『ナナ』で知られるが，ドレフュス事件（1894年）での冤罪批判でも有名．下 132

タ　行

デニーフレ，ハインリヒ（Heinrich Denifle 1844-1905）　南ドイツのドミニコ会の修道士．ヴァチカンの資料にもとづいてルターを批判的に扱った伝記で，ハルナックらの批判を浴びた．下 330

ハ　行

バーク，エドマンド（Edmund Burke 1729-1797）　イギリスの政治家．著述家．『フランス革命の省察』は保守からのフランス革命への鋭い分析と批判として知られる．下 61

パスカル，ブレーズ（Blaise Pascal 1623-1662）　数学者かつ神学者．深い宗教体験を，死後にまとめられた『パンセ』などに書き記した．ニーチェにも影響を与えている．下 60

バレス，モーリス（Maurice Barrès 1862-1923）　フランスの小説家，ジャーナリスト．フランスにおける民族主義やファシズムの先駆的存在．下 71

ファラースレーベン，ホフマン・フォン（本名 August Heinrich Hoffmann, Hoffmann von Fallersleben 1798-1874）　国民自由主義派の詩人，一時はドイツ文学の教授．現在のドイツ国家「ドイツ人の歌」の作詞者として知られる．下 148

ヘルヴェーク，ゲオルク（Georg Herwegh 1817-1875）　プロレタリア解放を課題にした社会主義の作家．暴力革命もいとわなかった．マルクスやエンゲルスから高く評価されていた．下 148

ヘングステンベルク，エルンスト・ヴィルヘルム（Ernst Wilhelm

Hengstenberg 1802-1869)　プロテスタント神学者．ベルリン大学教授．合理主義に対抗した保守派．下 258

ポーダッハ，エーリヒ(Erich Podach 1894-1967)　ユダヤ系ドイツ人で文芸学者かつ民俗学者．人種論に抵抗した．ニーチェ研究者としても重要で，晩年のニーチェの手稿に詳しい．ニーチェ文庫のニーチェ全集の方式を強く批判して，現行のモンティナリとコリの全集の考え方を支持した．下 307

マ　行

マラー，ジャン＝ポール(Jean-Paul Marat 1743-1793)　フランス革命の指導者の一人．暗殺されてから，ロベスピエールによって神格化された．下 27

マルサス，トーマス・ロバート(Thomas Robert Malthus 1766-1834)　東インド会社付属学校の政治経済学の教授を務めた．1798年の『人口論』は，幾何級数のごとき人口増大の結果，すさまじい貧困が発生するという考え方に依拠して書かれ，対策として産児制限の推奨が論じられている．有効需要創出に似た考え方もあり，ケインズの賞賛を受けている．下 106

ミル，ジェームズ(James Mill 1773-1836)　イギリスの功利主義的経済学者．穀物関税廃止を訴え，また言論の自由など議会制民主主義に不可欠の諸権利の擁護に務めた．ベンサムと多くの点で共通している．下 103

ヤ　行

ユンガー，エルンスト(Ernst Jünger 1895-1998)　ハイデルベルクの薬局の息子として生まれたが，早くに家を飛び出し，フランスの外人部隊に入る．第一次大戦ではドイツ軍将校として数々の戦功を挙げる．第二次世界大戦ではパリ駐在のドイツ軍文化担当将校としてフランスの知識人とも交流があった．戦争経験を書いた『鋼鉄

の嵐』などで有名になるが，ナチスには基本的に距離をとっていたとされる．その行動主義的態度のゆえにか，いわゆる「保守革命」の知識人かつ文学者として，根強い人気を最後まで維持した．下 367

ラ　行

ラガルド，パウル・ドゥ(Paul de Lagarde 1827-1891)　文化哲学者かつ東洋学者．ゲッティンゲン大学東洋学教授を務めるかたわら，既成のキリスト教会に反発し，ドイツ人の民族宗教の創設を目指した．同時に，ドイツの周辺領域を植民地にする政策を提案し，反ユダヤ主義的なパンフレットを量産した．下 316

リカード，デヴィッド(David Ricardo 1772-1823)　イギリスの経済学者．国際貿易における比較優位説の創始者．下 103

レースラー，コンスタンティン(Constantin Rößler 1820-1896)　ヘーゲル右派に属する哲学者．『国家理論の体系』(1857 年)などによって有名になり，大学でも教えたが，次第にジャーナリズムの道を歩んだ．彼が多くは無記名で書いた記事は，ヘーゲルの国家思想の実現を来るべきビスマルクの国家に見たものだった．彼が「ドイツのメシア」と呼んだビスマルクについて『ビスマルク公とドイツ国民』(1871 年)などの著書がある．下 95

ロベスピエール，マクシミリアン(Maximilien Robespierre 1758-1794)　フランス革命の急進的指導者．多くの粛清を行ったが，やがて自分も断頭台にかかった．下 27

邦訳文献一覧(下巻)

下巻の本文，引用書誌，原注，人名注で取り上げられた主な文献のうち，邦訳のあるものを著者ごとに掲げる．配列は，最初に全集を掲げ，それ以降は書名の五十音順．邦訳が複数あるものは主に岩波文庫または最新刊の訳書のみとした．

ヴァグナー

「オペラとドラマ」杉谷恭一・谷本慎介訳，三光長治監修『ワーグナー著作集』第3巻所収，第三文明社，1993年

『芸術と革命(他4篇)』北村義男訳，岩波文庫，1953年

「未来の芸術作品」藤野一夫訳，三光長治監訳『友人たちへの伝言』所収，法政大学出版局，2012年

『わが生涯』山田ゆり訳，勁草書房，1986年

ウェーバー

『支配の社会学』(『経済と社会』第2部第9章1-7節)世良晃志郎訳，創文社，1960-62年

『支配の諸類型』(『経済と社会』第1部第3・4章)世良晃志郎訳，創文社，1970年

『社会主義』浜島朗訳，講談社学術文庫，1980年

『宗教社会学』(『経済と社会』第2部第5章)武藤一雄・薗田宗人・薗田坦訳，創文社，1976年

『政治論集』中村貞二他訳，みすず書房，全2冊，1982年

『都市の類型学』(『経済と社会』第2部第9章8節)世良晃志郎訳，創文社，1964年

『法社会学』(『経済と社会』第2部第1・7章)世良晃志郎訳，創文社，1974年

ヴォルテール
『哲学辞典』高橋安光訳，法政大学出版局，1988 年
エンゲルス
『マルクス＝エンゲルス全集』ドイツ社会主義統一党中央委員会付属マルクス＝レーニン主義研究所編，大内兵衛・細川嘉六監訳，大月書店，全 30 冊，1959-72 年
『共産党宣言』大内兵衛・向坂逸郎訳，岩波文庫，1971 年（マルクスとの共著）
『宗教論』土屋保男編訳，青木文庫，1964 年（マルクス，レーニンの著作もあり）
『聖家族』石堂清倫訳，岩波文庫，1953 年（マルクスとの共著）
『ドイツ・イデオロギー』古在由重訳，岩波文庫，1956 年・改版 1978 年，広松渉編訳／小林昌人補訳，新編輯版，岩波文庫，2002 年（マルクスとの共著）
『反デューリング論』粟田賢三訳，岩波文庫，全 2 冊，1966 年・1974 年
『フォイエルバッハ論』松村一人訳，岩波文庫，1960 年
キルケゴール
『キルケゴール著作集』浅井真男・桝田啓三郎他訳，白水社，全 22 冊，1995 年
『現代の批判（他 1 編）』桝田啓三郎訳，岩波文庫，1981 年
ゲーテ
『ゲーテ全集』登張正実他編　潮出版社，全 16 冊，1979-92 年
『ヴィルヘルム・マイスターの修業時代』山崎章甫訳，岩波文庫，全 3 冊，2000 年
『ヴィルヘルム・マイスターの遍歴時代』山崎章甫訳，岩波文庫，全 3 冊，2002 年
シェイエス
『第三身分とは何か』稲本洋之助・伊藤洋一・川出良枝・松本英

実訳，岩波文庫，2011 年

シュヴァイツァー

『イエス伝研究史』遠藤彰・森田雄三郎訳，白水社，全 3 冊，2002 年

シュティルナー

『唯一者とその所有』片岡啓治訳，現代思潮新社，全 2 冊，2013 年

シュトラウス

『イエスの生涯』岩波哲男訳，教文館，全 2 冊，1996 年

ジンメル

『貨幣の哲学――新訳版』居安正訳，白水社，1999 年

スターン

『トリストラム・シャンディ』朱牟田夏雄訳，岩波文庫，全 3 冊，1969 年

ソレル

『進歩の幻想』川上源太郎訳，ダイヤモンド社，1974 年

『暴力論』今村仁司・塚原史訳，岩波文庫，全 2 冊，2007 年

トクヴィル

『アメリカのデモクラシー』松本礼二訳，岩波文庫，全 4 冊，2005-08 年

『旧体制と大革命』小山勉訳，ちくま学芸文庫，1998 年

ニーチェ

『ニーチェ全集』浅井真男・西尾幹二他訳，白水社，全 25 冊，1979-87 年

『偶像の黄昏／反キリスト者』原佑訳，ちくま学芸文庫，1994 年

『権力への意志』原佑訳，ちくま学芸文庫，全 2 冊，1993 年

『この人を見よ』手塚富雄訳，岩波文庫，1969 年

『曙光』茅野良男訳，ちくま学芸文庫，1993 年

『善悪の彼岸』木場深定訳，岩波文庫，1970 年

『ツァラトゥストラはこう言った』氷上英広訳，岩波文庫，全2冊，1967・70年
『道徳の系譜』木場深定訳，岩波文庫，1964年
『ニーチェ書簡集』塚越敏訳，ちくま学芸文庫，全2冊，1994年
『反時代的考察』小倉志祥訳，ちくま学芸文庫，1993年
『悦ばしき知識』信太正三訳，ちくま学芸文庫，1993年
ハイデガー
『ハイデッガー全集』辻村公一他編，創文社，102巻，1985年より刊行中
『存在と時間』熊野純彦訳，岩波文庫，全4冊，2013年
バウアー
「ヘーゲルを裁く最後の審判ラッパ」大庭健訳，良知力・広松渉編『ヘーゲル左派論叢』第4巻所収，御茶の水書房，1987年
パスカル
『パンセ』塩川徹也訳，岩波文庫，全3冊，2015年より刊行中
フォイエルバッハ
『フォイエルバッハ全集』船山信一訳，福村出版，全18冊，1973-76年
『キリスト教の本質』船山信一訳，岩波文庫，全2冊，1965年
『将来の哲学の根本命題(他2篇)』松村一人・和田楽訳，岩波文庫，1967年
プラトン
『プラトン全集』田中美知太郎・藤沢令夫編，岩波書店，全16冊，2005-06年
『国家』藤沢令夫訳，岩波文庫，全2冊，1979年
ブルクハルト
『イタリア・ルネサンスの文化』新井靖一訳，筑摩書房，2007年
フローベール
『フローベール全集』伊吹武彦他訳，筑摩書房，全11冊，1965-

70年
『聖アントワヌの誘惑』渡辺一夫訳，岩波文庫，1957年
『ブヴァールとペキュシェ』鈴木健郎訳，岩波文庫，全3冊，1954-55年

ヘーゲル

『ヘーゲル全集』真下信一・宮本十蔵他訳，岩波書店，全32冊，1994-2001年
『イエスの生涯』原健忠訳，河出書房，1950年
『自然哲学』(『エンツィクロペディ』第2部)，長谷川宏訳，作品社，2005年
『宗教哲学講義』山崎純訳，創文社，2002年
『小論理学』(『エンツィクロペディ』第1部)，松村一人訳，岩波文庫，全2冊，1951-52年，改版・1978年
『政治論文集』金子武蔵訳，岩波文庫，全2冊，1967年
『精神現象学』長谷川宏訳，作品社，1998年
『精神哲学』(『エンツィクロペディ』第3部)，船山信一訳，岩波文庫，全2冊，1965年
『美学講義』長谷川宏訳，作品社，全3冊，1995-96年
『法哲学講義』長谷川宏訳，作品社，2000年
『歴史哲学講義』長谷川宏訳，岩波文庫，全2冊，1994年

ベルジャーエフ

『ベルジャーエフ著作集』氷上英広他訳，白水社，全8冊，1960-66年
『人間の運命』(著作集第3巻所収)野口啓佑訳，白水社，1966年

ボーダッハ

『ニィチエ研究』加藤信也訳，耕進社，1935年

マルクス

『マルクス＝エンゲルス全集』ドイツ社会主義統一党中央委員会付属マルクス＝レーニン主義研究所編，大内兵衛・細川嘉六監

訳，大月書店，全 30 冊，1959-72 年
『共産党宣言』大内兵衛・向坂逸郎訳，岩波文庫，1971 年(エンゲルスとの共著)
『経済学・哲学草稿』城塚登・田中吉六訳，岩波文庫，1964 年
『資本論』向坂逸郎訳，岩波文庫，全 9 冊，1969-70 年
『宗教論』土屋保男編訳，青木文庫，1964 年(エンゲルス，レーニンの著作もあり)
『聖家族』石堂清倫訳，岩波文庫，1953 年(エンゲルスとの共著)
『賃金・価格および利潤』長谷部文雄訳，岩波文庫，1954 年・改版 1981 年
『ドイツ・イデオロギー』古在由重訳，岩波文庫，1956 年・改版 1978 年，広松渉編訳／小林昌人補訳，新編輯版，岩波文庫，2002 年(エンゲルスとの共著)
『ユダヤ人問題によせて／ヘーゲル法哲学批判序説』城塚登訳，岩波文庫，1974 年

ムージル

『特性のない男』高橋義孝訳，新潮社，全 6 冊，1964-66 年

ユンガー

『労働者——支配と形態』川合全弘訳，月曜社，2013 年

ルカーチ

『歴史と階級意識』城塚登・古田光訳，白水社，1991 年

ルソー

『ルソー全集』小林善彦・佐々木康之他訳，白水社，全 16 冊，1978-84 年
『エミール』今野一雄訳，岩波文庫，全 3 冊，1962-64 年
『学問芸術論』前川貞次郎訳，岩波文庫，1968 年
『告白』桑原武夫訳，岩波文庫，全 3 冊，1965-66 年
『孤独な散歩者の夢想』今野一雄訳，岩波文庫，1960 年
『社会契約論』桑原武夫・前川貞次郎訳，岩波文庫，1954 年

『政治経済論』河野健二訳，岩波文庫，1951 年
『人間不平等起源論』本田喜代治・平岡昇訳，岩波文庫，1972 年
レーヴィット
『ウェーバーとマルクス』柴田治三郎・脇圭平・安藤英治訳，未来社，1966 年
『キェルケゴールとニーチェ』中川秀恭訳，未来社，2002 年
『ヤーコプ・ブルクハルト――歴史の中に立つ人間』西尾幹二・滝内槙雄訳，ちくま学芸文庫，1994 年
ローゼンクランツ
『ヘーゲル伝』中埜肇訳，みすず書房，1983 年
ローゼンツヴァイク
『ヘーゲルと国家』村岡晋一・橋本由美子訳，作品社，2015 年
『人権宣言集』高木八尺・末延三次・宮沢俊義編，岩波文庫，1957 年

年　表

ゲーテ　1749-1832年
ヘーゲル　1770-1831年
シェリング　1775-1854年
ショーペンハウアー　1788-1860年
ニーチェ　1844-1900年

ヘーゲルの弟子たち
L・ミシュレ　1801-1893年
M・ローゼンクランツ　1805-1879年
A・ルーゲ　1802-1880年
L・フォイエルバッハ　1804-1872年
M・シュティルナー　1806-1856年
D・F・シュトラウス　1808-1874年
B・バウアー　1809-1882年
S・キルケゴール　1813-1855年
K・マルクス　1818-1883年

1806年　ゲーテ『ファウスト』第1部およびヘーゲル『精神現象学』
1831年　ゲーテ『ファウスト』第2部およびヘーゲル『論理学』第2版の序文
1841年　マルクス『デモクリトスとエピキュロスの自然哲学の差異』(博士論文)
キルケゴール『イロニーの概念について』(学位論文)
1842年　フォイエルバッハ『キリスト教の本質』

コント『実証哲学講義』
1843年　フォイエルバッハ『将来の哲学の根本命題』
B・バウアー『キリスト教の発見』
キルケゴール『あれかこれか』
マルクス『ヘーゲル法哲学批判序説』
プルードン『人類社会における秩序の創造』
1844年　シュティルナー『唯一者とその所有』
キルケゴール『不安の概念』
1846年　マルクス『ドイツ・イデオロギー』
キルケゴール『非科学的な後書き』
1847年　マルクス『共産党宣言』〔出版は1848年〕
キルケゴール『人間は真理のために打ち殺してもいいのか？』
1867年　マルクス『資本論』第1巻
1868年　ブルクハルト『世界史的考察』
1880年　ドストエフスキー『カラマーゾフの兄弟』(第11巻第4章「讃歌と秘密」)
1881年　ニーチェ，ツァラトゥストラの霊感(第4部「酔歌」)